日本史籍協會編

水戸藤田家舊藏書類 一

東京大學出版會發行

水戸藤田家舊藏書類　第一

例言

一、本書には水戸藤田家舊藏にして、今、後藤仙太郎氏の宮南文庫に秘藏せらるゝものゝ內、東湖遺墨並に其關係書類を收錄す。

一、東湖の遺墨遺稿並に其關係書類の、今、宮南文庫に珍藏せらるゝもの、其數頗る多く（一）日記（二）手錄（三）書翰（四）意見書（五）編著（六）隨筆（七）詩歌（八）文稿（九）烈公親書（十）名士來翰の十種類に大別するを得べし。

一、本卷には東湖の自筆日記十五編幷に弘化年間幽囚中貰物帳を收載す、日記の中「天保八年丁酉日錄」のみは曩に東湖全集に輯錄せられたれども其他は悉く未た世に公にせられざりしものなり、但し「嘉永五年壬子日記」の一編は其筆蹟東湖の自書にあらず、思ふに傍人に口授して之を筆錄せしめたるものならむか。

一、本書の編成は專ら原意を尊重し、叨りに編者の私斷を以て改竄を加ふることを爲さず、但し日付のみありて記事皆無の場合、間々之を削除せり。

一、會津の人安井久藏翁夙に奇才あり、曾て後藤仙太郎氏の依囑を受け身を以て東湖書類の整理に任じ、努力數年、遂に陋巷に隱れて文墨堆裡に斃る、本集日記中「安井曰」の四字を冠して注を施せるもの皆其筆に成る、編者の之を削除せざるもの翁の功を不滅に存せんことを欲するの意に外ならず。

一、思ふに東湖の遺墨世に現存するもの尠からず、宏く之を索めて完全なる全集を編成せんこと本會多年之を熱望す、然れども事素より至難なり、今、本會々員後藤仙太郎氏の厚意に依り、藤田家累代珍襲して久しく世に紹介するの機會なかりしものを悉く擧げて同志諸彦に頒つことを得るは本會の最も欣快とする所なり。

昭和五年十一月

日本史籍協會

水戸藤田家舊藏書類第一

目次

藤田東湖日錄

目次

藤田東湖日録

日暦

自文政九年十二月十日
至同十一年二月廿八日

匍匐救喪者

會澤伯民　宇留野敬郷　北條惣五
鈴木子賢　豊田天功
飛田　國友與五
杉山士元　久林田林太　各數子於葬祭儀節
吉田又衞門　右爲執事以助之

丙戌十二月十日徽雪　上食　辰時上（マヽ）墓　藥谷小十郎來　上食

十一日　上食　展墓　讀文公家禮　上食
十二日　上食　前日聞東而來中島茂松歸鄕　展墓　弔書數通
至自江戸　上食　永井政介來云明日將有京師之行
十三日　上食　展墓　讀家禮　上食　宮本氏來
十四日　上食　展墓　讀家禮　上食
十五日　上食　展墓　上食
十六日　上食　展墓　上食
十七日　上食　展墓　弔書數通至自江戸　上食
十八日　上食　展墓　上食
十九日　上食　展墓　上食
廿日　上食　展墓　上食
廿一日　上食　展墓　上食
廿二日　上食　展墓　上食

廿三日　上食　展墓　上食
廿四日　上食　展墓　杉士元來宮本氏來　上食
廿五日　上食　展墓　西隣主人除代官列　小蔭山氏轉書院番　上食
廿六日　上食　展墓　原伯舅來　桃溪翁來　上食
廿七日　上食　展墓　囑石川八五往河岸須藤借金十圓　上食
廿八日　上食　展墓　堀潛藏及三反田松本某來　上食
　夜松川小林生來
廿九日晴　上食　展墓　責債者屢至終日頗煩　上食

文政十年歳次丁亥
正月元日　上食　饌有加于常　展墓　自先考捐館、至是三十日、月忌
　始至因憶去歳今日先考適患衂血伏枕數日不能祭寢及　登城使彪代之、而

屠蘇之酒、雑煮之餅、聊於牀蓐之間行其事、豈圖不幸遭大艱難、雖欲薦酒餅於牀蓐之間不可復得也、嗚呼哀哉、因悽然不自禁、噓唏流涕者良久　上食

謄寫遺文

二日晴　上食　展墓　上食　整理遺書

三日晴　上食　昨夜夢先考　展墓　會伯民來閲遺書　上食

四日　上食　會伯民、杉士元、北條惣五、中村榮八、相共來、整理遺書、寫徑義考、　展墓　上食　寫遺文

五日陰　上食　國友與五來謄寫梅巷筆叢　展墓　上食

杉山士元國友與五來話到五更

六日大雪近來所無　上食　展墓　國友與五來寫遺書　上食

是夜横堀村金吾來る

七日陰　上食　展墓　上食

八日晴　上食　昨夜夢先考　展墓　上食

九日晴　上食　昨夜五皷雷聲再動　市毛氏來　展墓　國友與
五來寫遺書　上食　寫遺文　夜吉成秋山二子來話
十日晴　上食　展墓　上食
十一日陰　是日立春　上食　原伯舅除買物使列是日除目さす計
展墓　國友與五來寫遺書　上食　夜寫遺文夜雨ふる
十二日陰　上食　昨夜僕吉郎不告而亡命　展墓　整理遺書　上食
十三日晴　上食　展墓　杉士元來話移時大子介川書至る　小原
忠二郎來云改名　上食　夜寫遺文
十四日晴　上食　昨夜夢先考　展墓　國友與五來寫遺書　整理故筐
高橋豪介來　上食　喜兵衛來
十五日晴　上食　展墓　北河原來楠公畫賛云々　庄司健齋
來川崎惣三來　國友來寫遺文　整理遺書　豐天功歸塾　上食
秋山國友豐田三子來話　天功遊松上村下見異舶一隻於海上二里計

十六日晴　上食　展墓　寫二連異稱　平戸淸三來楊玄來　上食
十七日晴　上食　昨夜夢先考　展墓　寫遺文　小川神人來　上食
　夜寫二連異稱
十八日晴　上食　展墓　本澤能一來　宮本先來　會伯民氏來　藥谷
　小十來　上食　夜加治門奈淺利三子來　武平歸塾
十九日陰　上食　昨夜三夢先考　展墓　國友與五來　上食
廿日陰風　上食　會伯民、吉成又衞來　展墓　國友與五來　上食
　寫遺文
廿一日晴　上食　自初喪至是至〔衍カ〕是五十日然告以十一月四日故未除忌
　展墓　與阿母伯姉諸妹　寫遺文　上食　杉山士元來庄司健齋來
廿二日晴　上食　展墓　上食
廿三日晴　上食　展墓　杉士元來　上食
廿四日陰　上食　展墓　自四日至是五十日忌畢　是日辰時日暈

有雨耳
廿五日晴　上食　上食　參政移書有命明日登　城云々沐浴理髪
廿六日晴　登城　以先考捐舍之故使孤子彪襲祿二百石列　進物番任彰考
館局務餘澤所及不耐感激恭受　命而退
廿七日晴　上饌　告以昨日蒙命
廿九日晴　始て登館　出謝救喪之人且赴以蒙命之辱
晦日陰　登館　原伯氏來
二月朔日晴　祭　展墓
二日　登館
三日雨　登館
四日晴　登館
五日陰微雨　登館
六日雨　評定所神文　登館

七日陰　蒐《カ》于本城
八日微雪雨　登館　豊天功歸郷天功自正月中旬臥病于青藍
舍至是告官乞暇歸家養痾輿而行
九日朝晴　登館
十日昨夜大風晴　出謝下街救喪之人且告以蒙　命之辱
十一日陰　登館
十二日晴　祠堂講小學　至箕川訪後藤二子　江戸書生松井健藏來訪
十四日　登館
十五日晴　祭　兒玉梶川經島藤咲　爲大番　展墓　是日千葉六郎津田十
藏爲進物番市川三左轉馬廻頭大森源四郎爲進物番頭
十六日陰微雨　御次講釋場席を見る　宮本來　觀槍法秘訣
十七日　登館
十八日陰　登館

十九日晴風

廿　日晴　　　　　　　　　登館　往下街

廿一日晴　　　　　　　　　登館　會山本司馬葬先是五六日司馬沒　是夜

九皷夜光院旁舍火

廿二日晴　家居無事是夜組頭移書以一橋儀同侯去廿日卒之故普請七日鳴

物殺生武藝十四日停止

廿三日晴　　　　　　　　　登館

廿四日晴　　　　　　　　　登館

廿六日晴風　　　　　　　　登館

廿七日晴　　　　　　　　　家居　整理遺書

廿八日晴　　　　　　　　　家居　整理遺書

廿九日陰巳時大雷　　　　　登館

三月朔　祭　　　　　　　　展墓　此日大風

二日晴　登館

三日晴　祭　家居

四日晴　訪永井十介

五日晴　登館　訪杉士元日暮歸

六日陰　登館　是日川口介九爲江邸史館勤大番列立つ

七日晴

八日晴　登館　賀川口嬰卿除目

九日朝陰暮晴　登館　訪山邊門子談論至夕

十日晴　家居無事　是夜會讀史記

十一日晴　登館

十二日晴　將登館會有姪之喪乃告官以疾不登館初伯姉以己卯歲嫁岡本藤七郎既生女後三歲以故離婚」姪去歲以來得疾至今年加患腫物終不起年僅六歲姪不幸離母終以早夭哀夫」余既不與岡本相通以故不能臨弔問之也唯

居家長息而已矣
十四日　稱病家居
十六日晴　往下街
十七日　　　　　　　　　登館
十八日陰　　　　　　　　登館
十九日陰　　　　　　　　登館
廿日陰雨　　　　　　　　登館　夜會あり
廿一日陰　　　　以病不登館
廿二日陰　伯姉縁邊願濟　入舜水祠堂講小學
廿三日　　　　　　　　　登館
廿四日　　　　　　　　　登館　初て御次講釋を勤む　執政山邊參政朝
監察伊藤左一郎　予小學明倫を講す
廿五日　是日丹舅忌日乃展墓至是三年　是夜會讀　門奈、淺利、鵜殿、石川、菊

池、楊、中村諸子來
廿六日　登館　杉士元來
廿七日雨　家居讀書
廿八日雨　家居寫書　青山量太來
廿九日陰　登館
晦日陰　登館　會讀
四月朔晴　上食　展墓　與吉成又衞門訪川瀨子
二日陰雨　登館　往下街借金歸途弔加藤北墧之喪
三日雨　登館
四日陰　家居　是日小川藏之進大田彌一郎梶八內酒井
造酒之允同役となる
五日　登館　會讀
六日　登館

七日雨　家居　永井長十郎氏來

八日晴　登館　霖雨始晴　是夜伯姉上途

九日晝前晴過キ陰　登館　整理遺書

十日晴薄暮微雨　家居　會讀　是夜地震

十一日晴　登館

十二日晴　登館　往下街　是夜雨

十三日雨　家居

十四日　登館

十五日晴　僕藤兵衞歸自江戸伯姉婚儀首尾能整候由擧家大安心追慕之情不可已

十六日陰晴不定　家居

十七日陰　家居　是日　東照宮祭辰

十八日微雨　登館

十九日陰　登館　發書于江戸
廿日雨　登館　是夜會讀
廿一日晴　登館
廿二日晴　展墓　整理遺書
廿三日晴　登館
廿四日晴　登館
廿五日晴　余自五六日前腫發於臀痛苦殆甚廼強往楊氏乞旁膏藥而歸　夜會
廿六日晴暮微雨　力疾登館
廿七日晴　家居
廿八日晴　家居　是日大城操練余以病不出
廿九日晴　移病不登館
晦日晴　同上　夜會あり

五月朔晴　家居　是日月忌余臥病不蘇祭寢及展墓　淵之介來　江館來書に云津輕越中守青山下野守宅にて逼塞命せらると將軍御轉任之節津輕僭して轅を用候故也

三日晴　疾愈　登館

四日晴　以伯姉嫁吉田氏　訪其姻族某々氏藤　潮田　山國　高森　田丸

五日晴　上食　家居　節句にて夜會止む

六日陰　登館　會澤の會にゆく

七日雨　家居　整理遺書

八日晴　登館　朝五ッ時北濱大津の前二里計也名を忘るに異艘一隻見ゆ陸を去る事五六町注進あり一國恬然あやします噫

九日晴　登館　訪吉田養本

十日晴　家居　讀書　夜會

十一日晴　登館　茂松來る　會澤の會にゆく
十二日晴　登館
十三日晴　家居
十四日晝後雨　登館　是日跡部新八爲大番
十五日晴　上食　展墓　夜會　史記范□等傳
十六日雨　御次講釋　異船祝町の下五六町沖へ來る　杉山淺利二子來談
話終日
十七日晴　登館
十八日晴　登館　賀酒井子　酒井去る十四日組頭より小普請觸頭となる　酒井話、荷見氏か鳥打に北濱へゆき佐野七郎兵衞の詰所を訪ふ佐野云ふ此間中沖には大銃の聲度々するなり乍去また吾耳には聞えぬ體にいたしをくとの事時勢可嘆
十九日晴　家居　訪山邊門子　擊劍

廿日　　　　　　　　　　登館
廿一日　　　　　　　　　登館
廿三日　　　　　　　　　登館
廿四日　　　　　　　　　登館
廿五日　　　　　　　　　　　會讀
廿六日　余數日以來胃下患腫移病家居
廿七日　　　　　　　　　家居
廿八日晴　大城操練にいづ
廿九日陰晴不定　　　　　登館　會讀屈賈傳
六月朔日陰晴不定　祭寢　展墓　到神崎福壽院亦展墓也
二日　講小學於祠堂　擊劍
三日陰　　　　力疾登館　晡時平山谷之介來
四日陰雨　是夜冒疾訪刀工直胤子青物街客舍

五　日晴　余數日以來有寒疾到此移病家居　會杉二子來訪痾會をやむ
六　日晴　劍工莊司直胤來　國友子克來訪痾
七　日陰　杉士元來
九　日　異船東海に見ゆ
十　日　又見ゆ　停會
十一日晴　又見ゆ　鈴木彌左衞門杉士元等來
十二日雨　登館　病愈　是夜廻狀來る去る十日　清水式部卿樣御逝去に付殺生武藝十六日迄御停止
十四日　登館
十五日晴　痔疾に潮に浴するがよきと云事を聞是日平山谷之助と同河原子へゆき武藤に宿し
十六日晴　會澤へゆく
廿　日晴　晡時歸家

廿一日陰　　登館　曬書
廿二日雨　馬場栗田の馬をのる
廿五日晴　常葉木に乗る
廿六日陰雨　　登館　番當　曬書
廿七日朝頗冷なり晴　清山にのる　祠堂講小學　入土用
閏六月朔日　祭于寢　展墓
二　日　　登館
三　日　　登館　當番
四　日　力疾御次講釋に出つ歸後臥病
五　日晴　力疾朝參政へ往て會伯民子の願書を出す歸後伏枕
六　日　自廿七日至今日氣候寒く朝夕は綿入を著する位なり是より
稍々暑氣になる　臥病
七　日　　家居臥病

八日晴　同前
九日晴　同前
十日晴　同前
十一日　同前
十二日　力疾登館　代杉士元
十三日　力疾登館
十五日　弔飛子健
十六日　會子健著
十八日　家居無事
十九日　登館　訪山邊門子
廿日　寒疾再感臥病
廿一日　臥病
廿二日　玄友來視病　自是日々服藥

廿三日　臥病
廿四日　臥病
廿五日　臥病
廿六日　臥病
廿七日　同
廿八日　同
廿九日　同
七月朔　同
二日　同
三日　同
四日　同
五日　同
六日　同

七日　　同

八日　　同

九日　　同

十日　　同

十一日　　同

十二日　　同

十三日　　同

十四日　　同

十五日晴　　同

十六日晴　　同

十七日晴　　同

十八日　　同

十九日　病愈理髪

廿日　登館

廿五日　登館　灑書

廿六日　佐藤平馬來

廿七日　賜鱖魚

晦日　是夜會讀

八月朔晴　朝祭　登館　展墓　訪杉山士元

二日　登館　灑書　遣源次郎於坂野上訪豊田彥二之病且達頃日所賜鱖魚豊生病狀少快々々

三日晴　與門奈某等往下街欲觀下野氏所藏會收藏已了不得觀

五日雨　御馬　登館　夜會讀

六日　登館

八日陰晴不定　登館

九日陰　登館

十日晴　家居無事　撃劍
十一日雨　登館
十二日雨　登館
十三日雨　射圃にいづ
十四日雨　登館　射圃にいづ
十五日風雨　朝祭如例　展墓　家居
十六日晴　射圃にいづ　是日江館來書に云く去十二日川口介九復爲惣
裁披讀愕然長息者久し
十七日晴陰不定　登館
十八日　登館　撃劍
十九日　射圃
廿日　登館　撃劍
廿一日　登館　下野吉田甲田民次入塾

廿二日　射圃より一同下河原へ出武射を講是夜淺利新宅落成
廿三日　登館
廿四日陰微雨　登館　擊劍
廿六日晴　朝祭初而はつたけを薦む　登館　甲田生を中町に連れ行く訪岡本忠三
廿七日雨　淵之介來る
廿八日晴風　淵之介歸る　根仲德至自江南　射圃
廿九日陰　登館　同根仲德會伯民氏杉士元會於飛子健宅談論至夜半是夜仲德投宿
三十日晴　登館　擊劍　三村の隱居不幸　根仲德杉士元來話至夜半　仲德是夜投宿
九月朔晴　以昨日弔喪使長妹接祭　同根仲德展先考墓　是夜會讀
二日晴　登館　潮生梅田生入塾

三日　登館
四日晴　射圃　二段目難射を許さる
五日雨　薦松茸　登館　笠館閣之事遇革之同人　是夜同飛鈴根
三子會澤氏に會す
六日　登館
七日晴　射圃
八日晴　登館　河原子の宿次にて書狀來る淵之介の事
擊劍　是夜淺利宅に會す
九日陰　家居無事
十日晴　射圃　逢小二郎於路　是夜會讀　訪三村氏
十一日晴　登館　會澤の會に出
十二日晴午後風　登館
十三日晴　射圃　是夜宮本先來

十四日晴　登館　江戸永井へ書狀遣す詣大門前是夕擊劍
十五日晴　上食
十六日　射圃
十七日　登館
十八日　登館　是夜部毛淸二郎來
十九日晴　潛藏來　午後射圃　是日村高原靑木木內加藤轉大番
廿日　登館
廿一日晴　登館　訪靑木原二子
廿二日晴　射圃　訪荷見木內加藤三子
廿三日晴　登館　訪井田岡村山口　槍
廿四日晴　登館　訪白石氏　射圃
廿六日　登館
廿七日　祠堂講小學

廿八日晴　大城調練　未半發家晡時至河原子
廿九日陰　未時發河原子初夜還家
十月朔　祭寢　展墓　射圃
二　日　登館
三　日　登館
四　日　御次講釋の所射の稽古に付鈴木へ頼む是日遠矢雅射成就
五　日晝微雨　登館　昨夜西隣病人の看病
六　日　移病家居
七　日　家居無事
八　日　移病家居
九　日　登館
十　日晴　射圃
十一日雨　登館　今曉西隣主人沒

十二日雨　　登館

十三日陰夕雷　射圃　西隣葬式

十四日晴　射圃

十五日陰晴不定　展墓　以一昨夜臨葬今朝不接祭使長妹代之　射圃

十六日晴　射圃

十七日陰　登館　永井政介來小二郎亦來　射圃　一尺二寸的成就

十八日大風雨　登館　射圃

十九日　射圃

廿日　登館　射圃

廿一日晴　登館　射圃　鳥居之喪

廿二日晴　射圃　的前成就　鹽津之喪

廿三日　登館　射圃

廿四日　御次講釋　射圃小口
廿五日晴　射圃
廿六日晴　登館　射圃
廿七日晴　祠堂　杉山小口成就
廿八日晴　小口難射成就
廿九日晴　登館　訪増子翁　原叔氏
十一月朔日　祭禮如常　展墓　下谷小祥　射圃　弔荻谷之喪
二日陰　登館　訪吉成不在家訪跡部氏
三日朝陰午後晴　擊劍理髮　四皷病家居　秋山豐來宮先來
四日晴　射圃
五日是日南至　朝祭　登館　擊劍　是日伊達將ケン□砂金鐵五郎來
是夜武藤來ル
六日　登館　朝擊劍武藤永井同道

七日　同上　射圃
八日　登館
九日　登館　原叔氏來
十日晴　射圃
十一日晴　登館　射圃弓講　村田理金的を射る
十二日　二三日來少恙移病家居
十三日　伏枕
十四日晴　伏枕
十五日晴　昨夜不沐浴使人代祭　病愈
十六日晴　御次講やむ歸る
十七日　登館
十八日　登館　市毛の宅是日弓書相傳の事あり及夜歸
十九日晴　與杉士元展小篠丈人墓　是日長久保生入館　秋山生亦爲

傭書生　岡久佐望同役となる

廿日　登館

廿一日晴　登館　展墓

廿二日　射圃

廿三日晴　登館

廿四日晴　御次講　登館　射圃　是夜礫川邸罹災安松矢之介同役

廿五日晴　是夜邸報來

廿六日晴　登館　是夜詣執政與津氏候　君上起居

廿七日　祠堂講江南火災に付止　與杉士元伯民子を訪談話到夕

廿八日　家居

廿九日晴　登館　讀祭禮

晦日晴　登館　讀祭禮　晡時與長妹灑掃具祭器

十二月朔晴　是日小祥寢に祭不堪哀慕　會杉鈴來拜　神位　展墓

二日　祠堂講論語
三日昨夜大雪　登館　淵之介來
四日　射圃
五日　登館
六日　登館
七日　射圃
八日　登館
九日雨　擊劍
十日晴　築射圃
十一日　擊劍　移病家居
十二日　擊劍　移病
十三日　射圃
十四日　大手前　擊劍了　御馬　登館

十五日陰夕雨　市毛先杉山山中酒井村田兄弟檜山等來射的數十發
十六日　射圃
十七日　登館
十八日　登館
廿　日晴　登館　擊劍
廿一日晴　登館
廿二日雨　家居無事
廿三日　登館
廿四日　登館
廿五日朝微雪　大手前擊劍　昨廿四日三木氏有小妹之喪　是日村上源五
　郎轉大番往救之
廿六日晴　往三木氏
廿七日晴　往三木氏

廿八日大風雨　會三木氏葬

文政十一年戊子

正月元日　快晴未時陰暫時又晴　家居

二日晴　家居

三日朝微雪既ニ晴午時又陰　家居　射的

四日晴午後陰　雷氣あり奇々　家居　射的

五日晴　家居　射的

六日晴　家居　射的

七日陰晴不定　祭寢　登館　展墓　上町年始

八日晴　下町年始

九日晴　射的

十日陰　家居
十一日晴暖氣如三四月　開館　始拜　文昌星及彰考館額
十七日　登館
十八日　同
廿日　登館
廿一日　登館
二月七日　是日春分　祭儀有如常　是日河原試射
十日陰　射圃
十一日　登館
十二日　登館
十三日晴　射圃
十四日朝陰午後大風雨以至夜半　登館
十五日晴　祭如常

十六日　射圃
十九日午後大風雨申時止　自十七日至分氛氣四塞日月無光風雨後復常
射圃
廿日　登館
廿一日　登館　是夜雷　武平歸
廿二日風雨　家居無事
廿四日　訪山邊氏談話到夕
廿六日晴　登館　秋山雲嶺來る
廿七日陰是夜風雨　祠堂講　擊劍如今
廿八日朝大風雨

己丑日錄　文政十二年（自三月十六日 至九月七日）

文政十二年己丑　（註 東湖時に年二十四、進物番兼史館勤務、祿二百石）

三月十六日冷氣陰　是日彪が誕日なり蚤起　神主を拜す昨日より酒を禁ず事は別に記す歌十二首をよみて心に誓ひぬ○是夕山國(贈正四位山國兵部は武田耕雲齋と共に兩毛信越に轉戰して慶應元年二月四日敦賀に於て斬に處せられし志士なり)及野州引田村福田宗節來る宗節は其先義公より佩刀を賜りたるものにて　御當家を慕ひ奉り去る亥年の春、我江戸に官舍を訪ひしが今日又笠間を過ぎ水戸に來れり其人質直眞率世々當流といへる劍術を指南せしが其技、華法に流れたるを嘆き實用に復せむとて近來試合劍術と他流をなく專ら實用を講し當流を再興するの志あり文化年中福田大八といふもの水戸に來り我　先君子其義勇を愛

したまひけるが大八は宗節の支族なりと宗節しかいふ○夜三木氏來る
十七日朝陰晝より雨冷氣甚し　蚤起髮を結ひ柵町馬場にて馬をせめ下町
へゆき小林多一、住谷長大等へまゐりて八ツ時家に歸る
十八日晴冷氣　福田宗節來る○登　城是日宗節、長尾の稽古場を訪、試合あ
る由を聞き退出后長尾に到り試合を見る後に余も擊劍數合を試む馮婦
搏虎（安井久曰、馮婦搏虎孟子盡心篇晋人馮婦なる者あり善く虎を搏つ卒
に善士となると）やらんいとおかし、是夜大井六郎、宇殿庄二、永井政介來る
十九日晴冷氣　森新太來る○三木氏を訪ふ○登　城　御前に罷出て弘道
館學則の事幷書籍御買上けの事其他數條　尊慮を伺ひ奉りぬ○退出せ
んとせしに又　召されて　御前へ出けれは逐鳥狩之時兵粮渡しの事
御意被爲　在候付愚存申上ければ　公にも我等もさ思ふとの御事にて
其事やみぬ○結城氏と共に北村　出御の御供を命せらる○退出結城氏
を訪御供の事を相議す○是夜福田宗節來る

二十日晴　蚤起武田氏の演武場へゆき宗節及ひ森新太と撃劍を試む○登
城せんとせしに御小姓頭取より中奥坊主もて　御封書を傳ふ謹て拜み
見るに老中水越州幷御側水美濃へ賜はる　御書の　御案なり卽刻出仕
御小姓頭取もて御請、明日奉るへきよしを申上る○老女筑波へ　祝姫樣
御付の事を議る○　御前へ召され越州へ賜ふ　御書の御事にて　御論
を拜聽す○結城小山田と共に　御菓子を賜はる　御小姓頭取島村志摩
演述御用部屋へ出て受此度北方御供の時背負て出よとの御事なり此御菓子は近
ごろ　御みづから御かうがへにていでき形は大なる錢の如く緒を貫て
持つへきやうにこしらへ三軍通寶と書きたるものにて兵粮の代りにも
なるべきためとぞ○天神林村神職高根雅樂之介弟秀之介今日より學僕
とす○原田、矢野、内藤を訪ふ○是夜長尾理平太來る
二十三日晴　今朝明け六ッ時御揃にて北郷大能筋へ可被爲成旨豫て被
仰出ければ未明より行裝をなし登　城しければほどなく出御、御供の面

々御小姓頭取にて三浦賛男、吉野英臣、御小姓にて秋田内膳、藤田幸松、御小納戸にて佐藤權內、福地政次郎、御醫師にて松延道圓、若年寄にて結城寅壽、御側にて余、御目付にて村上源五郎にぞありける賛男より道圓迄は皆御厩馬に跨り寅壽以下三人は手馬その外に御馬乘岡見彥五郎、堺野五作兩人にて壹疋御小從人目付御徒目付宇佐美平五郎、近藤象助兩人にて壹疋御厩馬を代る〳〵打乘その餘はみな同心小者のみにて　御行裝もいと差略したまひぬ、かくてこの日は額田村御小休、太田村御晝休玉簾寺御小休、小菅村御旅館と聞えしが中臺村邊より御馬を走らせたまひ額田へはゐいこはせたまはず四つッ時計りに太田へ着きたまひ、わづかに　御腰粮たうへ給ふと覺えしに御馬に乘らせ給ひしばし太田城へ入らせられほどなく馬場、小野等をへて常福寺村へ至らせたまひけるに路の左にいとけはしき石坂ありこれは何と問はせたまふ修驗俯伏してありけるが妙見の祠にて候旨言上　公たゞちに石坂を攀ぢたまふ御供之面々續いてのほるに其急なること甚し絶頂に到りてしばし四方の景色を眺望したまひこの山の來歴なんど問はせたまふに佐竹時代の文書は見在し侍れどもその以前の事は詳ならざるよし修驗申上げぬ御煙草一二めしあげられ坂を下りたまひ待谷、良子より玉簾寺に到りたまふこれは去る巳年この寺をば遊覽ましくけれぱこたびは立よらせたまはず往還の橋上よりしばし白瀧をみそなはせられて過ぎたまふ彪は結城氏と共に瀧の前なる石に踞りてながめけれどもいと後れ奉らんことを憚り興を殘して馬に打乘り深荻村に到りければ豐田彦次郎路のほとりにありけるゆへしばらく立ながらかたらひ結城氏へも紹介してしる人になさしめ彦次郎も　公の御蹤を慕ひ小菅村の境まで來りけるが余思ふむねありて返しやりぬ此夜　公には小菅村の舊家孫兵衞といふものへやどりたまひ余と結城は同村次左衞門といふものへ室を分ちてやどりぬ　この夜御下げの御汁を賜ふ

二十四日大風雨　けふは折橋村なる苗の平といへる山を見そなはさんと兼て被　仰出けるが風雨甚たしければ明日を期せんと近臣申上ければもうけたまはず六ツ半時より　出てたまひ折橋村を過て苗の平にいたらせたまふ山路ことにけはしき苗の平とはいへどかりそめにも平かなる土地なく御供の輩みな疲れはてたりたゞ山と山の間には清き水流れあまたの大石小石そばたちて畫きたる如く風景面白く櫻の花いまだ殘りてめづらしきなどながめける天龍屋敷といへる所にて　御腰粮取出させたまひけるに御笠のしづく御粮に落ち恐多くおほゆれども　公には少しも御くるしき御様子もなくめしあがられしばし御休息ありて又々山を越えたまひて笠石新田といふ所に向はせたまふ途中に炭燒く賤男がかりにまうけたる藁小屋ありけり彪をかへり見たまひてこの中へ入りて見よとありければたゞちに入るとひとしく　公にも入りたまひぬこは何事ぞと人々驚きければ　公のたまふは戰場の試みに一夜野に

ふしてみんと思ふ近臣共はこの中に入りて共にいこふべし其餘はそれ〳〵かや草なんど取あつめ雨をふせぐべきほどに小屋かけよとありければ御供の人々彼是と申上げ漸々にしてわら小屋を出たまひ笠石新田に至らせたまひ笠石を見たまひて御詠ありけるそれより小妻小屋大屋折橋すぎたまひて小菅の御旅館に着きたまふ

二十五日晴　この日は入四間山をこえ玉ひて川尻村に泊らせたまふべき旨被　仰出朝五ッ時　御旅館御立御馬にて坂の上村を過ぎ玉ふ時豊田彦次郎そが宅の前に平伏し居たり　公にはいまだ彦次郎をば見たまはぬことなれば誰としりたまふべきいはれなきにその容貌この邊にあるべき人ならねばやがて彦次郎ならんとおぼしめしけん岩折村にて彪と結城朝道をめして仰せには過ぎし路に居たるは彦次郎ならんそのつらたましひいかにも尋常の人ならずされど乘手を嫌ふ馬に見ゆると啞ひたまふ朝道彪謹で申上けるは學校御開きの節迄にはかの彦次郎もいづ

れの道にか御撰用ありたくこのごろより評議仕候旨申上げしにいかにも尤なり他邦の人にてもすぐれたるものは用ふることもありいはんや國中に秀たるもの空しく棄てをかんは我等の恥なりと被　仰けるかくて入四間にいたらせたまひ右馬尉といへる舊家の民の家にしばしいこはせたまふ此村にて御腰粮用用ひさせたまふむね兼々被　仰出ければ御供のものしばしいこはんとせしに　公には御腰粮わづかに一つ二つたうべさせたまふのみにてすみやかに御立ちありけるゆへ皆驚きて御供せしに奥の院の方の峻坂を飛ぶが如くのぼらせたまひ高鈴山へのぼらせたまふ郡宰桑原信毅検地のことにて助川村に在りたるが今朝より冷水心がけて絶頂に御待受け申上げぬ　公にも御顔色うるはしく水めしあげたまひ四方の景色しばし御眺望山を東へ下りさせたまへば山野邊兵庫父子道のほとりに控へたりこれより兵庫御先を引て兵庫の館に入りたまふ今夜は御一宿ありたき旨兵庫ひたすらに訴き奉れどもゆる

したまはず近臣川尻へ向はせたまふやと申上れば川尻にいたりても日いまだ暮るまじされば足にまかせてゆき明日は名古曾關の跡迄ゆかんとありけるゆへ御供人も少く候へば他領を越て出でたまはんはいかゞど朝道彪等申上げければ我等は平潟名古曾へ向はんと思ふゆへ川尻とはいふたり平潟等へゆくこと惡きとあらば川尻へ向ふは無益なりさらば今より那珂湊の閣にいたらんとのたまふはや日西山へ傾きたるよし申上ぐれども聞入れたまはずたゞちに會瀨の濱より久慈村迄一さんに歩ませたまふ久慈の渡にて日も山へ入りければ御船中はじめて御腰粮を用ひたまふその中御供馬漸々に引來れりそれより村松まで一散さんに乘りたまふ村松にて日くれぬれば松明をいたさせ夜五ツ半時寅賓閣に着かせたまふに御夜のものは今朝川尻へ廻りたれば御寢も叶はず終夜御旅裝のまゝにて通夜したまふ近臣等あつまりて御飯杯にはかにこしらへ夜半過にすゝむ朝道彪もこの夜は閣中にて夜を明しぬ

二十六日　晝より堀川潜藏が宅にやどる
二十七日　御船にて廣浦へ遊はた《マヽ》まふ山野邊父子朝道彪等扈從す日暮
御歸閣退て潜藏宅に歸る
二十八日　大貫村へ　出たまふ朝道彪等從ふ
二十九日雨　夕刻津明神臺にて波濤を見たまふ
晦日晴　御船にて御歸城暮時歸宅
四月朔　登城
二日　登城
三日　登城夕長尾道場にて劍を擊つ
四日　登城是日會澤清右衛門小姓頭取に轉し吉川甚五郎御馬廻となる八ツ時より戸田結城小山田中村四子と同じく長岡へ遠乘暮時歸宅門外にて湊村の民輪貫のはたを持て南郡廳へ馳來るに逢ひたり何事ぞと問ふに異國船海上に見ゆる注進なりと答ふ思ふむねありて速に登　城しけ

れは　公には火事装束めされて御甲冑の唐櫃を出し玉ひ今にも　出御の體なり　御前へ罷出云々言上夫より政執大久保氏へゆき速に登　城あるへきよし申のべ、ほとなく執政參政御用人等夫々登　城　出御は御やめになり年番の先鋒等へ一左右次第出馬の用意あるへしと參政より達す夜八ッ時歸宅

五日　朝上加茂縣主梅辻飛驒守來る國學者なり暦學に通じたる人なり登　城　夕刻筑後久留米の木村庄三郎 名重任學士遠、當二十五、小黑田秋月侯賢明なりと庄三郎云 肥前鍋島の藩中、木村 同木村 增田忠八郎 名は廣長 來る、山國、吉田邂逅

六日　朝、土浦藩の書生五十嵐岩吉、宮下壯介來る土浦の學制を問ふに

館名　郁文館　督學　藤森恭助

提學　年寄之內 當時欠職

館頭　西脇作右衛門　窪田傳太夫 二人共に物頭より兼

司監　小俣平六目付より兼

世話役　楢村丁助　神戸操平　里見有藏　川上廉藏皆給人

都講　助講　句讀師

月六次督學講釋、六次輪講會讀、三次詩文覆文

月一次試讀何れも館頭以下臨む

四書五經讀終れば左國史漢又は十八史略讀まし　ると云ふ

武藝は劍槍日々、餘は六次、十二次なりと云ふ其餘問けれども沈默の人物にて不得詳

登　城水野越州　御請書面拜見被　仰付書中の意は御增封御願の事出羽等國かへにて必定餘地あるべし其模樣次第のこと也來月來々月まではには分るまじきよし也　永井十三郎來る

七日晴　五ッ時御供揃にて礒崎村へ　出御競馬を見たまふ御家中馬持候人々御供を命せらる鈴木石州以下六十餘騎供奉御用番又は病馬は不出余も供奉す平

士より物頭、布衣、大御番頭迄　御前、御目付、御小姓頭、御用人余若年寄、御家老と御後に供奉す勝倉村を渡りたまふ時、出羽國庄内の民六人御行列を遮り願書を奉る御目付人見又右衛門承届け　通御礒崎にて御腰辨當御用ひゆる〳〵上覧競馬畢て　君には湊より御船にて帰御、石州以下平日御供の外は陸より馬にて帰宅

八日晴　登　城、結城と同じく　御前へ出、昨日出羽の民愁訴は酒井左衛門尉去年越後へ國がへになり、ことし參府せんとする所、領内の民舊恩を慕ひ以之外騒々敷三四萬人黨を結び舊領安堵を願ふ昨日の民も江戸へ出て老中へ願出たるに取受に不相成ゆへ　君公に願奉らんと來りしなりさて　公の仰に出羽の民其志誠に感ずるにあまりあり一體は　幕府にて無罪の諸侯を國がへ命じたまふゆへ、かくはなりゆきたり、しかし出羽の民の越訴を取上げなば　幕府へ對し候ては勿論酒井のためにも不相成ゆへ、くれ〳〵敎諭して歸すべし其志は感ずべき事なれば是迄　御城

下旅宿に逗留の料は政府より遣し又六人の民道中手當の爲め御秘方の紫雪并神仙丸一包つゝ夫々遣候へとの御事なり○昨日の祭にて御考あらせられ海防に濱海の民を用ふる處を論じたまふ兩人かしこまり退く」追而北海海防方の申出を見るに今日迄は友部村邊沖に異船出沒の由」今朝梅辻飛驒來る」夕石河德五郎深澤甚五平來」夜三木氏并飛田勝太郎來る、（安井久曰、莊子曰、天下に大戒二あり其一は命也其一は義也子の親を愛するは命也心に解くべからず臣の君に事ふるは義也適くとして君とあらざるなし天地の間に逃るゝ所なし之を大戒と謂ふと嗚呼出羽の民其君の恩を慕ひ幕府に訴へて容れられす烈公の英明に賴りて人民の義を全ふせんとし千里の山河を跋涉して水府城外に愁訴す）

九日晴　登　城出羽の民敎諭の事、執政より御目付方へ達し、くはしき事は結城より御目付友部正介へ達す是日評定所にて申諭し、御藥　御下知の如く賜ふ、海防の事余が草稿の通り御軍用懸りへ御懸になる」夕　御直書を賜ふ御領中勝景の事なり」夜又　御直書を賜ふ出羽の民へ教諭方の事なり即刻御目付へ申遣す」夕山國喜八郎來る」渡邊藤内來る」三木氏來る」

十日陰　朝友部正介來る教諭の事昨夜申遣たるゆへなり」登　城無事」是日高安與平祝姫樣御附より矢倉奉行に轉す退出長尾道場にて劍を擊つ」　君公八つ半時ゟ湊　出御御供中村與一左衛門夕刻　歸御、夜吉成又右衛門來る談話深更に至る

十一日陰夕微雨　登　城會計府一洗の事執政江水の評議決る、武田氏呈書御下げになる夕刻吉田平太郎三木庸之介來る

十二日雨四月朔ゟ今日迄は不順の氣なし大低袷着用の候也　朝梅辻飛驒守來る不遇○岡崎南軒來る○登　城無事夕刻梅辻へ一書を送る案如左

代口

梅雨之漸にも候哉朦々敷天氣に御坐候御旅寓中眠食佳勝不堪欣抃奉存候先以過日は兩度御枉顧之處出仕前匆々之仕合尚又今朝も御貢臨之處此節　公務繁多日夜調物に取懸居候ゆへ不得晤會遺憾不淺奉存

候扨は過日御話御坐候當地可然處へ御寓居之儀同志中へも申合候處種々差支等多く第一野拙事中々當分之模様にては　公務殊の外紛冗にて寛々御談話とも不相成候間乍不本意此節之處は御斷り申候事に御坐候一體當地之風俗他邦の士御世話申候儀六ヶ敷種々差支等有之尤學校開きに相成候はゝ右等之制度も相立可申候處當村混沌中あしからす御察可被下候仍而は別に心當有之候而は御逗留は格別野拙儀御内話を御待御止宿は御無益に御坐候此段面晤にて御咄可申筈之處當役町家へ參候儀不相成候ゆへ不得已付禿毫候草々不一

四月十二日

此夜吉成と共に戸田子を訪ふ

十三日晝前晴晝後雷不雨　登　城召されて日立丸　公邊へ御達の事湊川口御普請の事作り、鹽硝場の事三件を議す八ッ時より　出御彪供奉す御矢倉方より中御殿千波幷馬市等へ過り玉ひ七ッ半過御歸城

十四日朝五前雨晝晴夕雷雨　朝梅辻飛驒守來る　田見小路へ出て馬を御す、登　城日立丸御屆を草し執政參政へ議し　御前へ罷出伺ひ奉る退出より結城子を訪ふ七ッ時歸宅井坂久左來る　金子孫二來る

十五日晴　寢に祭る登　城無事九ッ時退去(安井久曰、寢とは寢殿の意義なり宗廟の制古は廟と云ひ後を寢といふ禮記に「先つ寢廟に薦む云々」とあり即ち祖先の祭をすることなり)

十六日晴　大祭に付　神輿御下り供奉相勤小屋へ相詰田樂拜見

十七日朝晴夕雷雨　朝小屋へ相詰風流物一見圓淨寺にて終日休息八ッ時より小屋へ詰　神輿渡御　供奉相勤御廐前より雷雨一丁目邊にて相止無御滯　還御圓淨寺へ引取り年寄へ謁し御料理頂戴御道《マ》、師へ御馳走の歌舞は相止に付登　城御祝申上げ夜五ッ時退去

十八日晴　去る丁亥戊子己丑の頃同志の士相催し汁講といふもの設けたるが久しく廢したるゆへ是日戸田執政幷會澤健齋吉成履善鈴木子眞金

子孫二桑原毅卿石河德五外に原田兵介矢野唯之允を招く國友與五郎も邂逅せり久々にて寬晤談論夜分に至りてやむ

十九日　無事登　城

二十日陰夕雨　登　城　御前へ罷出ければ去る十六日　幕府にて林肥後守八千石を削られ其職を奪はれ居屋敷迄も引上られ差控を　命せられ水野濃州五千石を削られ林同樣美濃部筑前守三百石を削られ二人同樣尤甲州勝手を　命せられたり辭命はいづれも勤向兼々　思召に不應との事なり內官事を用るは國家の大患なりしに一朝決然如見白日愉快々々但閣老專權以暴易暴之患可慮々々林は若年寄水野は御側御用美濃部は御小納戶にていづれも西城大奧へ出入し權を弄せし人々なり」退散後下町馬場にて騎射を習ふ歸らんとする時小山田軍平を訪ひ御勝手改正の事を談ず

二十一日　登　城退出より今井を訪ひ御勝手改正等の事を談す、晡時歸宅

小島樸齋來る北越の書家なり
二十二日　登　城今日微恙歸後伏枕
二十三日　昨日より伏枕今日は家居せんと思しに明［一字脫カ］半時御小姓頭取よ
り手紙もて　めされ候間早々登　城の事申來れり病を扶けて馬に乘り
出仕三たび迄　御前へ罷出機密の事を草して奉りぬ昨夜江戸閣老太田
備州より一封を奉れる御答書なり　是日武藤七之助倅隼之助入塾
二十四日　移病家居明日達御用有之候間五半時登　城の事天野伊豆若年
寄より達あり
二十五日大雨　登　城執政部屋にて若年寄結城寅壽と共に御勝手御改正
懸りを命せらる」御前へ罷出數ヶ條御議論あり」午後結城幷小山田軍平
今井金右衛門原田兵介矢野唯之允と共に御勘定所へ出張」退出懸御禮と
して執政大久保氏に至り玄關にて申置」御城代へは小山田を名代に賴む
二十六日　登　城結城氏等一同御勘定所御勝手方へ出席」是日輕部平太左

衞門ゟ來書、去る二十四日新見伊賀守御側御用取次を　命せられ大澤彌三郎奥御右筆組頭より御裏御門番の頭となり荒井甚之允奥右筆より同所組頭となるよし申來る新見は兼々名高き好人物大澤は舊弊家荒井は正論家なり可賀々々

二十八日晴冷氣綿入を着す　登　城是日は長柄のものを　召され長柄を見たまふ彪も　命せられて出席退出馬にて丹虎婚儀原熊元服を賀す

五月朔　寢に祭る　登　城

二日、三日、四日、五日、六日　神崎邊御供

七日　御勝手の事に付寄合

八日　都合家居　公邊へ御建議御草案を拜見

二十九日　是日御用召百八十三人庸醫拙御者等夫々俸祿を削られ文武の士御拔擢中山氏組付不殘　思召を以御止、御進物番御止、御馬廻百人高に被遊、大御番頭一組二十人高に相成御家中物成取の面々御藏入平均割を

以て被下置上下豐凶にいたし候樣被　仰出去月二十四日御勝手御改正懸りを　命せられたるより三十餘日の間日夜苦心評議しけるが量入爲出の四字の外に策なし然るに承平の弊姑息の愛にて御分限次第に相過し不可奈何に至る仍て以來御家中俸祿と御勝手を引分け其外は分限改正の事を議せしに江水異論まち〳〵小人尤不便の勢なり　獨り公の御英斷にて今日の擧はありける十分と思ひしこと六七分ならでは不成事古今の通病なり乍去今日一大擧の意を托して施行せば庶幾國家經濟の基本も立つべし

九月七日　朝五ッ時馬に鞍おき靈岸島に到り伊豆石を見る過日杉山淺利二子の見てよきといひたる石はすでに他人買去りしと聞きほいなきことに思ひけれどもなほべちのよき石あらむとたづねけれどもよき石をも見えずして歸り猿樂町をすぎけるに擊劍の聲しければ立寄りぬこゝは岡田十松の宅にぞありける折しも十松は他行しけれども仲兄淺三と

いふものありてもてなしことにその先人十松ぬしの石碑を余に託せんと兼ねて々々《マ》

七ッ半時飯田町九段坂下新見伊賀守の宅へ參りぬ公用人新井兵衞門出てかれこれともてなし程なく伊賀守出會しける問答左の如し

　中納言殿口上の趣

秋冷の節

上樣益々御機嫌よふ被爲成恐悅被奉候

右大將にも御同樣被爲成恐悅被奉候扨

上々樣　御機嫌親く被相伺候ため追々御先輩樣方へ私役義之者を以て被差出來候處近頃中絶仕候へ共此度私出府に付被申付候以來は右廉にて折々被差出候儀も可有御坐候間此段兼て御含御坐候樣被致度隨て秋冷之節其許樣彌無御障御勤仕一段之事に被存候兼々御名前承知被致候處當春結構被　仰出別而滿足に被存候旨

申述候内

過日は登　城中にて御逢不申候處
中納言様御筆の御碑面幷御國産のうきゝ拜受千萬難有奉存候旨頓首
被申述候に付可然挨拶畢て
水戸殿長々在邑被致候處一體は平常　御膝元に可被罷在儀に有之候
へば在邑中ながらも事に寄言上被仕候儀も可有御坐候處多分御老中
方へ可被申達候へども品に寄御手許へ被差出候ても可然哉尤此節差
當り言上被致度事有之候にも無之又何事を言上仕候哉私儀は勿論承
知不仕事に御坐候へ共廣く右の廉を承知被致度無屹度御問合申候旨
被申述候へば
御意の趣段々奉畏候右は同列共へも申合候上御請可仕筈に候へ共
外様とも違ひ候ゆへ一存にて御請申上候　御政體に拘り候儀は年
寄衆へ被仰立可然候其内御英斷より出候てケ様にもありたき事と

思召候の儀は私へ被仰遣候迚もくるしかるまじく奉存候と
奥ゆかしく申述候ゆへ
御老中方へ申立候儀は勿論有事に可有御坐哉に御坐候へども全く品
に寄申上候儀を御問合申候儀に御坐候夫も私輩は一向不存事ゆへ如
何樣の品とも申兼候へども大意御推察被下候樣扱又右樣の儀言上仕
候節は封書にて差上候方可然哉又は皆樣迄御文通申候方可然哉と被
申候へば
御封印にて被遣候はゞ封のまゝ御披露於　御前開封仕候へども是
は御用御側の舊例不宜
私名宛にて被遣候はゞ私拜見仕り直に御披露仕り萬々一乍不及當
時の事情如何に奉存候儀は又々中納言樣へ御問返へし申上其上に
て御披露仕候方可然奉存候既に其品をば申兼候へども過日も越前
守迄　御存意被仰遣逐一入　御聽候處

上様にも殊の外　御満足被　思召夫々其筋々へも早速御懸被遊候
此節小臣ものさへ夫々存意等申立追々入
御聴候へば御用ひに相成候儀も有之候況や　御家がら殊に　中納
言様より被　仰立候御儀は格別に御坐候間此義幾重にも被　仰上
に致度旨被申聞候

己丑史局日記　文政十二年（自四月朔日至九月廿九日）

○編者註（本書は水戸修史局日記にして前半は會澤恒藏の筆、後半は東湖の筆に係る）

文政十二年己丑史局日記

大竹與五兵衛親從

攝職　五月十九日出爲敎授　會澤恒藏安

五月十九日命攝職　藤田虎之介彪

四月朔　素讀御吟味有之興津殿朝比奈殿
四日　御用書仕出
一成公樣百回御忌御停止中に付御次講釋止
九日　御用書仕出
十日
一恒藏產穢引
十一日
一成公樣百回御忌被爲濟候付於
御殿中當番切御赤飯被下館僚も御目付方へ斷之上罷出致頂戴候事
十四日　御用書與五兵衞宅ゟ仕出
十七日　兩日共天陰ニ而不雨

東照宮御祭禮無滯相濟

十八日

一恒藏今日ゟ出勤先達而飯村榴太郎書爲御雇申出之儀ニ付與一左衛門殿へ對談浪華梅障切之事も申述

十九日　御用書仕出

一基通道家傳幷承久諸臣傳江戸へ爲登候事

廿三日

一浪華梅木除切御目付方見分來樫大枝一本外樫三本椎一本切候筈
但切候上に而木障除不申候はゝ其節何れにも可相成旨御徒目付安藤祐三郎申候由之事

廿四日　御用書仕出

一近衛紀摺本新校補闕候分共江戸へ爲登候事

一若年寄衆ゟ呼出に付罷出候所飯村榴太郎亡父御扶持通帳之儀に付先達恐入申出候處以來之儀相達候樣口達有之候事

廿九日　御用書仕出

五月朔　素讀御吟味有之赤林殿朝比奈殿

一當年晒書止之儀申來候彌太郎殿ゟ江戸別紙添申來

彌太郎殿ゟ申來候手紙寫

國史校合爲手繰虫干相止候儀に付別紙之通於江府申出候所當年之

儀は申出之通相濟候條申合宜御取扱可被有之候以上

五月朔日

江戸表申出書付彌太郎殿ゟ相廻候寫

於御國史館御書物虫干中は國史校合相休候儀御座候處當年中江戸水

戸共無間斷取掛候はゝ大抵は校合相濟可申哉と奉存候へは當年は虫

干相休平日之通相勤候樣於御國御達相成候樣仕度候一ヶ年位は虫干

不致候共樟腦入替候はゝ虫付候儀有之間敷候尤先年も相休候儀御座

候依此段申出候以上

四月　　　　　　　　　　　　　　　　惣裁共

二日　大雹

三日

一大成殿晒に付今日館務相止

四日

一都築政二郎眼疾に付系纂書寫當座御雇御免願相濟

五日

一飯村榴太郎書寫御雇之儀に付若年寄衆ゟ昨日再回返有之又々申出候事（文通等御用簞笥へ入置）

九日　御用書仕出

十一日

一飯村榴太郎史館御雇被　仰付

十二日

一秋山茂三郎系纂方當座雇鈴木子之吉弟庄藏尊卑分脈書寫當座御雇之儀彌太郎殿へ申出

一恒藏諸澤村百姓彌右衛門へ對談仕度御暇願先日相濟右逗留中惣裁代役之事藤田虎之介與五兵衛一同申合相勤候樣申出も相濟候處右之儀虎之介へ支配頭ゟ達に相成候間今日恒藏事彌太郎氏ゟ對談之序に以後は右等館勤之儀は當人に直に御達に相成候樣にと申候所彌太郎殿被申候右は調達歟も不相分候所近來組入候族へは都而支配頭ゟ達候事故左樣にも候歟若次第も有之候はゝ追而達可申と申候間恒藏申候は組入候者へ當人身分之儀に候へは都而支配頭ゟ御達に相成候所右樣館務之儀は是迄直に當人へ御達に相成候既に去年中恒藏江戸へ罷登候節逗留中代役之儀虎之介へ御達直に相成候旨相對候得は彌太郎殿左樣に候はゝ此方調達に可有之候若次第も有之候はゝ追而可申候へ共外に次第も無之候はゝ別に達申間敷旨被申聞候事

十四日　御用書仕出

一先日江戸表ゟ御用書に
西山公御筆之彰考館御額字江戸新館へも摹寫にて御用ひに相成候旨
御意有之候間爲榻候ゟ爲登候樣申來候間今日榻らせ爲指登候依ゟ御
用書にも御存知之通此方にゟも平日は榻不申御用初に計榻候事に候
へは貴館にゟもやはり御同樣之御事と奉存候貴館ニは
上公にも度々被爲入候御儀と相見此方にゟ違候樣にも候へ共此方迚
も　御上段も有之御在國之節は貴地と御同樣被爲入候御儀故貴地に
ゟも館中へ
上公不被爲入候節はやはり此方と同樣と相見候へは御同例に相成候
事とは奉存候へ共心得之ためにて承知致置申度候扱又後世に至摹候方
と舊物と混し不申ためには貴館にゟ御裏書にゟも出來候哉と奉存候
是亦爲心得承知致置申度奉存候旨今日江戸へ申遣候事

（註　以上會澤恒藏筆）

十九日　藤田虎之介參政呼出にて罷出候處恒藏樣史館勤は御免被遊教授被仰付候條恒藏へ達可申惣裁欠職中代役之儀虎之介へ被仰付候條與五兵衞へ申合相勤候樣兩樣達に成る

廿二日

一會澤恒藏史館御出入之事參政へ手紙にて申出

一恒藏講番勤振之事伺出候所大廣間講は代役兩人へ打組御次幷舜水祠堂講は是迄勤來候講番之族へ打込相勤候樣取扱可申旨彌太郎殿より申來候事

六月朔　素讀御吟有之執政興津殿參政朝比奈殿

四日　初鮭内之物　大廟へ御備に相成候付今日御次講釋相止候旨御小姓

頭ゟ申來る奇々
十五日　素讀御吟味有之　虎之介不快に付杉山千太郎勤之山野邊殿朝比奈殿
十九日　江戸新館も落成いたし當十三日上梁之　御文御納に可相成筈之處先日紀州太眞樣御逝去御停止中故御見合せに相成近日別に日を擇御上梁之御祝儀可有之尤御納之御文は　御筆にて十三日と被遊候儀故やはり十三日の振にいたし置追而御祝儀之節奉讀可申趣去る十六日御用書に申來候付　太眞樣御逝去に付上梁御祝儀御延引に相成候段は無據御儀御尤至極奉存候へ共右御祝儀御延引別に日を擇御祝可被爲在候上は　御筆御文の日付けも御改め可然奉存候然る所貴諭之通十三日に被遊置候ては名實相違之段は勿論後世ゟ拜見仕候はゝやはり御停止中上梁御式御行ひ被遊候樣相見へ何共如何敷奉存候旨今日江館へ申遣す此返書遂に不來
廿六日　新館上梁御祝廿五日に定り候由江官ゟ申來る

七月朔　素讀御吟味有之　赤林殿　中村殿
四日　御用書仕出す
是日虎之介江館眞職青山量介へ一書を與へ館局の大弊五事を論す其目
計左に記す
心術不正者不宜預館職　正人實學不宜廢棄　攝職之選不宜在彪　史
業督責不宜迫蹙　虛文紛飾不宜助長
此五事助九郎へも可議之處故ありて別に介九郎へ一書を作り與へたる
ゆへ量介へ計申越候也
十一日　量介介九郎ゟ各返書來る　去る八日　君夫人江戸新館へ被爲入
候由今日傳聞
廿一日　此度　尊慮にて校正局一同江戸詰可被　仰付　御内意被爲在候
由江館ゟ申來る
廿四日　右返書遣す　案文御用簞笥へ入置く

是日城長茂傳改正之分爲登る是は事實甚謬誤有之を國友與五郎心付考索之上改正候也尤右傳謬誤之次第は先輩高橋子大等追々疑置候事にて百年論定抔にも相見へ候へは與五郎改正之通りにいたし可然存候旨申遣す扨又右傳義仲中傳へ大に關係有之候處義仲傳は最早謬誤之儘にて上木に相成候事と被存申候少々之異同等と違ひ事實謬誤之事に候間たとひ改刻いたし候とも其儘には難打捨置候樣存候旨も申遣す

八月朔雨　虎之介登　城御祝儀申上る　是日一役達あり

四日　御用書仕出す

十一日　去月廿四日城長茂傳之事江館へ及相談候處其通り改定可然旨挨拶來る但義仲傳へ關係之事一向挨拶無之

十四日　長茂傳少々不穩候處有之候付又々爲登る義仲傳は如何御改定に相成候哉承度由申遣す

巳丑八月十四日御用書

九日御用狀致拜見候
上々樣益御機嫌克被遊御座候由御同意奉恐悅候
一長茂傳御一閲被下候處本文改定之分は宜候へ共注說冗長にて失體候樣被思召仍而一兩所御削り被成候て御下し被下候趣委細御尤之御儀奉存候然る所別紙下け札へ相認候通少々不穩候樣にも存候間右傳又々爲指登申候尤最早御裁正相濟候分又々爲差登候も如何敷候得共折角心付候事に御座候間今一往御閲被下候上御裁正可被下候扨又右傳義仲傳へ關係御座候處別紙之通改定可然被思召候上は義仲傳も定而御改定に罷成候事と奉存候へ共心得に承知仕度候間後便可被仰上候
一御書物別紙之通爲差登申候
一志類稿取調爲差登候樣被仰下委細相心得申候處此間中塙管庫忌引にて相引居惣八郎は病氣引にて管庫庄兵衞一人に御座候間右取調等行屆兼候間今便は間に合兼申候左樣御承知可被下候扨右志類稿等爲御

登に相成候は段々貴地にて志類御調に相成候御事と奉存候處御承知之通兵馬氏族刑法之三志は次郎左衛門相掛り居候事ゆへ右志料書拔虎之方に餘程有之候尤草稿相立候分は僅に刑法志（三十枚程）氏族志に（數枚外端緒）（數條）兵馬志（同上）右位之事にゐ相揃候事には無之其上塗抹點竄殊之外多く或は草書等にて一向相分兼候へ共書拔き候料迚も右之通にて反故紙其外片簡隻紙にも一寸相認候分多く何れにも見分兼虎之介去年中ゟ取懸相伺候へ共中々一人にて手廻り兼候間恒藏在職中追々傭書生手明きのものへ申付刑法氏族之分は大抵出來まづ館庫へ相納め置申候尤草稿□□（不明）等何れも次郎左衛門壯年之節認候分にて大に晩年之見と相違之事抔も相見候へ共此度段々志類御取調にも被成候はゝ御考にて罷成可申奉存候此度可差登樣被　仰付候古寫本之分にて相濟候歟も難計候へ共折角二十年來丹精いたし置候事に候へは空しく□□□（不明）□も無益之義と奉存候間此段得貴意候乍序御挨拶可被下候以上

十五日　大廣間講虎之介勤之　講釋御吟味有之執政山邊殿参政闕席
廿四日　秋分　御廟祭御祝文杉山千太郎勤之
晦日　館僚御慰勞願中村參政迄出す
九月朔陰　同斷に付御吟味止む
二日陰　御用書著　新館上梁御文之寫下る館僚一同初而拜見
四日晴　御用書仕出す
六日　御用書著
上公去月中ゟ少々御不豫之由申來る　是日長茂傳下る傳首數行は此度改正之分宜候間改候方可然義仲傳も右之分は改刻可致候其外はやはり元のまゝにいたし置可然旨申來る
九日晴　御用書仕出す長茂傳之儀は得と考閲之上追而可得御意旨申遣す
十日晴　御通事岡部忠平
上使を以例年之通館僚一同鮭魚頂戴仕候

十一日　御用書著　上公御不豫今以御同樣之趣申來る
十四日　御用書仕出す
十五日　大廣間講、會澤恒藏勤之
十六日　御用書著　上公御不豫今以御同樣に被爲入候由申來
十九日陰夕雨　御用書仕出す
廿一日晴　御用書著　上公御不例今以御同遍之由申來る
廿四日陰　御用書仕出す
廿六日　御用書著　上公御病氣今以御同樣に被爲入候由
廿九日晴　御用書仕出す

（註　以上藤田東湖筆）

庚寅日録　天保元年（自四月朔日 至同月廿七日）

四月朔晴　早起修祭如常」庄司子裕豊田芳卿堀川文淵青山伯卿秋山子雲　淺利徳操根本仲徳坂場彦介等稍々來集談論終日根坂二子先還入夜與諸子賦詩至夜半而止豊堀二生共留宿於塾餘皆歸客歸後余訪三木氏鶏鳴辭歸

二日　是夜訪戸田銀次郎談國事　以疾不登館未時　榊原新九郎宅謹覧君公親筆　親筆は文歩の武士□道云々の事也是は正月中諸向へ出たり余か輩當時逼塞中にて延引せり同後藤安兵衛吉成又衛門造

三日　登館

四日　江戸状を仕出す

五日　登館未時與杉鈴會秋山茂三郎四子訪根仲徳談論至晡時是夜坂場彦介宅有汁講余亦預焉

六日　登館
八日　登館
九日晴　登館　增子翁自馬廻轉書院番不爲非美事而其不復使役殊覺遺憾
十日晴　同杉士元訪山邊門子聽會伯民講書
十一日陰晴不定　登館
十二日陰　以疾不登館　夜與根仲德訪川瀨翁談時務鷄鳴歸家
十三日雨　宮本翁來談話自辰至午
十四日　登館閒鵠賦七絕　大森彌三左衞門自書院番頭遷若年寄深澤八次郎自小監察遷奥祐筆其他轉除數人
十五日晴　往賀增翁轉除歸途逢坂場彥助與往下町谷田部滋七亻于其門見余二人請入室晤言余與滋七一面識耳未甞相往來是日始入其室談論移晷晡時辭去到代官町逢吉履善與俱訪杉士元喫飯飮酒劇談至夜半頗覺愉快四更歸家

十六日晴　朝飯後梅田相良二生請質疑反覆辯論至午時未時訪川瀬翁不遇歸過池原六作談論至哺時廼又與六作訪川翁安島彥之允外宿覺衛門石神外宿庄屋爲人重厚精敏頗有幹事才云在坐談論移刻而歸

十七日　東照宮祭辰以大雨不果三木庸池原六來訪終日晤言

十八日陰　午時至下街管如湧士女如亦一壯觀也余以丙戌春遊江戸、既而丁大艱、去春服除、而四月大祭之辰、適有故到坂上村、信宿而歸、則余之不觀祭事既四年矣、水戸之爲國壤土僻遠平時過街市閒《マ》、少人行一歲之中唯犬祭之辰遠近來觀上下之街各設舞俗樂莫不處成市

廿日　登館　根仲德來　申時擊劍

廿一日　登館　是日與杉士元到酒門展小篠丈人之墓丈人沒既十三年矣市毛氏與余輩及其他門生議建碑其墓至是碑成且隨俗禮使寺僧修其所謂廻向者亦岳武穆祭師之至情也哺時會于元宅會伯民瀬翁吉履善根仲德戸田銀次皆來以戸田上途在近預約是日會集也相與談國事共謂戸田曰以足下

之才遇　君上之明新蒙拔擢將侍左右中興維新之責實在足下足下之任亦重矣任重而道遠弘毅二字足下其勿忽諸戶田欣然曰敢不盡力々々々々眷々服膺而去蓋自　君上襲封姦邪斥國事日競有志之士皆相賀以爲中興之業可蹻足而待也而未敵退姦十分之一擧賢僅不過三四人而應召赴江邸者獨洒井市之允一人耳識者或不能無憾至去月廿九日戶田擢爲通事親近左右則有志之喜於是可知也

廿二日　家居

廿三日　先祖妣忌日修祭尤謹　是夕展墓

廿四日晴　是夕飛子謙鈴子賢國友生來訪　山口賴母川瀨七郎衞門復郡奉行

廿五日　余家素貧而去年以來國事維新百度將復　威義之舊其間忽喜忽憂者或一日而三四堯舜君民之心未嘗頃刻忘也性酷愛酒喜則擧白稱快憂則亦對樽慰懷喜皆既醉則余之貧不得不益甚也去冬祈寒無袍典防蚊帳以購

一衣今暑氣漸至蚊虻如湧終夜不能熟睡五六日來蚊益多今朝夢驚覺則衆蚊集面如鳴如訴拂之則去既而忽復來雖以余頑殆不堪其苦廼起點燈援筆而記時東方漸白曉鵶繞檐頓覺精神恍惚亦可一笑也」朝飯後往賀川翁」巳時吉履善來既而杉士元淺德操亦來談話移刻　申時擊劍是夜同德操訪跡部彥九郎

廿六日大風雨　登館　未時池原六作、大嶺大八、三木庸之介、助川玄古來話

廿七日雨　朝飯後宮本氏來　擊劍

巡村日録　天保二年（自四月廿五日 至五月九日）

○註（東湖時に年二十六、郡奉行那珂郡八田陣屋在勤祿二百石）

四月廿五日朝陰四ッ時分ゟ快晴、夕雷氣有、初夜小雨　朝五ッ過發途但馬上なり

同行の僚屬

御郡方勤外元締　江幡定衛門

内役手代　市毛清三郎

僕從四人　武茂の出入を雇　榊千代太郎　照沼久米次郎　彦衛門　十三郎

瓜連村にて晝食、中岡、瓜連、下大賀、上岩瀬、下岩瀬、下根本、下村田、泉（マヽ）七村の役

人を寄凶荒備豫の爲　上ゟ千金役所四千金都合五千金を以て稗藏御取殖の之事を申諭し其序種々の事を取りませ敎諭過日太田村庄やを役所へ呼寄凶荒備豫之事直に申含悉く勵し候處歸村早速熟談之上村役人八人にて五百金横目格のもの二人にて貳百金相應人三十八人にて四百兩都合千百兩指出し他所穀買入可申旨瓜連休所へ庄や來り告く余大に喜ひ再三慰諭す庄やも亦喜ゐ歸る

七ッ過時部垂へ着宿宇留野部垂兩村敎諭

是日所過之村々麥作存の外よき方なり御通りにて此先き日和續き候はゝ五六分の取實はあるべしと云尤野土の處當年はまづ相應の由なれば所過之村々は野土ゆへ可なりに見ゆるならん苗代も中位なり晩亭主立原傳十對話

指支補に錢

　村方二千六百石之所荒地五分取八百石計尤一石に付七十五文位つゝなれ共一體人は減し地は餘り甚指支候由青物魚物穀三運上にて諸役

は目に見えす新百姓取立たる抔可然

を補候ゆへまづ夫にて取續居候よし扨又廿（マヽ）免の土地澤山持たる兼幷
のものも餘郷程には無之田の貸地にても持候もの五人計之由
大坂屋某は傳十祖父の代他ゟ夫婦子連にて來り傳十の長屋を借取付
今は盛になり四軒迄になりたりと云　一人へ金拾兩つゝの割に村金
を出し候由二十七年前南富坪等へ新百姓五十軒取立候處今は僅に十
間計に成候由
當村溜穀是迄は一年に五俵位つゝの處此度厚き御世話も有之候付一
年百俵餘つゝ積入候仕法に相成候と云
二十六日快晴輕暑　六ッ半時出立横瀨原坪溜池一見是は前年廢候處を當庄屋中興したると云ふ少分の池也　上根
本久慈岡岩崎堰普請一見　上大賀晝休村々敎諭夫ゟ野上山方小休敎諭　丹生堰見分下
小川に宿行七ッ半時位着敎諭
苗代麥作の樣子昨日に同じ
山方にて菖蒲太刀みせ商之分見咎候事

山方孝子無事衞門之子孫今は老年の母を置き黒鍬へ奉公の由
庄三郎衰候由與曾次越前に成かゝり候由
下小川村にて當春已來役人共葛根を掘候へは小民共も夫々掘候て夫食を補ひ四月下旬麥百俵も食のびたるべしと云是迄難澁人ならては葛をは掘ざるゆへ人々に恥たる處役人ゟ初め候ゆへ人々掘候と云
山方受地を作候者等例年ゟも殊の外農にすゝみ候趣比藤に少々の懸り今二條ありと云ふ

廿七日晴靄氣輕暑　匍匐坂を經富根を過き湯澤見分西金にて晝食教諭
比藤大澤庄ヤ宅小休　鹽澤新田へ入七ッ半時過き大子に着宿
苗代可也に見ゆ麥作昨日所過ゟ少々不宜
富根抔にては最早渇水苗代にも指支候と云
冥賀も同上と云ふ齋藤玄元話
取付不殘八分鹽澤新田往古金堀之比と見えたり百四十軒程ありしと云今は七軒計り比藤先

庄や高負七両計辨納と云
西金郷は玄孝制服の事
大澤村役人御城下出之入用壹貫二三百文位本渡には未定之由
二十八日晴時々陰靄氣如昨　五ッ半過大子出立出立前敎諭南田氣、下津原を經
袋田に到り溫泉一見瀑布一見庄ヤ宅へ入敎諭晝食
八ッ時出立久能瀬北田氣池田ゟ下谷田にて稗藏見分七ッ半時中谷田泊
り
袋田村役人御城下出入壹貫餘貳貫餘御用に寄るべしと云
御陣屋相罷候ては惡者增長の患あるべしと下谷田庄ヤ云
久野瀬往還に松あり經塚と云あり庄ヤ惣八祖先建たる由
池田に小高き處ありて松一森あり古城と云
中谷田の南山も右同斷中谷田屋敷九軒
昨夜今朝增子民部次郎來て御陣屋跡地の事を願候由

池田故城は近津明神縁起に出つと云
冥賀と中谷田と草飼場の掛合ありしが一體冥賀の荒畠ゆへ冥賀へ金壹分つゝ谷田より出候てかり候様増子菊池兩郷士取扱ふと云
廿九日微陰夕小雨　五ッ半時發足冥賀淺川高岡上澤山田晝食教諭栃原相川右新田をもへ着
一冥賀菊池小左倅同道にて出迎家體は大がらんなり但身上廻りし由
一此邊にて庄ヤ等物持を聞しに大生瀬の理十川山の惣次郎中谷田の藤衞門抔まづ相應なりと云冥賀庄やの咄と覺ゆ
一冥賀は水にこまる所にて最早田われたるありと云四五日中雨なければ田植難澁之由尤溜池にて少々は水ありと云
冥賀細徑の南に鎮守の如きものあり之を問へば菊池小左の墓所と云
一淺川より八溝山を正面に望む近來迄八溝の華表ありしが一廢不復建と云淺川は用水場なり

一高岡上澤古は一村なりと云
一山田より栃原へ越る峠を株坂《頗る峻急》と云坂上に君の平と云あり遙に八溝山
に對し西保内の諸村を一目に見渡し景地なり
一栃原の民の夫食は誠に人のくわれぬやうなる物を食し大病人等に非
れば米の飯抔はなしと山田の庄や云○栃原の田僅に一石餘○相川へ
越える前は各免の畠なり
一山田より栃原の途中深澤《みさは》と云杉御立山あり一萬餘本ありと云
一相川は上ほど田方不宜是は冷水《古新田より流れ來る注水なり》のゆへなりとぞ此水開田山田に至る
一古新田は往古山田より來り開きし由祈願所等も今以て山田のよし座
論懸り今の留村にありと庄や云○古新田檢地帳には一村にしてあり
相川の内の新田と混ずるゆへ古の字を加へしならんと庄や云
一相川の庄屋に此邊にて相應の村立は何村そと問に上澤高岡抔ならん
と云左貫相川抔は不宜と云

一山田高負の者二人一人は組頭佐右衞門一人は父盲目子黒鍬奉公と云

五月朔　晝小雨陰晴不定　麥作不宜中の下　五ッ半時發足十町計り上金澤へ小休教諭開田墻御倉地見分芦の倉平左衞門宅へ立寄家躰武具等一見　初原左貫中食教槇野地上野宮泊り　七ッ過着

一六郎曰他にては金澤をよき村の様申候へ共懷合はよくも無之候

一開田庄やに近村の様子を聞くに金澤高岡抔よしと云開田□□□（蝕虫）の方は人別も相應なれども田方の方は次第に家數等減ずと云

一初原源左衞門に、汝は貯穀あるよしなりと問へは去年の異作にて賣拂候へ共五六百俵は致所持と云

一左貫の鎭守は花宣明神の所壁は宣に類したるものゆへ家作に壁をつけ候へは災難ありとて皆板にて壁のかはりに造作すると云

一上野宮近津の社へ參詣す下野宮と當社は同時に建町付の中宮は元祿年中建と庄やは云

一初原の中程に大杉あり其上に土藏あり遠方より見える藏なり兵介なるものゝ由

一初原に御立山あり小雨降來しゆへ不見

二日陰夕雨　朝五ツ時發足礒上蛇穴等の坪を經八溝山に登山霧四塞數百歩之外不辨人影徒回首耳始上三王岳後入下坊道士宅修善院道士爲供蕨餅又喫所齎行厨憩移時而山色終不開乃下山歸上野宮又過里正宅遂經上郷至町附而宿

一上郷庄やの話に老人の咄に昔は一人前の御年貢大抵二兩小ばじなりしが近年何れも山畠を捨て郷へのみ出て煙草を作るゆへ年貢出辻遙に昔時に過きすと云

一此邊にては上郷村第一に百姓懷合よく上野宮尤も惡し町付は先つ可なり尤も町付も家並の者は不宜と云飯村清藏話

一義公八溝山に登り玉ふ事六度に及と云、道士修善院話

一上野宮に產する馬は石地にてそだつゆへ馬口□共好候由清藏話

一武公職上坪たび澤藤兵衞へ種馬を預け玉ふ年々稗十八俵つゝ

一右藤兵衞は相應人の由にて今は組頭なり杉山一萬本餘所持尤身上昔には劣ると云

三日朝雨巳時より晴輕暑　四時頃出立慈雲寺馬場を過上鄕へ至りコショウといへる草藪の坂を越澤又に至り又町付地内を經田ノ草に至る地切と云坂を越鄕前に出て又少く坂を越白川郡槇野村に至り矢祭山見物夫より又引返し七曲り坂二十一曲なりを越え近津明神に參下野宮里正宅にて晝食敎諭晝後小流小村にて久川へ入を越小坂を越見をろしと云田絶景なり久慈川を渡り三ケ草村に至り大生瀨泊り

一麥作前日に同し大生瀨にては田植たる所餘程見ゆ

一矢祭社に碑あり大内敬業常陸撰とあり、文政己卯建つ

一町付與左衞門咄に、此邊にては上澤高岡上金澤抔村立よしと云上鄕上

野宮町付抔不宜と云

一義公御詠一説に西行なりとも云由にて江幡定衛門覺候歌

見ぬ人に何とかたらん陸奥の矢祭山の秋の夕暮

一與五平存意に役所にて金貳百兩出し三兩つゝの女馬を五十疋買五兩つゝの種馬を五疋買其入用三十兩と見込都合金貳百兩にて仕法致し母馬を小人共へ預け年々駒を納させ尤永々納させ候計にては人々勵も薄く疎略に相成候間三疋の當子を納候上には右の母子を被下流に取扱候樣相成候はゝ可然よし右は先年增子時代町付村徳左衛門（當庄やの）祖父へ申付候（二十疋計）取行候事も有之候へ共其節は母馬の見立不宜歟にて當子生せず追々年賦拂に相成候よし尤損金はなしと

一保内にて茶を製し會津邊へ賣出候村々も有之候處近年は相場下落三（昔は兩に十六貫目迄したることもあると云ふ）十三貫目より三十六貫目位になりたるゆへ利分薄しと云

一保内にてはたすけ不足の者苗代のために用候は格外其外絶て買たす

けを不用と云但當年初てホシカ大生瀬村へ少々入候由
一是迄は大生瀬筋へ入組候上州絹や一人に付二三百兩の商致候所御制限嚴重に相成候に付ては舊貸取立のみにて新商は一切なしと云
一高五六百石位の小百姓にても婦を娶候には手傳金三兩位幷結納饗應等にては七八石物入候處結婚饗應は誠に質素に相成候ゆへ上より拜借の外自分借は一兩乃至二兩位にて事濟候よし
右三條與五平話

四日晴輕暑　五ッ半時發足山坂を越大野上郷に至り同下郷高足を經小生瀬にて晝食敎諭夫より高倉に至り里正へ立寄新田の者共御褒美稱美等相達七ッ半時天下野へ着
一大野上郷に西洞東洞とあり土地高く冷氣勝の場所なりと云下郷は上郷よりは少し地も低しと云
一小生瀬に大藤氏三軒とかありと云傳兵衞は祐之介の兄の由

一麦作保内は不宜高倉は頗よし天下野は猶よし
一天下野は村立盛に見え是迄過る所に比なき様見ゆ
一武弓新田の者共太古の風には感服せり中武弓坪の外三坪は不殘藤布
駕さんなり
一謙太話に酔古遺稿にソク民編といふものあり
五日陰晴不定　袷衣にて相應に覺ゆ　辰半發本村東北行半里許登東金砂
山入東清寺而憩寺僧爲供菓茶且出寺所藏什物示予牛玉二水火古石一稱惡路王
齒青牙一稱天狗爪皆怪妄浮誕不足取而其所謂水玉者玲瓏々々頗可愛玩愛食
頃辭寺登山王祠直下至東染經中染西染至町田而喫午飯且會所過數村父
老慰諭開說又賑中染貧民德三郎者金五圓德三感泣而去乃過和久田安棚
谷松平和田芦間東連寺至岩手而宿
一今日所過諸村大低在山田川在右川源出于高倉村松平村地有爲川所食者往年
江幡定右按其地鑿西岸通水其害漸去而近年其所鑿之地及又塞東岸水

害愈甚予登高見之沂其地數百年水勢屈曲甚迫西岸餘勢怒激所以遂食其東岸水勢如圖

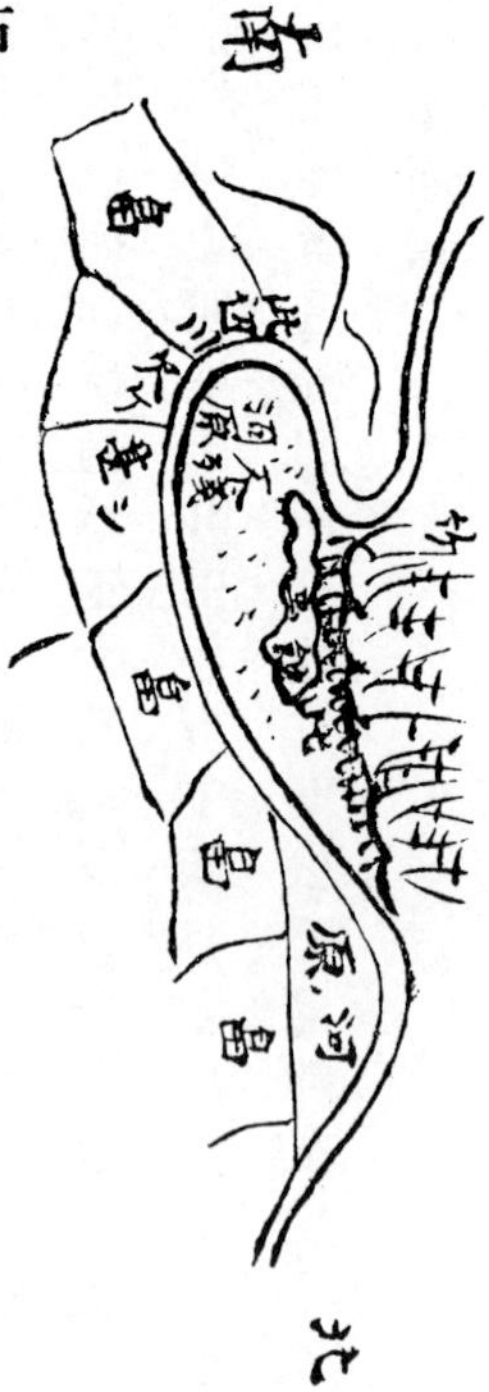

徒罪にて漸々にほらせたし

一和久堰 二十間余水かゝり五十石余

一芦間堰和田地内にあり水かゝり多しと云、數百石

一松平堰國安地内にあり水かゝり三十石余

一久米堰東連芦間の間にあり數百石水かゝり

今日所過麥作皆宜し但東染の上の方不宜其餘は去年程にとりたし抔云

六日陰朝夕雨 但朝は夜前より降續しなり蒸暑 辰半雨歇乃發本村暫入千手行數十歩而歸經高柿竹合箕村下利員至中利員午食遂過上利員赤土下宮河内東谷生井澤押沼至上宮河内而宿

一上下利員邊此地之民種煙草以爲餘業曩時大低家得五圓許而近年或有得十餘金者蓋不啻草價稍騰所種之數亦多種昔時云（治部話）

一上利員有保魯津毛坂相傳往時攻金砂之時將士着母衣之處今土人訛稱保魯須毛坂〇（坂在第一華表口云）

一稍西有一丘天晴則水城入望云上利員無甚富饒者又無甚貧困者以故土地之厚薄亦不甚軒輊云（治部古說）

一押沼山上有宜四面遠望之地曰三本松以三株古松突立其地名之云

一下宮中央有小山蓊欝而秀出者愛宕山也

七日陰晴不定雷雨夕驟雨　以巳時發本村直過兩夜之間登金砂山到諸澤地割坪午食時暗雲四起雷雨忽至須臾雲晴雨歇天色清爽乃跨馬而出觀燧窟二所過田野又經諸澤南隅驟雨忽來而不用雨具晡時至西野內而宿

一諸澤有會氏、木村、中島、海老根四氏庄屋組頭大底不出四家之外云（見在庄屋組頭欠海老根一氏云）

一上宮河内中央有小山突出祠在其上者名曰要害

一金砂之東南有道祿神山山高於金砂甚宜眺望至水戸城東之羅漢堂亦可遠見云

八日快晴夕有微雷不雨　以巳時發本村行數百歩至久岸川取舟至小貫陸行半里許又取舟至辰野經鹽原小倉富岡花房至上新地午食過川島下新地中野至大里而宿

一今日所過麥の景氣頗よしならし七分位なりと云

一川島田間有古松曰一本松寛永檢地之籍已有一本松之稱而其大其圍與當時所記不甚齟齬則蓋數百年之物也小島亦有古松若此者云

一上新地下新地之村田元屬久慈川南川勢一變遂屬川北且沙土新出壤土稍廣成二村落也上新地及川島有川迹其地今皆爲田而其墾田在寛永以後則兩村之土壤稍廣不甚遠也上新地宿者上岩瀬之地下新地者下岩瀬之地後成各村新三郎説據之則宇留野村不動下坪亦屬川南也

亦屬川南也
一川島新三郎年七十三役義四十三年勤中崎藤次郎より一年早しと云
一中野村にて淺川を以て小新堰を作る
一小貫の水除土手天明の大水幷文化九、文政七の水にてぬける
一川島の水除元祿年中出來候由大水の時は下新地は川中となる
一昨日の雷雨雹交りにて釜額邊は穗を打折麥も餘程落と云
九日晴日暈　以辰半發本村一見稗廩經藥谷大方久米大平玉造大門增井新宿馬場至太田入城中見稗倉午食後見地之可建□者過稻下天神林藤田宿
栗原○藥谷藤田の堰近村にての大堰なり○藥谷川欠け□蝕虫患○藤田に山田川の流候跡あり島の地入化東島坪あり元祿年間川堀候由

不息齋日錄

自天保三年七月朔日
至同五年十二月六日

○註（東湖時に年二十七、通事二百石）

天保三年壬辰

七月朔　余去月廿七日夜水戸田見小路の役宅を發し家累を携途に上り今日未時小石川臺の邸舍に至即刻禮服を着　御殿へ出仕御通事詰所に入御機嫌奉伺月番執政參政代小姓頭及同僚の宅を訪ひ晡時舍に歸る

二日　今日又禮服を着詰所に至り小從人目付立合にて中奥通り神文相濟無程　御前へ罷出候處久ぶりで逢との　御意有之御前を相引是日より三日は見習四日めより御番入の前例なり

三日　余定御供御囃御衣紋懸りを命せらる

四日　右兩日見習

五日　當番入

七日　昨六日小松崎權平格式元の如くにて同僚再勤を命せらる余始て御供見習を勤む
九日　當番
十日　御國作毛如何可有之と　御尋あり中作以上に可有之旨言上す
十一日　例月の通り　御會讀あり讃州侯御出あり山邊門子清虚渡邊友部等列席此日山口賴母發途御國へ下る
十三日　當番　少々御不例表　出御御延引
十四日　御復常　五日より是日迄日々出仕是も前例なり
十五日　奥御對面所にて猿樂あり
十六日　是夜大雨　始て非番戸田銀二郎兄弟と共に小梅へゆき石川勝藏を訪ひ夫より墨水に泛ひ蘇子赤壁の遊に擬頗愉快を覺是日渡邊半介執政となる
十七日　當番

十八日　早起御囃子定日々數多過候旨幷御誕生御祝不宜旨兩條箚子を呈す御書入にて卽刻下る
十九日　佃島にて荻野流烽火有之に付前夜深更に　御筆を以て近臣七人遠乘にて可見屆旨あり同役にて戸田横山小子三人なり五ッ時出馬夜四ッ過歸舍
二十日　明廿一日御守殿生身玉御膳上けの御囃子有之候事に付一寸出仕鵜殿平七へ對談御囃子定日相減度旨演述
廿一日　猿樂あり宿直是日薩州より到來の海鼠を賜
廿三日　佃島に又烽火あり中島流前日殘りの人數々人遠乘被　仰付是夕門子を訪ふ
廿三日　代り番にて出仕
廿四日　御國狀數通出す小林榮太郎來る七ッ時過戸田來り御成小路邊へ同行是日島村辰藏御樂御相手を命せらる余後に之を聞て竊に嘆息す加

藤八郎大夫御目見　義公御贈官に付京都へ御使被　仰含ありと云

廿五日　當番にて出仕除目拾一人輕部平左衞門西丸御城付より本丸に移る朝比奈七郎衞門使番より西丸御城付となり久貝十次郎戸祭多門御前小姓となり秋田九十九兒小姓より御次小姓吉野鏘之介御相手より兒小姓御近習番列となる其外未詳余始て御麻上下拜領す是夜宿直

廿六日　早起　御庭出御の節御先立に罷出候へば御脇指長義を御拔被遊拜見被　仰付畢ぬ盛景の御刀三本拜見被　仰付候是日芝日陰町邊迄出行

廿七日　代り番　威義二公以來の　御城書の内御見合に可相成ヶ條御番の節書拔候樣新井源八郎一同に命を蒙る但二人に限りたることにも非す一統も閑暇の節は書拔候樣昨廿六日御國よりの來狀開き見れば御目付跡部彥九郎寄合指引に轉し御徒目付金子孫三郎吟味役に轉し白石又衞門小納戶列調役となり大嶺大八御國馬廻となる尤原田善衞門江戸寺社役となる是は可なりといへとも得る所失ふ所の十一を償ふに足らず

噎々々々
廿八日　淺草より通り町邊へ出午時過歸る
廿九日　早起　威公へ御備物の御手長相勤め歸後御國へ書狀數通仕出す
夜八大家讀本二册句讀す戸田彌二來る
晦　鈴木季吉追放
八　朔　兩丸御城御供　是夜泊り
二日　朝茶梡拜受　渡友監多獨謁自巳半至未半御目付欠席幷に御在國のことなるべし、是日親書を賜三秋月見の囃子は一團停廢の旨なり、代り番
三日　上野邊へゆく戸田同道　落書を溜りの入口へ張り玉ふ
四日　田丸郡宰町奉行御國用人へ封書下る夕戸田來る
五日　當番渡友謁自巳半至午半後に聞くに是日宿次發すと云ふ酒井御歸國を拒くゆへと云ふ
六日　岡崎内膳を訪ひ馳走になる是夜戸田を訪ひ共に酒井を訪ふ不逢大

雨
七日　代り番
九日　大久保甚五左衛門側用人となる浩歎々々、清虚昨日早く退出今日より病氣にて出勤なし定て大久保のことに付てのことゝ有志の者は推察
十日　當番
十一日　是日御會讀　讃州侯大學君掃部君來る余講順にて論語巧言令色より三章講す（清虚出勤、有志の士失望）
十二日　代り番、是日大學君來り玉ひ御名劍類御拜見余も正宗の御刀等拜見（渡邊及監察伺あり）
十三日　雲雀上使に付見習として出仕同爲御禮　出御濟歸宅御登　城前渡邊伺あり伺の席へ君夫人臨み玉ふやうに聞ゆ不詳
十四日　是夜戸田及遠山を訪ふ（遠山にて微醉）
十五日　御供晝後賜酒近來なき醉なり　夜宿直

十六日　夜大戸田高須小林來る江甚太も亦來る

十七日　代り番　朝酒井市來る吉田養本來る

廿　日　當番　午後菊池奎齋、吉田養本來る

廿二日　代り番　是夜訪門子山國等轉除候事を聞き浩歎々々

廿四日　八ッ歸り原田三左衛門上着す　是夜戸田來る

廿五日　岡崎内膳と共に下町へゆく

廿六日　當番今朝原田を訪ふ　去る廿四日山國御國通事石宗御國馬廻高久源五小十八となる國事至此不勝痛哭々々々

廿七日　今朝　御神位へ御拜御先立、來年は水戸へ下ルカトウシソツチコツチアリイテイルナと　御意、に是夕石崎青抔來る夜原田戸田來り鷄鳴に至る相共に國事を論徒に嘆息するのみ

廿八日　代り番、是日御家中惣領二男初御目見三十餘人あり四半より九半時迄渡邊友部伺あり直に監察兩人被　召夕刻に至り傳衛門を召す退出

に付不出　水野羽州より內々生干鰹壹籠獻上す
廿九日　外岡龍三郞御旗本山田壽之介の僕に殺害せられ今日幕府より內
沙汰ありと云ふ監察夜中に伺ありと云ふ
九月朔　御登城　扈從す
二日　久保田林太郞より一封の呈書被賴指出す
三日　當番　虎之介は明日の供に出るかもし出ずば心得にも相成候ゆへ
可出との命あり
四日　大城御能に付　御登城余扈從　御召替云々申上る　小山田軍平
松介太郞下る監察府を撫鎭する策と見ゆ
五日　御禮御登城　扈從
六日　夫人御安座幷に御移遷の御祝猿樂あり後宮喧然可嘆
七日　原田始て謁す
八日　上野扈從　虎之介も居るから與衞門を兵庫の方へ可遣云々　戸田

獨謁あり　戸田一同まひたけ拜受
九日　重陽御式御加へに出つ　久保田へ返書出す
十日　是夕猿樂御稽古あり可嘆余にも稽古するやうに内膳へ命ぜらる
十一日　代り番申合にて朝出
十二日　是夕猿樂御稽古あり
十三日　八ツ歸　位記口宣御頂戴　余故ありて拜見
十四日　位記口宣のこと　封事を呈する處行違て不出
十五日　扈從登　城　途中にて戸田への書を渡し玉ふ　高久の呈書を出
す　是夜猿樂御稽古
十六日　泊り明け七ツ時御國より來書あり開き見れは去る十二日御國御
用左之通り
岡田佐次衞門　　服部源七郎
右兩人御馬廻列被遊小從人目付迄

増山丑五郎　御徒目付

外に急御用左之通

久保田林太郎　濱野熊五郎　名越平藏

小瀬軍藏　駒田久左衛門　高野富次郎

赤井四郎左衛門

何れも小普請組

監察府跡部金子轉除以來大騷動の所次第々々に正論の徒罪を得七人の正議迄如斯になりたり國家の大事是ぎりと存一封を作り是非獨謁言上仕度事を申上る外に杉山鈴木の呈書呈す

十七日　今朝紅葉山に扈從す御休息所にて一寸　召さる御書付を賜ふ昨夜の上書　御覽被遊候處、獨謁は不容易銀次郎取次にて可申上旨なり

十八日　戸田獨謁あり　公にも頗る御悔悟のよし跡部小姓頭に轉し又七人の小監察不殘召出すべきかと　御意ありし由愉快

十九日　夜戸田原田來訪戸田へ　公の命を傳へ數ヶ條申合
廿　日　當番一封を上り委細戸田へ申合候間御聽聞被下樣申上る且つ外
岡一件の風聞菊池奎齋ゟ聞申上る
廿一日　代り番岡崎頼合ゟ是夜封事を呈す來る廿五日の猿樂此節は御延引可
然よしを申上る
廿二日　會澤より一書來る大久保要の書在中小原忠次郎より一書來る封
事を呈しくれ候樣の頼なり是日戸田獨謁七監察のこと急には出來まじ
と云々跡部はきまりたり云々岡部等のこと何等御挨拶なし吾戸田に與
ふる所のヶ條書御手元へ御とめのよし御囃子のことに付御直書戸田を
以て密に御下けになる　御僻說なり可嘆々々
廿五日　是日御番事御囃子あり　公も親ら舞ひ玉ふ浩歎々々
廿六日　淺草和泉書肆へゆき戰國策國語等を購す是日岡嶋藤左衞門御用
人鈴木藤兵衞小十八目付組頭

廿七日　代り番　郡宰幷久保田の封事を呈す

廿九日　是日御國執政幷田丸へ御封書下る原田大久保と共に謁す

晦日　當番　原田封事を呈す

十月朔日　御國執政共ゟ封事を上る是夜戸田と共に下町にゆく殺風景

二日　代り番吉成より來る所の外岡風聞書を上る序に國事のこと一寸呈す是朝戸田獨謁鎮撫使の命あり」是夕於御坐菓子を賜ふ

三日　戸田鎮撫の命を辭す　御封書戸田へ下る

四日　是日永井政介上州より到着内々對話す政介は千雷の内命を受外岡の風聞書に出たるなり

○千雷は川瀬七郎左衛門こと也

五日　當番是日小梅御鷹野あり夜政介の持來れる風聞書を呈す

（安井久曰、外岡一件東湖手記左に參考の爲め附記す）

○外岡一件風聞　壬辰九月永井政介所聞

召捕物御用罷出候節外岡龍三郎殿風聞をも密に承候樣御頭樣より被

仰付候次第左の通

一御勘定山田壽之介下座觸にて通行に付外岡龍三郎殿道脇へ寄り控候へば何者の由相尋候に付水府御家中の由相答候へば駕籠脇の侍下坐いたし候樣に申聞に付下坐は致兼候趣を相斷候處侍參り龍三郎殿の肩へ手をかけ押候ゆへよろばり候程の由に候其間籠駕も通りぬけ同勢のもの口々惡口いたし通ぬけ候由の處龍三郎殿引返し用捨成兼候趣を申以前の侍の笠の上よりあこの下りに程々切り下候由外にも手を負候由其内に人々かけ付戰候四人に手を爲負自分も疲れ候處壽之介鑓持の者やりにて脇より突通候ゆへ及落命候故壽之介家來も九死

一生の者も有之由物語候事

右は野州佐野の鄕同所より三里半北の山へ入り下千波村百姓長八宅へ八月末のころ草津より立石村邊を通り下りの武者修行の者參り六七日滯留仕候内物咄の由を佐野の豪家靑山百太郎より直に承

り申候

一佐野邊の風聞も喧嘩の起りは右に同じ七八人と戰候所を鑓にて鑓持後ろより突留候由

一壽之介下坐觸にて通行仕候所龍三郎殿行逢候て下坐不致控居候處駕籠脇の侍參りかぶり居候笠を引捨てじつてにて二ツ三ツ打候よし間もなく駕籠も通りぬけ候處同勢の者も惡口いたし通候由然る處貳町程も行過き龍三郎殿鑓をば荷物へ付置自分は支度いたし追かけ聲をかけ已前に被打候侍へ笠の上よりあこの下りに程々切り下二の太刀にて大袈裟に打候へども薄手にてかた先より股の邊までそげ候て切り下け候由其內人々出逢八人程を相手に鑓打合候內鑓持後ろより突拔候由の事

右は同國梁田宿中屋喜三郎と申もの八月廿七八日頃いかほの湯より歸りがけ草津溫泉歸りの士へ行逢山中道倉ケ野宿にて同宿承候

よし直に承る

一何方の者は不分旅人の由此もの喧嘩の場所へ行逢遠方より見候處八九人程と打合候處をやりにて後より突通し候よし

是は梁田邊の風聞

一上州桐生邊の風聞も右同斷に付略す

一龍三郎殿馬に乘り鑓持を連れ歸路にて壽之介に出逢候所下坐觸有之候に付馬より下り往來をよけ通り候處を駕籠脇の侍參り冠り居候笠を引捨むなひもを取りすへ候内に駕籠は通りぬけ候ゆへ物別れに相成候所龍三郎殿鑓持をば荷物へ付置自分計引返し間合四五間迄は靜に歩行夫より走りかゝり候へば已前の侍出合候處を笠の上より切付け二三ケ所手爲負候ゆへ働も不相成候處に人々追々出逢戰候所又一人二ケ所手を負候よし都合七八人にて打合候内鑓持後ろよりやりにて突候由の事

一水戸様より隱密の者貳百人も出居候由風聞の事
右は上州太田宿の風聞喧嘩の次第は畝歩改請候書付内見を願候爲に澤渡の湯の邊迄參り候節承候よし

一九月中旬古賀横町常光寺内の老僧信州より草津へ廻り立石村を通り懸り候所上の御役人檢屍の由にて村人足の者罷出居候處へ立寄り立石坂の茶屋に人も居不申候は何の次第と相尋候へば人足共申聞には此度御勘定様と水戸様御家中此前にて事起り喧嘩出來大變に相成此村抔はあさ土地にて當時最中の渡世に候處あさをば皆くさらかし彼是三十日計人足に村中罷出候ゆへ誠に無此上大難澁にて猶又其場所幷喧嘩の様子相尋候へば場所は是より三町計の所へ死人へ箱をかぶせ置候て人足大勢番致居候間定て見候半、死人は鹽に致候ては金も入候間其儘に致置候間虫など甚にほひ候間相しれ候筈喧嘩の次第は御勘定の駕籠へ近寄脇の者へ手を爲負駕籠へ切付候所壽之介は駕籠より逃出候に付侍兩人へ手爲負其内に壽之介鑓を取出出合一と突付候へば倒候處を上手より突返候ゆへ落命の由侍も深手の由人足共申候由

一此度御勘定畝歩改にて增永の達有之候へども金さへ賄候へば相濟候由此村等五ヶ村にても金五兩を出し受見濟に候由

右は九月廿六日上州境宿の脇酒屋にて右老僧より直に承候事

一九月廿八日上州大戸宿より壹里程東の山に小柄山大權げんの祭に付參詣仕候處余程人も出候祭に御坐候間數人へ尋候へとも何れも遠慮仕候樣此方の咄のみ承候處一人近村の者の由四十計の男の咄

一壽之介下坐觸にて通行龍三郎殿道脇へ控候へば笠を取候樣申に付水戸殿家中の樣相答笠をば取・兼候よし申候處壽之介家來參り龍三郎殿冠り居候笠を取捨押倒候ゆへ着類もよこれ候由仍て龍三郎殿次第を尋候へば御朱印御證文の譯承度候はゝ草津まで引返候樣申通ぬけ候

由仍て龍三郎殿引返候處其樣子如何にも不宜候に付代官山本大膳手代共龍三郎殿を申なだめ候よし主意に不叶候か、ふり捨追懸け候て駕籠近く參候へは何者と侍萬藏聲をかけ候處を直樣切付候由駕籠へも打懸り候とも申候夫より打合の人數は聢とは分り兼候へとも大勢と申ことに御坐候さりなから萬藏倒候後は老人の者一人働に候よし餘は刀を持候と申計爲指事も無之との風聞に御坐候戰候處を後ろより鑓にてつき候と申事に候へども壽之介とも鑓持とも申し聢とは不相分候へども壽之介に可有之と申事に御坐候

一以前は怪我人三人と承候處此頃は二人と申事に御坐候

一突候鑓は餘程達者の由直にねじり倒候由後に刀にて頭等へ疵付候風聞の事

一はるな山の北蟻川村の仙《先カ》達本は高松の浪士のよし此者の咄

水戸の御家中は餘ほど手きゝの風聞に候所切り候場何れも見込違

候ゆへ取のぼせ候か又は御取沙汰様には無之かと申事に有之壽之介は鑓は達者の由なれども後より突通し其上死候者へ疵つけ候始末更に論は無之もの如何にも餘人と爲戰置仕留候には相違無之事と相見候由物語も承候よし

一土屋茂八郎檢死の砌やりきずとも聢とは申兼候と申述候由にて取沙汰有之評判の事

一須賀尾宿の東七八町許の處有之茶屋佐次右衞門の咄に喧嘩の次第は前に小柄山にて承候と大略同じに付略す壽之介家來三人怪我人の由に候所此頃は二人と申事に候又やはり餘程達者にて突候砌やり玉に上候位と申沙汰のよし直に承申候

一立石村庄屋にも承候所此者はあとより參候へども誠に間もなく喧嘩は事濟候ゆへ事がら不相辨由右茶屋の物語を直に承り申候

一須賀尾宿よし野屋と申旅店の主人事がらをば申兼候樣子に候へども

龍三郎出立候砌大言を吐候事抔は皆々作り事に可有之由つきし人は鑓持には無之候由風聞是も直に承り申候

一中の原と須賀尾との中程上下頃茶屋に老人の女居候所にて承り候處壽之介は喧嘩の砌は牀几に腰かけ見屆居一人の命と申は大切に候間不殺樣抔被申候由又侍の内刀にて龍三郎殿の肩を切り候ゆへ倒候よし如何にも龍三郎草津出立の砌は宿にて取おさへ候へども承知無之是非公義の役人に出逢見度よし被申候由此邊の風聞草津迄の茶屋幷草津茶屋旅店の事どもも皆是のみ咄申候又土屋茂八郎を働のある者の由風聞有之候此風聞不致ものは喧嘩の次第は不辨事とのみ相はづし候事

一山田壽之介泊り殊の外近く一日路を二日にいたし村々難澁の由其外非道らしき事も無之事

右河原湯本陣孫左衞門の咄直に承る

一怪我人三人有之内一人は耳を被切藪の内よりひろひ出し赤岩村の醫
ぬひ候よし
一壽之介やりのさやはづせと申聲は聞候もの有之よし
右横かべ村野老の話
一草津みのや市郎衞門の所にて認置候姓名

御勘定奉行様より
御朱印　山田壽之介

御用人　篠原萬藏

水野出羽守
御證文御ふしん役　和田利平太

出羽守様
飛驒守様　御普請役
御朱印　格のよし　古橋新左衞門様手代　多久官藏

九月十六日　出立

水戸様御家中　外岡龍三郎
家來　利兵衞

九月十三日御檢屍濟

大原四郎左衛門樣手代　土屋茂八郎
中村爲介
山本大膳樣手代　邊見小野右衛門
須藤保次郎
平塚福次郎

惣方人數七拾人かに有之候事

六日　翌朝御封書下る御在國來正月中と被　仰出政介發足之を本郷に餞す是夕衣紋稽古
七日　代り番昨日の御請を呈す是夕御拳の鷺を賜ふ
八日　封事を草す跡部御歸國中御國勤ゝ說なり原田來訪
九日　御國狀差出す　准豫之師郡隨之震東坤之晋（卜筮の卦）

(安井久曰、 東湖卜筮の、准豫之師とは誰のことを筮したか知れぬが易雷地豫の「豫は侯を建て師をやるに利し」とある彖辭の如く人心和悅して天下の事爲し得ざるなしといふ卦が出て其變卦は地水師で「師は貞丈人吉にして咎なし」師を興すには正道によらねばならぬ又其將師は才德兼備の老成人でなくてはならぬ故に事を爲すには正義で其任に當る人は才德のある者なれば吉兆であるといふ意味である又郡隨の震は澤雷隨の卦で「隨元に亨る貞に利し咎なし」で此彖辭は上位に在る者には人が來り隨ふが其隨はしむる道は正からねばならぬ正程を改以て人を感じ隨はすれば吉兆であるとの意である其變卦は震爲雷で「震は亨る震來る虩々笑言啞々、震百里を驚かす匕鬯を喪はず」といふ彖辭で事變に遇て懼れざる者は常に能く愼み懼れて事をなして居るから事變に當りて驚かぬのであるといふ意味である又東坤之晋とは東湖自身を筮したのだらう是れは坤爲地の卦で」坤は元に亨る牝馬の貞に利し君子往く攸あり先ちては迷ひ後るれば得て利を主とす西南朋を得東北朋を喪ふ貞に安んずれば吉」とある臣道の目標を示した彖辭て順德を守りて變せざる君子は順利に逆はないから天兆であるとの意である而して其變卦は天地晉で「晉康侯用て馬を錫ふ蕃庶晝日三接す」とある此彖辭は人臣に於て明進の世に遇ふ時は功を立てゝ君の寵榮を得ることを示したのである

十日　泊り番郡宰事情一册跡部のことを呈す卽夜御封書下る因て徹夜不寢御請封事を奉る歸後筮、遇訟之大有(下筮の卦)

(安井久曰、天水訟は「訟は孚有りて窒がる惕れて中すれば吉終れば凶大人を見るに利し大川を渉るに利しからず」とある凡そ訟に限らず辯論する事は有德者に在りては自分の理がありても勢强く相手をやりこめ或は權變の掛け引などして相手を困まらせては禍が來る凡そ訟とか爭論とかいふことは不得已して行ふのであるから事理が明白になれば宜しい筋道が立てば中止をするといふ考で居らねばならぬどこまでも相手をやりこめて訟に勝ち終せやうとすると凶事が生する元來我に十二分の理があるも相手が之を抑へつけやうとするのを孚有りて窒かるといふのだ然し此方は飽までも至正で和平であるから事理は必す明になるそこで善く訟を聽く大人に遇ひ自分の戒懼の情や和平中正な意思が通すれば吉兆を得ることゝなる之に反し飽までも相手を押詰め理か否でも勝を制さんとするのは大川を渉り遂けんとするやうなもので禍が來るといふ意である又水火大有は（大有は元《おほひ》に亨る」とある此彖辭は王道が大に行はれ世の幸が盛んに且進歩するといふのである彖上傳にも「大有は柔尊位大中を得て上下之に應するを大有と曰ふ其德剛健にして文明天に應じて時に行ふ是を以て元に亨る」又彖上傳に「火天上に在るは大有　君子以て惡を遏め善を揚げ天の休命に順ふ」とある。

十一日　戸田と共に淺草へゆく　歸途原田を訪ふ
十二日　代り番、夜門子を訪ふ
十三日　准坤之師郡坎之比（下筮の卦）
（安井久曰、　准坤之師は前出（九日の條）に附言せる如く坤爲地及地水師の卦である郡坎之比は坎爲水の卦で「習坎《しゅうかん》は孚有り維れ心亨る行けば尙ぶ有り」君子は險難に處するの道を心得て居るからこそ其險難を切拔けて功を立ることが出來るといふ意味の彖辭である又變卦は水地比で「比は吉、原筮し元永貞にして咎なし寧すからざるも方に來る後夫は凶」とある人君が天下を比しむには必天下を比しむ道を盡して始て天下の民が來り比しむのである、原筮とは人君自ら其理審らに洞察することで元永貞とて元善一點の疵なき至大なる德を始終變らす貞堅に之守れば假令安寧を害するが如き者が後より入り込んで來ても夫等の後來夫は皆刑戮を免れぬといふ意である。）

十四日　芝御供是日松ヶ崎死す

十五日　御登　城御供

十七日　當番、朝書を賜戸田門子を訪夜一封を呈す

十八日　代り番源八郎より申合夜戸田兄弟石勝來る、　國事困郡大過蹇（卜筮の卦）

（安井久曰、　國事困は澤水困の卦である「困は亨る貞大人吉にして咎なし言有るも信ぜられず」是は困に處る大人を論じ總て人の困難に處る者を戒めたのである窮して困難に陷つたら自ら振つて事を爲す能はざるものであるが其際には正を守り志操を固持して動かざる大人物であれば吉兆を得る然るに其困難を免んが爲め種々辯說を弄するも人は信するものがないから寧ろ愚痴などこぼさないで陰默して正德を修めて人に亨るべき時節を待たねばならぬ意味である又郡大過蹇は風過の卦で「大過棟撓む往く攸有るに利し亨る」とある時事の常に見

聞せざる重大なる出來事に遇ひば大才能ある者でなければ其任に耐へぬ怡も重大事件突發の譬は屋上の梁棟がゆるんで落ちかゝるやうな危險の場合である故に其際には百事和にして輕動せす其大任に當りて力を致せば大功を奏するを得るとの意である其變卦は水山蹇で「蹇は西南に利し東北に利しからす大人を見るに貞にして吉」とあるは蹇はなやみのことで困難に際した場合には西南は陰の方で方角で平坦を意味して居るつまり消極的に安全の策を取れば宜しい東北卽ち陽の方角で險阻であるつまり積極的に出れば困難が更に多いから進取的にやらぬ方が宜しい而して此蹇を救ふには正義なる大人物に據らねばならぬ要するに土地と人物と思慮後圖と此三つに注意して事を爲せば安寧を得ることが出るとの意である

十九日　代り番始て捨藏の講釋を聞く夜門子を訪ふ是日珍禽インコと云へるもの後宮に入る可嘆代金八兩

（安井久曰、捨藏は當時の大儒佐藤一齋のことであるインコは印度地方に產する鸚鵡の屬にして鸚哥《いんこ》のことである。

廿日　是日清虛、公邊役人へ懸合ありと云

廿一日　八ッ歸り夜淸虛を訪ふ　門子より一書來る

廿二日　朝一封を呈す郡宰の事

廿三日　當番　御門主樣御出

廿四日　朝戶田を訪ふ朝比老きの談あり　八ッ時門子より一書來る移病不出のよし　千雷大有之願（下筮の卦）

（安井久曰、千雷大有之願は川瀨七郎右衞門を筮したのである火天大有の卦は前出（此月十日の條）に說明した通り其變卦の山雷願は願貞あれば吉願を觀自ら口實を求む」とあり此彖辭は德を養ひ身を養ふのは總て正道に據らねばならぬ譬へば願即《おとがひ》ち口より食物を取りて身を養ふには必す正實なる食物を取るであらう然らば心の糧とする思想も至正なる道を求めねばならぬ故に順貞に準じて美德を養へといふ意味である。

廿五日　御召拜領　小松崎は御抱傅となる戸田と共に下町へゆく夕刻御
　馬の事あり幡鎌承知
廿六日　泊り岡方被賴
廿七日　泊り新方被賴
廿八日　當番　泊り
廿九日　朝原田を訪ふ
十一月朔　御供代り番
二日　長山八郎來る
三日　代り番下町へゆき夜訪戸田
四日　當番
五日　戸田來る有小寒疾不遇

六日　代り番　門子より一書來る　夜原田來る

七日　當番鷺を賜る　出否之困、處旅之謙、辭蒙之剝門子の事（卜筮の卦）

（安井久曰、　出否之困は出處を筮したので天地否の卦が出たのである「否は之れ人に匪《あら》す君子の貞に利《よろ》しからず大往き小來る」とある此彖辭は世の氣運閉塞して時節否にして人道の常にあらざる厄難に際しては大人物たる君子は退きて小人志を得て進むものである故に斯る時節には君子の正道は行はれないからあせらずに時節到來を待ち己の行を正しく守るのが宜しいといふ意である其變卦の澤水困は前出（十月九日の條）に說明した通りである而して處旅之謙は處事を筮したので火山旅の卦が出たのだ「旅は小しく亨る旅貞にして吉」とある此彖辭は道は如何なる場合でも離るべからさることを言ふたのだ一時他鄕に出た旅行の如く一時的の事件に遭遇することがある是れは重大の厄難でないから常議を以て判斷すれば大概片付く然し旅に出ても常に柔順和正の道を忘れなければ大に吉兆かあると同じく輕易な一時的の事件でも此心を離れてはならぬといふ意である其變卦は地山謙で「謙は亨る君子終有り」とある人は謙であれは往くとして可ならざるなく事を爲して利しからざるなし謙德は人生有終の美を濟すものであるとの意である又辭蒙之剝は退くことを筮したのだ山水蒙の卦が出た「蒙の亨る我れ童蒙に求むるに匪《あら》す童蒙我れに求む初筮は告く再三すれば瀆る瀆るれば卽ち告げす貞に利し」とある是れは蒙者卽ち智識の幼稚なる者が其蒙を開きて明智を得るには師道の敎養正しきに由ることを示したのである凡そ知識を進むるには師の方から敎に行くものでない蒙者の方より禮を盡して敎を請ふべきである恰も卜筮をするに初筮で疑を決するといふ誠敬心が必要なると同じことで蒙者に誠敬心がなく恰も卜筮を再三試るが如き心ではだめだ師も誠敬なき者に敎ては何の役にも立たぬ又師は能く行ひ得るだけの道理を

教へ告げて徒らに蒙者の理會し得ざる高尙なことを說かぬがよい是れ貞に利しといふ所以である而して其變卦は山地剝で「剝は往く攸《ところ》有るに利しからす」とある此彖辭は君子の世に處するや其道衰ふる時に當りては退き避くるを宜しとする意義である

八日　是日友部、渡邊伺一時半計と云　夜門子より一書來る千雷□南共に斃るの由今日決着と云

九日　代り番

十日　當番

十一日　下町へゆく

十二日　代り番、東軒を訪ふ是夜戸田原田來る

十三日　當番

十四日　朝御意あり

十七日　是夜原田來る志戸死す

十八日　朝、士元の書を添門子へ一書を與ふ　即日門子出勤

廿日　代り番去る十六日御國御用二十餘人

隱居十人扶持悴御徒頭　岡部忠藏父子

御進物番頭　芦澤惣兵衛

寄合組引　淺利九左衛門

御物頭　栗田八郎兵衛

隱居悴小普請　富田源五郎父

順君樣御附用人悴　川瀨七郎左衛門父子

御書院番　井坂久左衛門

御國馬廻り　小池吉三郎

御徒組頭　水庭金五郎

御徒目付　三谷政二郎

別に物頭くり上け等一通りなり太田原傳藏、鈴木八三郎、藤田乙五郎の類

點かけもの　召出あり　國事此に至り不勝痛哭
廿一日　英勝寺住持曰、五日來梅御所御逗留是日猿樂あり
廿二日　當番、檜山生來る酒井の事御國狀來る□南等の轉役を聞き郡の呈書來る止むること　井臨尖ス巽之鼎(下篦の卦)
(安井久曰、　井之臨は水風井の卦「井《せい》は邑を改めて井を改めす喪ふことなく得ることなし往くも來るも井を井とす汔《ほとん》ど至る亦未だ井を繘《きつ》せす其瓶を羸《やぶ》る凶」此彖辭は時の汚隆や世の險夷に從つて其素志を更へ隳らず一定不易の道を守りて懈らぬやうにせよと示したのである邑は人によりて出來たものだから之を改め遷すことは出來るが井戸は地脉に由つて得るものだから之を改めることは出來ぬ而して井の德は汲めども竭きず盈るも溢れず甲汲み去り乙又來り人々一井を共にし往くも來るも井を井とする象である唯之を汲む者が井戸端に到りて繘《つるべなは》を下して其水を汲み上げぬ前に瓶《つるべ》を隳《やぶ》つては惡いと注意したの

だ卽ち人間本具の德性も井と同じで一生盈損がない但厄難に際して往々其德を疵るから一定不易の道を守れといふのである其變卦は池澤臨で「臨元《おほひ》に亨る貞に利《よろ》し八月に至りて凶有り」とある此彖辭は陰陽消長の理を以て君子を戒め君子は事に先たちて小人を防ぐべしと示したのである君子の正しき道は大に亨るが其勢に乘すると老陰の八月といふやうな時に至ると凶事があるから事の終りを能く愼めといふことである巽之鼎は巽爲風の卦で「巽は小しく亨る往く攸有るに利し大人を見るに利し」とある巽順なる者は從ふ所の人を得れば功業を成就するといふ意である其變卦は火風鼎で「鼎は元《おほひ》に吉亨る」とある此彖辭は鼎は食物を烹る道具で賢人を養ふ譬としたのだ賢人を養ひ天祿を食、天職を治れば國家安寧疑なし定に吉兆であるといふ意である。

廿三日　朝、訪戸田　夜原田へ會議郡の封事を止む

廿四日　代り番、郡の事を呈す應あり神道集成の命を蒙る　神道の事大畜

謙渙剝(卜筮の卦)

(安井久曰、山天大畜の封は「大畜は貞に利し家食せす吉大川を渉るに利し」とある君子は中ちに畜ふる智徳が十分裕《ゆた》かであるから行はるゝのである故に君子は家に居りて耕し食はす出てゝ朝廷に仕へ祿を食むか宜しい而して大中至正の純徳を以て時艱を匡濟するのは恰も大川を渉るの氣組でなくてはならぬ是れ大功を成す吉慶であるとの意變卦地山謙は前(此月七日の條)に説いた通り又風水渙の卦は「渙は亨る王有廟に假る大川を渉るに利し貞に利し」とある渙は解散の意で此彖辭は總て散する者を聚むる義である廟に假りて祭をすることの譬は祖考の爽精既に散じたるを聚め祭る義である天下の政事非にして人心散じたるときは天下の賢才を用ゐて治を圖らねばならぬ恰かも良楫を用ゐて大川を渉るが如きものである故に至誠を以て賢才を用ふれば必す國家治まるといふ意である、其變卦山地剝は前(此月七日の條)

に說いた通である。
廿六日　代り番
廿八日　戸田原田と芝愛宕山に登る
廿九日　當番、神道集成の事を呈す文一あり
晦　冬至　戸田原田橋本來る坤の乾神道の事（卜筮の卦）
（安非久曰、乾爲天の卦か出たのだ「乾は元《おほひ》に亨る貞に利し」天の運行息ますして健然なる天則に法り始終怠らす其務を勵まば大に亨りて其終りを全くし功成るといふ意である其變卦は坤爲地で前（十月七日の條）に說いた通である。
閏十一月朔　是日大雨　扈從登　城代り番、一齋の講を聞
二日　横山町にゆき書をみる
四日　虫干當番去る晦日山田壽之介切腹、朔日死すと聞近來の快事
五日　友部を訪ふ麴町へゆき書をみる東軒及戸田を訪

六日　扈從尾邸及津守樣へゆく、代り番是夜微酔
八日　夜幡鎌を訪微酔
九日　小梅御供琉球人を見る、御下たを賜ふ、弧三浦山を害す
十日　神道書の事申上る代り番内膳へ返番戸田を訪ふ跡部今井相逢ふ
十一日　代り番　門子を訪ふ
十二日　下谷へゆく奎齋來る
十三日　養本來る
十四日　當番半紙御下けになる
十七日　朝劍を撃
十九日　泊り是日雷翁上着
廿日　明け、雷翁の逆旅を訪
廿二日　運阿彌と共に薩州の下屋敷へ行く琉球人の歌舞を観
廿四日　泊り　神道の事、會澤へ御かけのことを呈す翌日御下になる

廿五日　雷翁、原田、石勝來る
廿六日　小梅に扈從す御拳にて鶴を獲玉ふ
廿七日　微雪　雷翁、原田、小戸田と神田にゆく
廿八日　雷翁、原田、戸田と王子にゆく
廿九日　泊り　雷翁來る戸田一同かまぼこ拜受
晦日　明け雷翁を訪
十二月朔　扈從登　城　是日先考忌日祭奠　彌兵衞來る夜、雷、戸來る
三日　雷翁奥へ通り謁見後宮にて內膳へ酒を賜、謠などありと云、原、戸と跡へゆき雷も來る徹夜
四日　當番神書取調場所の事申上る友部より內談あり
五日　明け　春甫、奎齋來る　今朝川瀨發途
十一日　代り番尾州へ爲御悔　公御
十三日　朝蜜柑上使卽刻兩丸へ扈從更に小梅へ扈從

十五日　御本丸へ扈從、下町へゆく菊池鶉飼と同しく魚を賜ふ、是夜節分に付出仕
十六日　代り番菊池鶉飼佐々木と同しく神書取調の事命を蒙る
十七日　紅葉山へ扈從
十八日　菊池春水來る
十九日　當番　神書取調の事隔日終日と究る
廿二日　神書局を開く
廿三日　下町へゆく　夜友部來る養本來る
廿四日　敎諭の御草稿拜見　泊り番　酒肴を賜
廿五日　御膳上御はやし
廿六日　代り番　小梅出御　狐を獲
廿七日　奎齋來る、原田來る共に戸田を訪ふ
廿八日　兩丸に扈從

廿九日　泊り

天保四年癸巳

正月元日　扈從登　城出仕、代り番

二日　御始事あり　出仕

三日　出仕扈從登　城

四日　當番　出仕

五日　御謡初幕府の禮に摸し玉ふ

六日　代り番　年始狀出す

七日　扈從登　城

八日　當番

九日　年始狀出す

註（東湖職通事二百石時年二十八）

十日　上野に扈從　代り番　大雪
十一日　御用始　當番
十二日　神書取調始る
十三日　代り　教諭催促あり
十四日　當番　去る十一日天野伊豆再勤岡田新太郎書院番頭速哉噫
十五日　扈從登　城
十六日　代り番　御本切額字を撰
十七日　扈從紅葉山　當番
十八日　神書頼合にて引
二十日　當番　公神局に臨み玉ふ
廿一日　養本□那來る
廿三日　雁を賜此夜明訓愚評を草　菊佐原來る
廿四日　芝に扈從す　明訓管窺を上る

廿五日　御番事あり
廿六日　代り番、晝過衣紋
廿七日　親書を賜ふ　原田弁彌八郎來る
廿八日　扈從登　城
二月朔　代り番　戸田を訪ふ
二日　流鏑を見る
三日　春分　祭于寢　家居石勝來る
四日　八ッ歸り
六日　中山の知行又々領地と唱へ候樣達ありと云ふ可嘆々々
八日　明訓管窺の事に付一寸調す御番引拔御歸國中半年詰御免になる
九日　梅屋敷へゆく
十日　神書方へ出　此夜門子へゆく
十一日　御講釋に出る

十二日　神書局へ出る
十三日　菊岡來る
十四日　神書局休み　祝祠拜見被　仰付
十五日　聖堂へ扈從
十六日　上野見分幡戸山同道
十九日　正介善右衞門存意兩通御懸あり
二十日　最相院御法事に扈從
廿一日　內府公最相院へ御參詣御豫參へ扈從雨天にて內府公は御延引なり
廿四日　芝に扈從　神道局に出る
廿六日　尾州家へ扈從　神道局に出る
廿八日　御諭文御草稿返上上野に扈從す　岡田蓮澤被召　同しく御手酌にて御酒を賜ふ

廿九日　御直書御下け、三件御尋卽刻御請申上
三月二日　御發駕
四日　神局へ出る
六日　神局へ出る
七日　小金井へ遊
八日　神局
九日　木母寺に遊　原田、小戸田、酒井源太同道
十日　神局

天保五年甲午
四月廿六日　御參府
五月八日　松屋外集序入　高覽　親批にて御下け

十日　獨謁銚子松前の事及時事御議論あり半時餘
十六日　大久保加州へ被遣候御案御懸銚子松前の事なり
六月六日　是日より暑氣　跡部戸田兄弟原田一同墨水に泛
廿一日　今日より不快に付諸勤引
七月二日　總裁封事内々御懸
四日　間宮林藏書簡御内々御下け
十八日　晴晝八ッ時戸田來訪北門鎖鑰檄文御催促の命を傳
十九日　陰晴不定　昨夜小田原檄文一通内密戸田へ御下けゝ由にて戸田
より今日相廻り拜見直に戸田へ返す、夜遠山來る
廿一日　陰晴不定熱甚、夕雷雨　理髮明日より出勤の屆を出す去る十九日
御國にて藤田主書執政
廿二日　晴　出勤　昨夜より二郎君御不豫　南北の事御案文を呈す
廿三日　晴　昨夕銀次郎へ御下けゝ由にて南北御案文下る信州上田藩の

入二人來る夜に入り跡部戸田來訪
廿四日　晴　出仕
廿六日　晴　出仕
廿七日　晴　江幡甚太郎來る南方之事會計府へ內々御懸之由　夜訪門子
廿八日　晴　御登城扈從　幡鎌不快に付申合
御內用水羽州へ御頼之處羽州死亡後御頼之閣老無之今日大久保加州へ
御頼に相成候由右は於營中御直に御頼之由
八月朔　晴　御登　城扈從　余惡寒にて大に苦む
二日　陰晴不定　頼合
四日　晴　頼合　小戸田來る對州一件御懸になる
六日　登局　二郎公子御卒去
七日　參政ゟ呼出　御諡號之事御懸卽日申出
九日　御誌文の事呈す

十日　土神祭告者を命せらる足疾を以辭す
十一日　御神主の事御懸
十二日　御神主之事參政へ出す
十四日　曉ゟ辰迄大風雨巳ゟ晴　公子葬儀
十五日　雲雀上使
十六日　陰晴不定　飯田左織播州樣の命を奉して來る　北方履既濟、南方歸妹泰、播否觀（卜筮の卦）

（安井久曰、　北方履既濟は天澤履の卦で「虎の尾を履む人を咥はず亨る」とある此彖辭は人臣が剛暴の君に事ふるも恭順至和の德あれば亦其君の心を得て志を行ふを得る意である虎の行く跡を蹈むは危險であるが恭順至和の德ありて害心がないから虎も之を咥《くら》はないといふ譬である其變卦は水火既濟で「既《き》濟《せい》は亨る小なり貞に利《よろ》し初めは吉終りは亂る」とある此彖辭は凡そ事物が大體既濟卽ち成り上りたる者は夫れ以上進むのは僅にして且つ遲々たるものである物事は滿れば虧くる理があるから警戒をせねばならぬそれを調子に乘つて猛通すると初めは吉であつても終りは亂れて凶となるといふ義だ而して南方の筮の雷澤歸妹の卦は「歸《き》妹《まい》は征《ゆ》けば凶利《よろ》しき攸《ところ》なし」とある少女が配偶を擇ばず權勢ある男などに嬉しがりて歸ぐと禍を生ずる事物を行ふには正理のあるところを察せずに之を爲すのは歸妹の凶に赴くと同じたとの意である其變卦地天泰は「泰の小往き大來る吉にして亨る」とある此彖辭は隆盛なる世には小人は退けられて君子たる大人は進んで用ゐらるゝ意義である又播州の筮たる天地否の卦は前（四年十月七日の條）に說いた通りで其變卦風地觀は「觀《くわん》は盥《てあらい》て薦《すゝ》めず孚《まこと》有りて顒若《ぎようぢやく》」とある此彖辭は人君が恭謙無爲にして上に在り天下萬民の之を仰觀する義を示したのである凡そ人の上に立つ者は中正、恭謙の德がなくてはならぬ其德が自然に動作に表はれて人は之を仰き敬ふのである恰も祭事を行ふとき手を洗ひ清めるが輕忽に供物など薦めずしばらく誠敬の意を表し顒然として仰觀する儀容が自然に表はるゝが如くであるといふ意味である。

十七日　南北二策戸田を以て呈す　左織を訪ひ昨日の事を挨拶森左兵衛へも行く

廿三日　戸田を以て　御直書御下け

廿四日　微陰　昨日之御請呈す夕刻又々御下け跡部、立原、酒を訪ふ立不在

廿五日　太祖廟の事履之剝（卜筮の卦）

（安井久曰、天澤履の卦は山地剝の卦共に前出に付略す）

廿六日　廿四日之御請呈す、夕刻又々御下け監《カ》朴持參

廿七日　陰午後雨　立原等と同しく佐藤甚右衛門を訪ふ

廿九日　晴　御馬　森佐平來る、夜遠山來る　師坤播州樣侍講（卜筮の卦）

（安井久曰、地水師の卦坤爲地の卦共に前出に付き略す）

九月朔　神武陵の事戸田を以て御下け
四日　木綿拜領　神武陵の事呈す
八日　上野扈従　駒邸へも馬上御供を命せらる
九日　御登　城扈従
十一日　是夜戸田來る御直書御下け
十二日　一封呈す
十三日　是夕酒井來る
十四日　吾妻百官幷　神武陵之事御下け
十五日　猿樂あり　遇泰之否（卜筮の卦）
（安井久曰、　地天泰の卦天地否の卦共に前出に付き略す）
廿日　虞舜琴の記呈　覽
廿八日　是日大久保加州より山陵の事御受申上る
十月朔　南北二策戸田より御下け　會津書籍の事同斷

二日　神局一同鴨拝領
三日　戸田原田一同山下植木見物
五日　琴ノ記を書して呈す
九日　戸塚御鷹野　大遠乗被　仰付御近習一同出る　某も出
十一日　大塚　出御御供
十三日　大川邊大遠乗
十四日　文照院様御忌日に付　御豫參可被遊候處
大樹御疝積氣にて　御成御延引の旨昨十三日被　仰出候今十四日五ッ半時早めに御供揃にて　御自拝可被遊旨被　仰出五半時一寸前御箱出之五時出御の思召に候へ共五ッと相成候へは　尾紀様御申合の戻りに拘り候ゆへ五半早めと相成候　御自拝御刻限の儀芝は五半時　上野は四ッ時と兼て　尾紀様御同様御議定有之事なり
中の口より切手御門御道筋例の通り被爲入
文照院様御靈屋御正面前ゟ御入込　御拝相濟御供所へ御廻り被遊御小

用被遊今日は惠昭院へ御立寄無之候付一寸も御供所へ不被爲入候ては惣御供小用等差支候に付如此すべて芝御自拜は大暑極寒の節は惠昭院へ御立寄被遊二三四八九十右六ヶ月は御立寄無之御定め又々御正面より御退散二天門にて御乘輿御道筋初の通りにて正九ッ時　歸御　但天氣宜候に付御小姓御先番無之同役御供與右衞門、虎之介

十五日　御本丸御登　城某幷銀次郎御供是日佐藤甚、平田大角來る

十六日　垂統大典名目改の事一齋ゟ差出候書付御直に成る

十七日　宮本千藏桑原幾太郎の事を問一齋の命也と云　高瀬半九郎來る戸田と共に大乘寺を訪

十八日　垂統大典の事呈す

廿日　松前弘めに付御院にて呈す　御意あり大典の事も　御意もあり平田大角來る

廿一日　是日戸田ゟ　御意あり　南北二策御添翰の事呈す

廿二日　小梅出御

廿三日　御馬　佐藤甚來る　播州侯講筵に出つ
廿四日　登局、會津書の事御請申上る御庭　出御懸、南北の事　御意あり
廿五日　佐藤甚右衞門、松本雷藏來る　是夜訪菊池善太
廿六日　御書御下け　山陵の事京師へ往復の事
廿七日　菊善來る
廿八日　登局　北方の事戸田を以て御下け　御焠及の事は御直に呈す
廿九日　北方の事又々昨夜戸田へ御下けのよしにて御下け　朝訪戸田
晦日　昨日の御請呈す
十一月朔　加州書御懸
二日　御請呈す　夕刻又々御尋又々呈す
三日　親王大守の事御懸　呈書行違の事に付出仕　松前侯講釋
四日　戸田を以て言上　哀公御秘書御懸　夜田丸原田來る
五日　訪橋本村雨婚儀を定む

六日　登局　御手扣拜見　夜井上戸田來る
七日　夕門子を訪ふ
八日　登局　神典局の事呈す　夜訪東軒酒井
九日　橋本生る、平大角來る冲之來る
十一日　戸田と共に下町へ行く　御馬　夕訪原田、田丸戸田一同歸途逢大久保甚
十二日　加州御請拜見　御書御下け
十三日　播州侯講釋
十四日　山陵の事呈す
十五日　御供　山陵の事御催促あり
十六日　山陵の事呈す
十七日　御直書御下け　山陵の事、戸田來る、長藤來る
十八日　小梅　出御　小棨來る

廿日　加州御請拜見　一封呈す
廿一日　先大父忌日祭于寢
廿二日　御秘書返上、三通呈す
廿三日　御供　御書院音樂あり
廿七日　御對面所音樂あり
廿八日　一通呈す學校の事、林家の事、大角の願出す
十二月朔　家忌祭于寢　平田大角來る　聖堂の諸生三人來る
三日　播州様終會　夜訪戸田
四日　學校御繪御下け　幡鎌と共に他出
五日　義公御忌日御產穢中に付□（不明）より存意申出候様に付申出る
六日　山陵の事先達ての御案文差上候様　御筆を以て御沙汰の處宅へ差
置候付明日相納度旨申出る是夜佐藤甚右衞門來る

一増子幸八郎餘命難計候間一日も早く御使役再勤大臣與力名代を以て上使を受るの無禮令停止度事
一中山備後守組付頭旦那の稱謂早く分明に致度事
一深澤甚五兵衞御褒奬一國の名節を可勵事
一原田善衞門有用の人物の事
一萩次郎兵衞は原田深澤と同日の談には非されとも吏務には敏捷の由且一旦正論を以て廢られたる姿にて國體に於て不宜候間何とか仕方有之度事
一大傳人物之事
一少傳少傳之事
一杉士元拾遺補闕の任相當の事
一會伯民交代の事
一戰艦の事

一學校の事
一藤北郭の事
一大嶺大八の事
一矢倉方小澤非其人事
一南郭公子御直書にて可勵事
附總て巨室世家は上より奬勵有之度事
一豊田彦次郎の事
一國友與五庄司健齋の事
一御次向小監察帶劍無禮の事

丁酉日録

自天保八年三月十六日
至同年十月八日

註

（東湖職調役祿二百石時に年三十二）

天保八年丁酉

三月十六日雨冷綿入二ッ三ッ位可着候　是日彪が誕辰哀慕不啻○辰半淺利九左衛門來訪ひ其子徳操南上後飲酒不羈少く忠告を乞ふよしを託す余許諾す○巳時小林榮太郎來り北海捕鯨の事にて頃刻談話○巳半登殿土浦家臣不和且法を犯すの徒を罰するの草案過日執政北郭（藤田氏）子へ出したるを一閲北郭子より土浦家老へ挨拶の書を草し又救荒賑濟の簿書一閲四郡へ米千二百石御下けに致度旨會計生駒荻衛門へ内談す其他雑事鞅掌如例酉時退出　歸途大久保甚五左衛門氏を訪ふ（大久保氏同姓閣老大久保加州の病によりて南上去る十三日より御用逗留になりたるゆへなり）　又安藤甚左衛門を訪ひ鬻刀のことを託す晡

時還舎○江幡甚太郎來り郷書數通を達す　外祖母病狀少愈、擧家欣躍す外祖母去月より中風半身不隨○夜小田部長八郎來り御側用人戸田銀次郎氏より本多佐渡守へ寄る書の草案を託せらる卽時執筆之を草し長八を以て戸田氏へ致す宮女唐橋病氣の事なり

十七日朝晴辰より陰　昨日より少く暖　結城晴朝遺物甲胄のこと山國喜八郎よりの書面呈覽す卽刻　親批にて御下け今日水府へ可申遣の命あり又一書を呈し今日申遣し兼候由を言上是夜江幡甚太郎病用にて水府へ發足に付　親批の事山國への一書を裁し甚太に託す是日　親書二通を賜ふ一は茅根六左衞門の上書大坂町人へ惠を施し借金の資とするの說なり一は山國の上書大生瀨燧石の事なり

十八日陰冷氣　朝、淺利德操來る德操南上後飮酒過度頗放蕩になりたるゆへ余屢禁酒のことを勸む不可其父之を患余に又忠告のことを乞因て德操を激勵せんと昨夕德操を訪不逢今朝來訪す談話の餘微諷す不可更に

辯難す徳操怒て不可余亦憤激至誠を以て之を激す徳操翻然として悛心あるに似たり余因て相約し共に禁酒せんと云ふ徳操余が甚た飲を嗜むことを熟知せるゆへ感激許諾す期するに三年を以てし共に一書を以て契とす嗚呼　先君子の門學問行狀一世に表見するに足る者先輩には會澤伯民等二三氏あり余が同學年齡の者に至ては一人の自立する者なし獨德操學問は淺しと雖とも人品凡ならす忠勇群を出つ余因て深く與レ之親むこと二十年一なり斯擧一は親朋の義を立て因て以て自ら激勵せんと欲するなり〇登　殿

十九日朝陰晝より雨冷氣　登　殿公私書狀を水戸へ發す晡時還舍

廿日昨夜より大風陰夜まで南風雲如箭　是日綿入一つにても可也　淺利九左衞門氏來る德操へ忠告の事を謝するなり〇登　殿執政鵜殿氏と同しく召されて　御前へ出けるに　御意には此間中の不氣候當年も五穀如何あらんと苦心せり先刻より椽側に出て雲の行かふを見るに去夏の

如き空合なり萬一當年も不熟せは何を以てか士民を扶助せんされば薩摩細川鍋島はいづれも因みある家々にて近來我等一方ならす懇意する事なればこの家々へ内々直書を遣し萬一當年不作ならば糴を無心せんよしを申遣さんと存するなり又讚州は支封のことゆへ是へも申遣さんと思ふ夏秋の樣子存の外に豐熟せば斷り申遣すはいと安しこの事兩三日中に評義して申聞よさて又去年已來世上不穩によつて我等手元にて甲冑數十領買得たり此せつは大坂騷動にて武備の價にはかに引上たるよしされば又これをば暫く見合せこのせつ鹽硝幷鉛を買入るゝ心得なり政府へ廣く評義せば例の通り　幕府へ嫌疑ある抔と故障申立べしさればこの事は汝兩人密に心得居候得との御事なりよつて西國諸侯へ御直書の事は評議の上御請仕るべく鹽硝等御買入の事は密に畏り奉りぬるよしを申上退きぬ○退出戸田氏を訪ひ頃刻談話○舍に歸れば松岡の郡吏袴塚三衞門來り居れり會津米買入の事昨十九日の便りに水府へ

政府より申遣たるを水府にてはいまだ江戸の評義決せざる事よと便りの着を待兼郡官より申立三衞門をのぼせたるよし一時餘對談民間の事情悉く詳に聞けり我水戸救荒の政近領の諸侯に比すれば萬々難有御事なれども窮郷僻村には甚た難澁のものなきことを免れす酸鼻にたえざる事いと多し○京都川瀬七郎衞門より來書同人當月九日に大坂出帆肥前へ赴くよし湊村理兵衞肥前佐賀より發せる書狀川瀬より達すこれを見るに米八千石肥前にて手に入たるよし

廿一日雨丑寅風又冷氣綿入二つ位　朝中山氏の家宰岡本戸太夫加治忠衞門齋田善吾一同に來り家中扶持米乏しく必至と苦しみ候よし愁訴あり是より先き　公室より一度ならす金穀を以て救ひ玉ひ當時月々百五十人扶持を玉はりてあれども尙扶持米乏しきとの愁訴かきりなきことなれども家中今日にも飢に及ふへきよしにて默止しがたく何れ執政へ申達せむよしを答ふ家宰等が望みは百五十人ふちへ更に五十人ふちを玉

はり貳百人ふちになし玉へといはぬばかりに聞えたり〇登　殿昨夜戸田氏へ　親筆を賜りたるを余に示さる　親書の大意は過日の大坂騷擾京師へもほと近のことにて不容易ことなり　幕府への御嫌疑だになからばかしこくも御使を以て主上の御機嫌御伺被遊度　思召候へとも御嫌疑もあることなれば京都へさしおかれ候御留守居役を以て御機嫌御伺ひ被遊候てはいかゞあるべきや虎之介等へ相談の上執政へ談候へとの御事なり雖身在外云々の古訓に被爲叶拜見もあへず落涙數行に及べり〇今朝封事一通を上る郡吏袴塚三衞門救荒の事にて遠路罷登りたる事なれば民間の事情委曲に御側御用人を以て御尋あたりたる御菓子にても賜り候はんにはさぞ難有存すへきよしを申上ける

廿二日朝陰巳より未迄晴其後又陰　昨夜深更山方運阿彌より一書來る是は會津米買入の事今日執政へ演述の上運阿彌を會津の邸へ遣し役人の

書簡を得て袴塚に與へこれを持て會津へ赴しめんとはからひたるにその役人の書面夜に入り來りたるよしにて運阿彌より達せるなり○いまた枕に伏さるに水戸より同僚の書來る上方より米積入來たる船浦賀を經ず那珂湊へ入りたることを浦賀の奉行へ程能達し度との旨なり○朝五ッ時前袴塚三衞門來り一書を裁して水戸執政野中氏及ひ同僚等へ與ふ昨夜運阿彌より達せる會津役人の書をも附してやりぬ三衞門昨夜戸田氏へゆきたるに　內命にて菓子を賜りたるよしかりそめの愚言をも御采用ありけるよと心中に感佩し奉りぬ○登　殿、雜務常の如し○夜輕部平太左衞門來るこれは大坂より御買米の船一艘浦賀を經ず常陸沖へ乘入たるよし浦賀の法に背けたるゆへ此度に限り見すみにはなるまじきやと浦賀の奉行へ御城付々內談に及ひたれども所詮浦賀奉行の獨斷すへきことにあらされは其よし執政を以て閣老へ達し可然哉と幕府の奥右筆桑山某に問ければ如何にも閣老へ御達にて可然されども浦賀奉行より種々の故障抔申出し上には閣老の議も容易に決すまじければ故障抔申出ず一ト通りに伺ひ出候やう早速某より浦賀奉行へ申し遣し置べきなりと答るよしを語りき○輕部歸後執政より閣老へ達する書付を草し子時就寢翌々二十四日朝執政藤田氏松平伯州へ赴て進達せり
廿三日晴微暖　余今年いまだ灸治せず阿母君しば〱すゝめられけれども近來時候不順にて快晴の日少く且久しく風邪の氣にてありたるゆへ灸もせずすきけるに今日快晴はた公事も暇あるゆへ今日は同僚へ一書を付して登　殿せず終日家居背腹等へ千五百灸せり但同僚へ與る書中救荒のため米千貳百石を四郡へ賑濟するのこと幷昨夜草する所の進達書を附し遣ぬ○小林生來る捕鯨の事上總の民義兵衞といふ者願の本人なるが其よし地頭田沼主水ゟ聞濟になりたりと云
廿四日朝小雨巳より陰南風　登　殿雜務常のことし退出の後大久保氏を訪ふ明日水府へ登足するゆへなり○夜津田右仲來りて云へらく親類檜

山勘衛門夫婦和せずして離縁にも至るべきさまなれども幼子一人また懐妊せり婦人不貞不順のことをもきかず然るに勘衛門かく離縁をもせむといふは理なきわざなればその父母親族ひたすらにとゞむれどもさらにうけがはずあはれ一言せちにいさめとゞめ玉へかしそれかし答へていはく父母親族のとゞめ玉ふをうけざるうへはいかで朋友のいさめを用ふるの理あらむ然れども閨門のことは親子兄弟の中にてはゐいふまじきことも朋友にはかたりやすきことと世にあることなればいかにも御頼みにまかせいさめまゐらせむとぞ約しける

廿五日雨北風　朝佐藤喜八郎來る○山邊氏の家宰細谷五郎兵衛來る○登殿雜務常のことし

廿六日陰晴不定　君公去る十六日より昨廿五日迄御忌中にてあらせられ讃州侯御住居文姫君御卒去によりてなり　今日御忌明に付御禮御尋上使として　御登ありける故出仕を免され終日家居論語解を草す○申時信州上田の士用人山田司馬之介

來り訪ふ山田は其藩の老儒にて朱子學をこのみまた神道を明むるの志あるよし先年其門人上野昇吉郎大島邦之丞抔より承り居しが近頃新に用人に轉じ出府したるとて今日大島とともに來れり齡六十三歳醇々たる老儒にして少しく氣概《マヽ》もある人なりき〇輕部平太左衛門來る〇野州の畫工靄涯文平と稱すといふ訪ひ來りて余に逢はむことをこふ何ゆへにやと僕をもてとひしに鈴木八平の賴みにて來れりといふよつて一見せり靄涯曰く七年前八平の父鈴木松亭物故せしがいまだ墓碑を建ざるゆへ今年五月ごろまでに碑文を撰みたまへと二三年以前庄司健齋に託して君に乞たるが其文はいまだ撰みゑざるや承りて參るべきよし八平より託せられたりといふ健齋は三四年音信も通せざれば余はかつて作文のこと託せられしことをしらずたとひ健齋をもて託せられたりとも不敏のそれがしうけがたしと答るに靄涯がいはく松亭の父石橋の碑文は君の先君子撰みたまへりその子の碑にしあれば君に託せるなりされどい

まだ八平より託したること君のしりたまはぬこそいぶかしけれ健齋子いかにして君に通せざるにやはやくこのこと八平にしらせ別に八平より託し奉るにてあるべしとて去ぬ

廿七日陰東北風　この日は君公傳通院へならせ玉ふにぞ　登殿するにも及はざれども昨日今日兩日出仕せでは公事いと辨じかたきこともあらんと登　殿午後退出申時ころ迄閑居せしに中奥坊主宗悦あはたゞしく來りて

君のめし玉ふなりはやく臺御畑へまかりいてられよと小姓頭取申こせり　君にはいま臺御庭に待せ玉ふといふにぞ畏りぬるよし申いそがはしく服をあらため御庭のことなればわらぐつをはき御庭の御門外にて小僕に刀をわたし小刀のみにて門に入て見るに　君には近臣四五人めしつれられいやしきものどもがはたかへすを　御覧せられ玉ひけるが彪かはせ參るを見玉ひて近臣を遠け小高き丘にのぼらせらるぞ彪はそ

の丘の下へ跪きて平伏せり、これへ〳〵との　御意に恐多くも丘にのほり　御身近くさむらへば汝をよぶこと他事にあらす時ならぬ冷さといひ毎日空かきくもりあるは雨ふり出し南北風打交り雲のゆきかふけしきいとおそろしくおぼえたり去年の凶荒にて天下萬民飢になやめるをりまたことしも五穀みのらずんば天下の民いかばかりくるしまむと思へは心せちになりて安んじ難し　公邊にてもいかにも救荒撫民の政あるべきとおもひの外奢侈の風日々に甚しくしかも來る四月はじめには兩丸　御移かへの式を行ひ玉ひまた九月には將軍　宣下あるべきよし天下諸侯幾巨萬の財用をか費さむわれかつてこれをうれひ去年九月十五日の日登　營のをり老中どもをよびて凶荒のとし大禮を行はせらるはいかゞあらむと論じたるに老中ども何のいらへもなしえざりしがその後家老中山備前につたへて　營中にてこの後唐突に議論なんどせましきに心得よといひおこせたりわれ以の外氣色を損じたれどもかゝる老中どもへいかほど存意をのべたりともせんなきことゝ今日迄は默々せしが此ころの氣候といひまた浪華騷擾のこと抔思へば片時も默止がたしよつて明日不時に　登城して老中どもを不殘よび十分に國家の事を論じ儉素に返し中興一新の説をのべむと思ふはいかゞとの　仰承り彪はもとよりさもあらまほしく思ひければいかにも　仰の如くぞんずるむね申上むとおもへども　君の英明　幕府にては兼て忌憚る人もなきにあらずなまじゐに　御建議なし玉ひても其こと行はれざるのみならず　君の御身上ゐさはらせ玉ふことにも成行ば容易ならずと思ひ返し時勢人情なんど彼是と申上たるに　君にもたやすからずは　思召けれども知りていはざるは不忠と思ひかくはおもふなりされば明日にわか登　城せんといはゞ役人ども申とゞむならむたとへ役人どもとゝめすして登　城せしとても　幕府の政府わが議をうけづしては申述る詮なしさて汝が兼て懇に交り深き川路三左衛門は幕府の吏にて事情にも

通せる人と聞及びたりいそき行てひそかにかたり試よとの　仰畏り奉り御前をたちて退きしに　公手づからつませ玉へる蕗草を玉はりければ　おしいたゞきもとの道より立出て舍に返りとるものもとりあへず川路にゆきてことのよしをつげかたらひけるに川路掌をうつて　君公國家の爲め　思召の厚きを感じ奉りしばし默して考へさて　相公の憂慮し玉へるは誠に難有　御事なりされどむかしの世にはことかはり今は　三家の君不時に登　營したまふこともなければ　君にわかに登營したまはば其御志の深切なるはいはずしていとあら〳〵しき御ふるまひと申さむもはかるべからずまた大久保加州世にありし日は正しき道もいさゝか取用らるゝ勢ありしが加州身まかりしのちは有志の説も行はれず　相公の御説は　國家の大議にしあれば加州いませしとても易容に行ひがたかるへしいはんや加州すでに黄泉の客となりては兎角の論にも及ぶまじそれかしは司農府の一吏なれば政府の事情はしらざ

れどもそれかしへはからせ玉ふとあらばよろしきとは　御請申されず
とてかれこれ談話ありけるが兎に角奢侈壅蔽の俗、日に甚しく川路も心
中にいと苦しく思へるさまに見えければ罷歸りて川路の説しか〳〵と
申上けるに　公もさこそあるらめとて御登　營の事思し止め玉ひけれ
ども〳〵憂苦なし玉ひけるこそかしこしと申も恐多とおぼえける
廿八日陰、晝前小雨夜三更より雨　中山氏の家宰岡本、加治又來る○淺利德
操來る○石川太沖來る○登　殿、雜務常のことし大坂騷擾畿内の地にし
あれば
宸襟如何おはすらんと殿下へ　御書の案を草す○夜遠山龍介氏來る○
子半寢につきぬ
廿九日大雨終日　朝鄕書を發す○登　殿、雜務常のことし歸路原田と共に
今井萬吉を訪ひ又淺利德操を訪ひ夜半まで談話
晦日陰　朝、富長六太夫來る○細谷五郎兵衞來る○上　殿、雜務常のことし

一昨草する所の　關白藤公へつかわさる　御書案今日參政近藤氏を以て　覽に備へたるに草案いとよく書取たり然るにこのことさきつころ政所どのへこの奥向より文遣し我等のひそかに心をくだけることはやくも關白どのへ達せしのみならず天聽にも達せりと昨日京師より歸れる花の井上臈より聞たればそのうへに又關白どのへ書を贈んもいかゞなればこのことは思ひ止ぬべしとの御事なり○今日今井萬吉次番より小納戸に轉ず

四月朔　快晴、冷氣未也　六半時寢に祭り畢て上　殿中奥にて上公に謁し奉りぬ局中無事九ッ半退出○是日亡友高須源太夫の忌日なり三年前高須臨終の日原田とともに臂を執て高須と臂を執て高須と永訣したることおもひ出し哀慕の心いとせちに覺えたれば原田を伴ひ丸山大善寺へまいりて源太夫の墓を一拜しぬそれより原田と共に向島にいたらんとす路にて跡部氏父子に逢へり奇遇を喜ひ淺草小梅のあたり

逍遙して歸りぬ

二日晴、氣候やうやく暖にてわた入一つ位　是日　大樹西城へ移り玉ひ内府公本城へ移らせ玉ふべき旨去年よりの御沙汰にて　上公にも明六時御登　營あり此御殿出仕の面々も禮服布衣以上のしめ麻右以下服さし麻を着せり九ッ半時上公歸御八時過　召されける中奥へ出ければ大奥にてめし候よし御小姓頭取より命を傳へけるにより例の通り　御前へ罷出けるに西國諸侯へ　御直書の案文早く草すべき旨その外くさ〴〵　御意被爲在御甲冑等あまた拜見たてま《マヽ》りぬ

三日朝陰、八時より雨、氣候昨のことし　今日大御所樣　公方樣御移かへ被爲濟候御祝義として　君公五ッ時御供揃にて御登　城あり八ッ時過歸御　局中無事

四日雨又冷氣　登　殿、被　爲召西國諸侯へ可被遣　御書案の事　御意あり、會津庄內松代の事御意○局中無事歸途戸田氏を訪ふ

五日晴　今日　御代替り御祝義として六ッ半時御供揃にて御登　營に付式日の通り出御懸　御目見あり但布衣以上はのしめ麻半布衣以下は服紗半を着せり○局中無事○西國へ　御直書の案文を草し執政藤田氏へ示しけるに案文の通りにて然るべきとて藤田氏より封事にそへて奉りぬ○八時過被爲　召　御案文の事御議論被爲在薩州鍋島細川三諸侯へ可被遣との御事なり但讃州へも可被遣哉と　思召けれども讃州は近頃文姬君の新喪にて許多の財用を費されことに文姬の君逝去し玉ふ上はその御附の宮女みな讃州より扶持たまふよし又姬君の靈屋をも新に讃州の費用にて造らせらるゝよしなればかた〲乞糴之事など此節讃州へは被遣がたきと　仰ありき其外　御三家　御三卿　幕府にて御扱方等の事數件　高論拜聽して退出○歸途石川勝藏を訪、是日跡部氏來る
六日雨、冷氣　登局無事、淸虛子を訪ひ明珍宗保及び糴米の事を論ず
七日晴、冷氣　登局○退出より外出山田司馬助大島邦之丞を訪不逢夜

御封書御下け、是夜榊原啓介之事河路三左衞門之事御案文二通を草す
八日朝雨、夕陰、夜雨、冷氣　殿中無事　御封書御下け河路三左衞門へ賜ふの
御詠也彪へも一枚を賜ふ意味親批にくはし
九日陰冷氣、晝晴　昨日牛門の家宰岡本戸太夫等三人來り家中飢渴の事を
嘆訴す○今朝鄕書數通を裁す○登　殿無事被爲　召　御前へ罷出たる
に韮山へ書を遣し大鹽の密書を手に入候やう　御意この事は去月十四
日に韮山御代官江川太郎左衞門ゟ我へ一書を贈り東海道にて大鹽平八
郞より閣老幷林大學頭へ與るの書手に入たる中に　水戸公へ奸賊より
呈するの書一通あり何れも容易ならさる事ゆへ取計方官府へ訴たり扨
この密書ども内々寫取　公へ呈したく思へども如何の程合なるべきと
の書なり江川實に我　公の御爲と存し候ならば直にその密書どもを寫
し取我へ遣し一覽の上　公へ呈覽するともまた返すともせよと申遣す
べき筈なるにまづ我へ聞たる上にて密書を寫し出すべしとは心得かた

きなれば我は取敢ず奸賊の書內々にて　水戶殿一覽いたし候筈無之よしを答たり其よしは委細に執政清虛子へ談じたる上にて取計ひ明十五日　公へも言上せり然るに奸賊戮につきたること　公にも被聞　召今は嫌疑もあるまじきとの　思召なりさて齋藤彌九郞去月中より江川の賴にて浪華に赴き近々歸著すべし彌九郞に逢たらば江川の心中も明白に分り候半と存するゆへ一と先つ彌九郞へ對面の上江川へは一書を贈るべきよし言上せり〇七つ時過舍に歸れば家人いはく過刻齋藤彌九郞來りたりさらば齋藤に逢はむと直ちに飯田町へゆきたるに齋藤一昨日歸りたるよしにて數刻對話大に浪華の情實を得たり事は浪華騷擾紀事にしるせり

十日晴、少しく暖氣　柴田銓之助來りて東條文藏　水藩救荒行屆けるよしを講席にて語りたるを聞き誠に心よくおぼえたり何とぞ序を以てこの事を言上し一賤儒の申ことながら他にてかくまで御稱譽申上候ことゆへ虚名にならぬ様に致度との申聞なり○播州様家老市川五左衛門來る御領中にて買穀の事催促なり容易に整ふまじき旨挨拶に及ぶ○登　殿無事退出より山田司馬助を訪ひ談論時を移しぬ當時天下人望の歸する所は　水府公を以最とす然るに如此下民難澁せり何卒　公より　御建議一新の御政あらまほしきものをとしきりに慫慂せり○晡時還舍川路三左衛門より一書來りこれは過日川路を訪ひたる時兼て　御城付を以相公の御染筆願置たるが今以て御沙汰なければ何とぞ近々拜受いたし度其文字これとは願ひかたき筋なれども神文前書の第一條を願度との事ゆへ委細　公へ申上けるに去る八日　御染筆御下け今日御城付より川路へ下けたるよしにて厚く御禮申上るとの事なりこの外に　君上の特意にて御下けの御詠ありとくに川路に傳へべきの處繁冗にて今日まで延引の中もはや　御城付ゟ表向の分は下けたると見ゆれば明日は是非河路を訪ひ　御詠歌御下けの意味をのべんと今日の答かた〳〵明日

の案内を束ね一書を裁す

十一日晴、少しく暖なり　朝川路某へ昨夜認置たる書を遣せしに今夕は在宿にて待べきよし申來る○登　殿　召されて　御前へ出昨日山田司馬介かく〳〵申せしむね抔言上し　幕府御移替被爲濟たれども今に一善政もあらせられず何とぞ一新更張の事　君上より閣老へ　御書を以て仰入られあらまほしきことなり用と不用とは　將軍家幷閣老にある事にて侍れば　君上にては　君上の御職を盡させられたきよし申上る○川路の書呈　覽○大坂異聞齋藤彌九郎より聞たるまゝを筆し呈　覽○平八郎の密書早く　御覽ぜられたく　思召ける條韮山江川へ申遣すべきよし　仰を蒙りぬ○七ツ時過川路を訪ひ　御筆の御詠歌幷彪へ玉ふ所の　御書をも贈りけるに川路の感激いふもさらなり○止戈纂要一冊借りて歸るこれは騎馬鐵砲を再興しありたきよし川路物語けるゆへそれは某も兼て同意のよし申たるゆへこの書をかしてけり○高橋太郎左

衞門來る○上總の水車工久次來る○戸田、跡部二子來り談論夜半に至る

十二日快晴、時候相應、袷のみ着せし人もあり　齋藤彌九郎より一書來る告志編をかりたきとのことなり○高橋太郎左衞門來る昨夜來りたれども外に客ありて寛晤を得ざるゆへなり來月は兼て　命ぜられたる通り水戸へ居を移すべき筈なれども何とぞ如何程に下轉したりとも江戸に留り居度との內存なり太郎は監察府組頭なるにかくの如きつたなき內存婦人女子の如にて論するにも足らざれども不得已色を正しくしてこれを拒み返しぬ○登　殿無事○昨夜賊御金方役所に忍入紛失品なしと金奉行申出る○夜河邊平次郎來る

十三日晴、時候相應昨日より少し冷なり　朝、細谷五郎兵衞鯨獵之事田沼より挨拶これあらは少しも早く山野邊家へ達しあるやうに願ひ候趣○被爲　召黑鍬文藏の事　御意あり文藏は御進物方定付の黑鍬なり一昨夜金府へ忍び入たる疑心にて入牢せり然るに文藏の兄久しく大病にて文

藏日夜看護するよしされば貧窮にて薬用にせまり心にもなき盗をせんと思ふにはあるまじきや今年は家中々下々俸祿をも全く賜らず病難等は如何樣にも救け遣すべきに其世話行届ざるゆへかくの如き悪事するものも出來候事よとおもへばいと不便に存るなり文藏いよ〳〵其罪に服しなば其事情能々察したる上にて刑に處せよとの　御事にて御仁心の程誠に難有奉存き○南郡辻村郷士榊原啓介は下總國より養子に來たるものにて今度實家の村方近村を賑濟したるよし　公邊へ達し閣老のさしづのよし御勘定奉行命を傳へ御代官森覺藏より御褒美銀一枚來るこの啓介は御領中を賑濟し格別の人物ゆへこの方にても賞し候ものゆへ不取敢御代官へ　御城付ゟ答の案を草して遣りぬ○八ッ時より御書院にて佐藤捨藏論語を講すこれは六七年前より月々史館にて講じたるを當月ゟ　御書院へ移し玉ふなり藤北郭建議也○歸途交代の奥御右筆を訪ひ淺徳操を訪ひ夜分歸舍

十四日晴、暖　細谷五郎兵衞來る○齋藤より使來る告志篇淺利よりかりたるをかしてやりぬ○登　殿無事○秋山茂三郎水戸藏奉行にてありしが去月江戸へ永詰　仰付られこの間上着せりとて今日來り訪ひ故郷親友よりの言傳杯申のべ鈴木、國友より國事ヶ條書に認めたるをおこせり

十五日晴、暖　蚤に起て湯あみ禮服を着例の如く寢に祭りて朝餉たうべ五ツ時前登　殿、局に入んとすれば坊主來りて被爲　召候旨を傳ふるにより直に大奥へまかり出　御前に伺候しければ　公の仰に今日三家登　城これなく候はんには芙蓉の間へ出べき家老登　城せよと昨日老中より沙汰あり我等今日登　城するなればその事あらかじめしりてありたし我等おもふに　御代替りに付ては三家ども御爲を存じ存意無遠慮申上候得と　仰出さるゝやうのことにはあるまじき哉さあらんには我等兼て存る旨をも申上べくとよろこばしく　おほしめし候との御事ゆへ彪かしこまりて申上るやう　仰の通りにも候はんにはいと心よき御事に

候得ども何事も常例先格のみ　仰出され少しも非常の御政令はたへてなき世に成行候へば今日の御用も先は尋常のことにおはし候はんしかしながらかくの如きことは御用部屋にては兼て心得侍り候半と申上ければ早速承り申聞よと　仰に付御前を退き御用部屋へ参り月番遠山氏へ　御意の趣もて尋けるにたしかなることは存せざれども昨日　御城付の申聞にまづは　大樹御轉任のことにつきてのことと承り及ぬるよし御用部屋にても外に心當りもなきよしなればそのむねいそぎ封書を以言上す程なく五ッ時にて　出御に付例の通り中奥にて　御目見仕りぬ○奥御殿中園欠席を補し又亀井を新に老女にせんとこのごろしきりに老女どもより御側御用人へ願ひありけるが後宮の人別去年以來減少せしをいまだ壹年ならですぎざるに又もとに復するは以の外よろしからざることゆへ其よし今日執政鵜殿氏へ演述戸田氏へも申のべ老女どもゟ出しおきたる書付を返しけり○九ッ時前　歸御○この日　峰壽院

夫人誕辰實の誕辰はすぎたり御祝のみなりの御祝とて酒肴を局中に玉ふ人々打より杯酒くみかはしければ余は絶杯ゆへ一滴をものまず又々被爲　召けるゆへ大奥へ罷出　交代を多くし定府を減し定府ならては叶ふましきものをは別屋敷へさし置小石川上屋敷へは妻子持一人も居らぬやうに被遊度との　御意その外介川土木の事　女公子御下りの事抔種々御議論被爲在それ／＼御應對申上退出○跡部原田二子と同しく北郊に逍遙飛鳥山王子に至る春は過き花はちりにし跡なれども四方の畠に麥青々とひいでやうやく穂もいで去年以來凶荒にのみ心を苦しむる折なればいと頼母しく覺えぬ歸途田畑村八郎左衞門の家に到るこの八郎左衞門は三百年餘田畑村に住みむかしは大家にてあるよし　義公かつて立寄らせ玉ひ馬五疋飼置たるを　御賞ありて萬一の節は馬を出し御供仕候得と仰を蒙りそれよりこのかた邸中の御用馬勤る事にはなりぬ百餘年の久しき　邸中も古記散失八郎左衞門も家門零落今はたゞ月々廩米の駄送

等の勤め、それも何のゆへにて勤るをもしらずなりゆきけるを近ごろ武備のことさま／＼と　御世話被爲在られけるゆへ小荷駄も御手當なくては叶ふまじいで八郎左衞門御用勤成たるゆへを尋ねんとてさきつごろ御用部屋ゟ其筋を經て尋ねければ八郎左衞門一書の通を出し大略のゆへよし分りたり（公暇漫録に記し置）さて　義公は新にこの八郎左衞門の先祖へ小荷駄の手當を命せられたるを後の世には其のゆへよしも知らぬ程に成行たるあさましさよとこのごろ　公へ申上ければさらば我等近々王子へ遠乘に出其序に　義公の舊を逐ひ八郎の家に至り見んとおもふ汝まづゆきて樣子を見よとの　仰ありける折からゆへ今日跡部原田と共にゆきて見るにむかしには、はるかに衰へたることゝ覺ゆれども尋常の民家にあらず何分　公のいらせられたりともくるしからぬやうに見えければ八郎左衞門父子に逢しばし物語を聞誰といふものともいはず立歸りけり廐を見るに廐《マヽ》二疋ありけり五ッ時歸舍十六日陰晴不定、輕暑、夜雨　淺利九左衛門氏來る徳操酒をは絶ちぬれども日々他出あるひは夜も歸らさることありていとうしろめでたく思ふよし内話あり○一書を徳操に贈りて規切す○登　殿被爲　召老女を增のこと　仰ありされど去年人を減したるよりいまた程なきことにて故障あらは　儲君御附の老女一人を新に　仰付らるべき旨なり其外　御議論拜聽しぬ○水府より官便着江水除目等の議なり人才の選み少しもかはりたることなくみな平々たることのみなりき○御封書御下け水府執政はじめ同僚及ひ郡宰等の封事を示し玉ふ○七時歸舍江幡甚太伯父の喪中を弔ひ同僚多田の病を問ふ

十七日朝陰、晝より晴、輕暑　登　殿　神君御祭日に付赤飯を玉ふ今年凶荒ゆへ菜なし御香のものゝみ○昨日　御封書を以て御下けの執政等封事返上愚存をも呈せり○御國御藏奉行封書極密拜見　仰付らる當年穀拂底のことなり○杏所子を訪ふ折ふし瑞圖眞跡の掛物あり展翫時を移す○夜戶田跡部二子談

論夜半に至る
十八日快晴、輕暑　朝、今井を訪ふこれは近臣欠職あるゆへ中奥人品の評論を聞むか爲なり○淺利德操に過日游惰の事過日戒めたるに能用ふるいろに見えけるゆへ其事九左衞門氏へつけよろこばしめむが爲なり○原田を訪ひ時事を談むせす原田すでに登　殿すると聞て余もまた登　殿この日江戸水戸諸官欠職を補することを議す淺田兵衞門先鋒の撰其人にあらざる事水庭源右衞門擧用よろしからざる事哺時歸舍德操か託する所の老子の畫圖に題す倉卒句を覓めたるゆへいとゝ拙くおほゆ
十九日陰、袷二ッ位の候　登殿　めされて　御前へ出てければ　これ見よと　仰られて一通の書をさつけ玉ふにぞひらき見るに立原甚太郎氏の上書にて其中に又一通の書ありこれは麾下の士佐々木三藏といへる人大納言樣御目付の　公へ奉れる書なりける其大意は國家の事　御直に申上たきこと候間御閑暇の折めさせられたきとのことにて立原の書は三藏の

書を呈するよしの文なり彪か見おはる折　公の仰に我等この三藏とやらんに逢て話をも聞まほしくは思へども嫌疑多き世の中なればなまじゐのことにてこの三藏が身の爲あしきやう成行てはあはれむべしされば對面のごとはまづたやすからぬよしをいひ存る旨つはらに書てひそかに我等におこせよと三藏へ一書を贈んとおもふは如何とあるにそ彪申上けるは　公の仰いかにも理に當りたる御事に存し奉るなりさて三藏もかく申上候ほどの人なれば大方は志ある人物とはおぼえ候得どもよく其人物きこしめしたる上にて御書を玉はり候てしかるべう奉存候と申もはてず　公の玉ふは、しからは汝速に甚太郎に承り三藏の人物委細に申聞よとありければ　御前を退き御用部屋にゆき立原子をよひ出しかく〱　仰ありけると語りしに立原子いはく我も三藏にはこの度はじめて逢たり三藏御廣間へまうで御近習の頭に逢たきといひしよしにて我につけけるにぞ對面しぬるに三藏いへらくそれがし　御屋形へ年來出入いたしけるが今度大坂騷動の事また御老中欠席のことその外宰相の君御心得に言上いたしたき事ありしかし新役のことにて同役へ熟議せしことにもあらず全く一己の存意のよし申のべ一通をさし出したるにぞそのまゝ上達せり年のころ五十にすぎいと律義に見ゆる人物也と語りける局に入立原子のいへるまゝを書て言上しぬ○書記　仰付られへき人にとぼしければ有賀某書記なりを轉役せしむるの議はやみぬるよし十六日水戸同僚より申來たれども有賀はたえて用にたえぬ人なるをそのまゝおきて外に人なしといへるはやすからぬことにおもひ多田原田二子へもはかりてけふ同僚へ一書を贈り有賀を轉し深澤甚五兵衞を書記局に再勤なさしめたきよしを申やりぬ○又めされて　御前へ出ければ戸田氏すでに　御前にありかれこれと　御議論被爲在さて三藏へかく書をおくらむと思ふよし　仰ありて草稿を示し玉ふにぞよろしからざる御文義かれこれと申上けるにさらば汝草せよとて紙筆をさづ

け玉ふにぞかしこくも　御前にて草して　御覧にそなへける○夜跡部子を訪ふ
廿日晝前陰、午后晴、微冷　今日　君上東叡山へ　御豫參ありけるゆへ諸官府休暇を玉ふこと例の如し晝前簿書を整理す晝後川邊平次郎來る八ツ時より下町へゆき歸るさ下谷邊を徘徊し晡時舍に歸る
廿一日朝陰冷氣、晝不定、夜雨　登　殿麾下の士岡本忠次郎といへる人は有志の士にて先年正議をもて罪を得たる人なれども既に老年に及び空しく打果んことといと惜むへきことに　思召され昨日執政鵜殿氏へ　御筆もて御下知被爲在　今度　御守殿御用人古山善藏の欠へ忠次郎を補せしめんと　思召候間能々評議いたし候やうにとの御ことこの人物は戸田立原幷彪抔委細に存居候半との御ことなり今朝鵜殿氏より示さるゝ間局中にて原田等へ相談しけるうちめされて御意ありけるは岡本を古山の欠に補したりとも左まて益あることにはあらざれとも岡本も一

旦職を得は又要路へいつる様にもなりなんさらは　御爲にも可然事なりされど岡本を補せんこと　公邊へは如何の振に申立なばよろしかるへき又官途の順次抔も心元なきとの　仰ありて後この事例の川路へ内々相談すべしとありけるにぞ歸途戸田子を訪ひ主人と相談し川路へ一書を贈りて聞けるに取敢ず事情委細に申來りぬ戸田子にて談話原田も來る夜二更歸舍時に雨ふりぬ

廿二日冷氣、綿入にても冷也　塙長次郎來りて作文の事を論す○登　殿川路の書を呈しけるにめされて　御前へ出種々　御論ありなましゐに岡本忠二郎など邸中へ出したらんには邸中の懐を見すかされ容易なるましきとの　仰あるにぞ一理あることにはおはし候得ども有志の士は邸中へ出入せずとも邸中の情實をはしりてあるべし何程秘したりともよきことはよきことあしきこと、はあしきと分ることなれば誰に見せ聞せ候ても恥しからぬやうにいたし度こと抔申上ける○再ひ召　され川路へゆき忠次郎のことを話し又佐々木三藏より立原へ物語りたる幕府の人物某々の事何となく川路へ承り候へとの御ことなりき○川路を訪ひ七ツより晡時に至る○夜高橋太郎左衞門來る

廿三日冷氣甚し、陰　今日先祖妣の忌辰なり寢に祭り薄蘋を薦む祖妣の沒するこれに至て五十五年○跡部を訪ひ原田に過り登　殿○岡本忠次郎のことは執政藤田氏より矢部駿河守へ一書を贈るべきと評義一決その書を草す○余も亦川路へ一書を送りて執政より矢部へ及書通たることを通す川路より返書來る明日面話にて事情を盡すべきことなり

廿四日朝陰、晝ゟ雨冷氣如秋　朝、遠山龍介氏來る其子熊之助近來花柳に溺れやゝもすれば家に歸らざることありて龍介氏も心をくるしむるれども父子の中にてせちにいひがたきこともあれば某へ意見の事を託せるなり一ト通りに意見加へたりともやむへきとも思はされとも龍介子の心をいたむるもことはりなればそのことをうけがひぬ○登　殿この日

北郭藤子　御使にて不參により藤子先つごろ大城　御使の折遲參したる罪を鵜殿子原田も出るより　高聞に達し決をとりたり種々　御議論被爲在ける就中軍制武備のこと難有御事に覺へ奉りぬ○七ッ時川路を訪、いまた歸宅せさるよしにて空しく歸る○論語解を草す

廿五日陰冷氣　今朝　大御所樣ゟ　御使松平伯州御いん居被進物の由　被進けるゆゑ局中も早く出仕　殿中無事四時退出住谷長太夫來る九半まて對話○止戈纂要を手寫○輕部平太左衞門來る○一貫齋義弘來る

廿六日陰、冷氣如冬　登　殿　召されて　御前へ出けるに昨日　營中にて松泉州へ御逢ありて岡本忠次郎のこと幷に人才御撰擧の事を論し玉ふ由　御意　幕府の形勢種々　御論ありける○御國書狀到著有賀を轉し深澤を補するの説は今更おこしがたき旨山口白石より返書來るさて水庭を新番組頭に補するの説はやみて石川宗三郎を補せんとの事なりき

廿七日雨冷　登　殿無事、石川宗三の事局中議論あり○肅成二公の御甲冑

を拜見す○夜淺利德操來る南蠻ケンヒ流炮術を興したき說あり
廿八日陰晴不定、冷　登　殿執政藤子に隨ひて　御前へ出江戸水戸諸役欠席等の事を伺奉る先手物頭へは　特意にて御目付佐治七右衞門を補せらる俗才何れども其職に應せさるとの御事なりさて又御小姓頭取御小姓中奥御小姓へは江戸にて欠席を補することなくまづ此度は壹人つゝ交代をはしむへきむね　仰あり
廿九日陰冷　登　殿是日　君上芝御豫參あれども御國へ發書の日ゆへ局中は惣て出仕す奧右筆交代にて登りたるものは　御清閑に一度　謁見をゆるし玉はゝ當人の勵みにもなるへき旨兼て申上たるに大關幸之進近々水戸へ下り候に付これは交代にはあらざれども一同に被爲　召たき旨封事を上らむと草稿認めてふところにし出仕したれどもこの日は峰壽院夫人　表へならせられ　儲君の御幟　御覽せらるべきとの御事にて晝過は局中も戸を閉べき旨鑒察府より申こせしかば同局のもの

召せられむにも折悪ければ封事を呈することは思ひやみにて有けるに
上公御豫參より　御歸るさ遽に局中へならせられ先手物　仰付らるへ
き人物抔御議論あらせられ交代のものへも御懇に　仰ありて近々　召
さられて議論をも御聞可被遊との御事ゆへ兼て申上けることの　御心
にとめさせらるゝ　御事と心中に難有奉存ぬ○戸田氏を訪ひ同く菊池
奎齋が病を訪ひ日本橋邊逍遙して歸る、この夜遠山龍介氏來る

五月朔雨冷　蚤起寢に祭り六半時出仕、昨日の封書少々認め直し御小姓頭
取もて上りさて中奥へ詰居たるに　召されけるゆへ　御前へ出ければ
今日は幸に雨ふり閑暇なり晝過より汝をはじめ局中一同話にまゐるべ
し過刻封事一々承りぬるとの　御意にて其外執政へ　御言づて抔あら
せられ退出　中奥にて御目見○四半過　歸御○八ッ時御小姓頭取より
命を傳へ　御茶菓を賜ふこれは後に　御前におゐて賜はるべき事なれ
ども人々遠慮ありて思ふまゝにたうべるまじき局中にてたうべ候へそ

の内　召されべきとの　御事なりほどなく一同彪幷原田兵介、大關幸之進尾羽平藏、小田部長八郎、住谷長太夫　召されて　御前に出けるに　御顔色殊にうるはしく被爲入いろ〳〵　御議論被爲在さて今日細川越中守に逢て當年も又凶荒ならは糴を乞たきものをといひけるにいかにもかしこまり奉る由ゆへその家老へ申談たる上何ほど位は許借すべきやといふ事書付て承りたきといふにこれ又奉畏ぬるとありき文通すへきと思ひたるに近く出府ゆへ候事𪜈も被　御直話被遊　仰たるよしとの　仰あり士民の爲かくまで御深遠の御備被爲在候段誠に難有奉存旨御請申上その外武備を整るの御説さま〳〵　仰ありける幸之進は四五日の内水戸へ家を移し發足すべきと被聞　召恐れ多くも　御餞別とありて御手つから　御頬當を賜りき幸之進水戸へ往きたるとも存意あらはいつにても申こすべし交代三人存意あらはいつにても逢べきゆへ虎之介兵介へ其こと申すとも又は封書もていふべき抔　御懇の　御事にて一同感佩し彪も誠に難有奉存ぬ　御前に一時

餘罷在御武器拯拝見退出○是夜水戸より夜通飛脚到來三ノ丸松平將監居宅幷内長屋燒失外長屋は殘るよし申來る

二日陰、冷　登　殿、戸田氏と同しく　召されて　御前へ出けるに去月廿九日の曉松平將監南郭の屋敷燒失のよし天災はやむことをゑずいざこの燒失に乘し將監を土着させしめたきとの　御事なりける　尊慮の程御尤に奉存れども山邊介川の土木もいまた成功にいたらすいま又松平の館構土木始りたらは凶荒の年國用ます〳〵不足すべしよつては南郭燒失の跡は土木を興さず　中御殿へなりともまげて籠り居主從一致悉く儉素を守り財用少しく足りなん時に至り南郭へ土木を興すへき料を郷中館構になしなは可然旨申上る○是夜跡部子を訪ひ夜半歸舍石川勝同席

三日雨冷夕晴、夜又雨　登　殿執政藤田氏遠慮被　仰付大城御使遲參の事なり○今井萬吉を訪ふ大關幸之進近々水戸へゆくとて主人麥飯を出す余も亦喫着二更歸舍

四日晴袷の時候になる　上使來るこれは一橋殿大病實は御扣故のよしに付　初之丞君内府公の御子を御跡目になしたまふことのよし、この日　上使濟諸向御用拾なるを余はしらずして登　殿無程退去○阿母及妻妹等芝愛宕へ參る彪獨留守甲を撰○夜川邊平次郎來る

五日晴、帷子の下へ單物を着す　去月中旬氣候漸暖になりたれは人々少しく安堵せしに十九日二十日のころより又々日々陰冷あるひは袷二つ又は綿入を着するほとの氣候にて一日相應の氣候なきに昨四日ゟ晴少しく冷氣やみ今日も冷なれども綿入を用るほとならぬゆへ人々よろこひあへり○朝起、寝に祭り六時登　殿　出御懸中奥にて謁見　歸後後　召されて佐々木三藏の呈する書拜見を　命せらる大坂奉行を下轉せむ由と眞田豆州を閣老になしたきとの事なりき○山邊子の封事を呈渡邊藤内一昨日持來るなり○退出　御成小路へゆき甲冑を見る住谷長太夫に逢ひ共に松坂やへゆきさいみの袴地を買袴地二反を三ッに分壹人前拾貳匁余なり龕

朴しるべし

六日晴、單物　登　殿中奥へめされて御家中男子の祝に着具初をするもの少し仍ゐは十五歳になりたらは着具初をするやうに被遊度また五月の幟も御家中は眞のさしものをこしらへさせ候ては如何可有之と被　思召　御筆拜見被　仰付銀次郎等へ申合候上御請仕るへき旨申上退去○是夕赤城社邊徘徊交代奥御右筆三人同道

七日陰、少々冷　朝、渡邊藤内幷岡本加治齋田來る中山氏家宰○登　殿、松平氏土着等のこと　御意あり○三郎麿君御不例○退出尾羽高藏を訪楠公のことを論す歸途函工妙珍を訪不逢

八日晴　此日五世祖忌辰寢に祭る、登　殿無事○退出函工妙珍を訪ひ新に甲冑を製すること託す妙珍この節細工あまた注文ありて中々當年打立ることあたはすといふ余義氣を以てこれを勵す妙珍遂に許諾す夜戸田子を訪ひ政府事情を論す

九日晴、單物を着　登　殿少く早しよつて北郭藤田氏を訪ひ又登　殿鵜殿氏と共に　御前へ出金穀等の事申上る夕刻原田と共にめされて甲冑古金銀等拜見を　命せらる
十日晴、輕暑　登　殿、戸田子と同しく　召され介川築城金貳百五十金を山邊子へ御內々　御貸被遊候間戸田一同に心得居年々上納いたさせよと命せらる○原田尾羽と同しく大塚邊へ出つ○原田等と他出の跡へ　公より俄に　召されたるよし是は甲冑乘馬を　仰付んの御事也
十一日晴、輕暑　登　殿　召されて　御前へ出　御麻上下以來水戸を《マヽ》織たるを御用ひ被遊度　思召候得とも御用人請奉らず何とぞ左やういたし度との　御事にて其外江戸にて調る品は可成丈御用不被遊御國產を御用ひ被遊候へども御用人遠山龍介請奉らぬよし　御意に付一體龍介の爲人才力は頗る有餘ども諸事舊習に泥み改正の時節に相當せざる趣逐一に言上せり　公も龍介の陰險なる氣質を　御承知あらせらるゝゆへ

左こそあらめと　思召たる　御氣色にて御用人に當るべき人物種々御議論ありき○八時過例の如く　御會讀へ出仕論語を講す支封の君には大學頭殿播磨守殿御出なり　御會讀の前　儲君にも被爲成大學の御素讀をなし玉ふ御年御六歳なり○岡本戸太夫來る牛門改正の人を論す

十二日晴　登　殿無事是日無形流劍術　上覽に付少々早く退出跡部氏を訪ふ不逢淺利德操を訪ひ舍に歸る夜又跡部を訪談論夜半に至て歸る

十三日晴　登　殿藤田執政遠慮御免八時過小姓頭取柴田源介　命を傳て明十四日甲冑持參　御庭へ罷出べき旨也○夕刻甲冑取出し明日の手當などしてありたるに　召さるゝよし小姓頭取より手紙來りければ出仕す岡本忠次郎の事に付松泉州へ先頃　御直書被遣其御請申上たるよしにて　御示し被遊候ゆへ拜見之處事情齟齬甚し文意書面其拙いふへからす　公又書を贈んと　思召けれどもこの通り事の分らぬ閣老なれは又紙筆もて論せむも無益也と　御再慮のよし　御意ゆへ御尤奉存旨御

請申上退去加州へ御縁談之事に付　命を奉して御城付輕部平太左衛門を訪

十四日陰、昨より少々冷氣　登　殿今日甲冑乘馬は全く近臣と一二の有司へ仰付たるなれども執政いまた知らずこの日九ッ過御小姓頭取　命を傳へければ執政藤鵜二子病と稱し　御免を願たり　公ゟ又命ありて拜見のみいたすべき旨にて兩人とも拜見に出たり但鵜子は好みたれども藤子好まざる故御免願ひたる歟今日出仕の面當番の近臣幷若老近藤義太夫御側戸田銀次郎余幷原田兵介尾羽斗藏外に奥番頭山田傳左衛門御目付中村敬四郎都合十四人程甲冑持參八半時御庭へ廻り　公にも御着具にて御馬一鞍被爲　召次に近藤戸田中村三人一馬場に騎馬次に余原田尾羽一馬場に乘馬を命せらる余は小車といへる靑馬に跨かり地道四五遍乘八九遍乘て止ぬさて去る二月十二日黑塗甲冑にて　謁見したれどもこの甲は重大にて馬上には便ならず且同しものにて出立んも事足ざるゆへ今日は鐵錆甲冑にて出立たり余等馬より下るれば　公又壹鞍　召され畢て近臣とともに打毬馬より下り立られ余及原田等を　召され今より直に馳競せんと被遊（皆甲冑なり）を被遊たり　公には三度迄續けさせられたりさて打毬畢りて御公御初十余人北の方隅に並立太皷の合圖にてかけ出しけるに吉野鏘之介第一番　公には二三番余は四五番にかけ付たり尾羽一度倒原田兩度倒一同失笑したり晡時退出〇是日山田司馬助來るといふ

十五日微雨、微冷　六半時寝に拜し登　殿中奥にて謁見し　御登　城九半時退去〇昨日執政兩子へ牛門改正の事御積金萬兩を下け穀買の事近臣交代の事等を論せり

十六日晴、微冷　今日上使來候ゆへ諸官府休暇を賜りたれども水戸狀到着の日ゆへ一寸登　殿來書を見退出戸田氏を訪ひ原田と同しく日暮の里に徘徊晡時歸舍（上使は閣老）

十七日朝晴、夕陰冷、夜雨冷氣　今日　上野御宮へ　御自拜なし玉ふゆへ諸

官府休暇を賜ふ朝五ッ時　先君子より所傳の大袖二枚を持て函工妙珍宗保に至兼て約せし如くこの鐵もて新に甲を製することを託す妙珍許諸大袖の目方を試るに二枚にて一貫三百目あり直に余が目前にておろしかねになし二本の小鐵椎《ママ》とし近々製作すへきよしをいふ抑この袖は先君子の曾て調へ置せられたる品にて拾匁鐵炮にてためしたれども徹らざる程の厚鐵なり　先君子在せし日毎年暑中に曬しなどせる折の玉ふやう大袖は單騎の具にあらず且かくの如く重大なれば不用なれども比類なく重大なる所もまた心地よく覺えけれは先年求め置たり萬一事あらん日にも余は肥大にて單騎の働きはなしゐがたしたとひなしゐたるとも一騎懸の働きは望むと所にあらずされば軍配を取て身體を動さず及ばずながらも一方の任にあたらまくほしさにこの重大の袖も楯の心にて備へたるぞとありしが今も猶耳に殘りてけりさて余兼て身體にあひたる甲冑をゐまくおもひけれども處々家を移し抔して心に任せず

去る辰年已來江戸に來り廣く求めけれども第一甲の良品は得がたし鳩胸塗胴幷堅剝錆銅を得たれとも塗胴は少く長錆胴は少く短く心に任せずよつて考るに今太平にて處々に具足の賣物あれはこそ甲冑も人の用ひたる古物を下料に買んとおもふなり古戰國の時は武士の要具なれは必一代に一領位は新に工に命て製せしめたることとなるべし今衣服器財等無用のものをは新に製しながら第一要具の甲冑をは古物のみ求るもいとほいなしさらは函人に命して新に製せむと思ひ水戸の函人宗吉といふものに札一枚をきたへさせて試み又江戸の函人に命せむと思ふに宗保良工のよしなれば宗保にきたへさせ試るに鐵は薄けれども宗保のきたへぐはとこたへる鐵味ありて殊に細工も上手に見えければ今世甲冑の良工は宗保に止れりと決定しぬさて新に一領を製するからは一身の要具となし且は長く家寳ともなすへきものなれば幾重にも精神をこめたきことなれば　先君子遺物器械の一品もて地鐵に交へきたへんと

するにまづ　先君子より所傳の甲と小袖とは鍊革にて地鐵の料になすへくもあらず冑小手佩楯脛當抔は鐵なれとも皆具たる品なればこれを取崩さむもおそれあり然る前にいへる大袖は長物にして殊にあまりに重大ゆへ所詮用に適しかたき品にしあればこれこそ地鐵に交きたへなは　先君子の遺物一身の要具ともなり幸にして事なくんば長く武門の重器ともならんと思ひ定め今朝齋戒して携へゆき宗保に託したるなり○夜今井來る○この日執政藤田氏來る卽日往て謝すべき事なれども今井來りたるゆへはたさず

十八日陰、夕微雨冷氣甚し、袷又綿入を着する人あり　朝北郭氏へ往て昨日來訪を謝す登　殿戸田と共に　召されて　御前へ出南郭祝融に付屯田せしむるの御論ありこれは戸田兩人のみにて御謀議に參することにあらされは何卒廣く執政諸有司へ御評議被遊候樣共に言上○無程執政藤鵜兩子參政近藤戸田余幷原田尾羽一同に　召され又今日原高二郎交代

にて上着に付これをも　召て一同に　御論判あり原は監察なれとも軍用の事を司るゆへこの席へ列せるなり〇夕遠山龍介子を訪

十九日陰冷夕雨氣候昨に同し　登　殿執政鵜子原田と同しく堀口介衛門御搆　御免榊原啓介御賞等の事を伺ひ奉り啓介は小從人へ組入　仰付られ直に土着せしむへきとの　命のよし外に鐙師（安藤坂に住す）を　召抱へられへき命あり〇この日二百五十金を山野邊家へかし玉ふにより（築城の料）戸田子より渡邊藤内（山野邊の臣）へ渡すこれは全く内密の事にて上納の事は戸田幷某兩人心得居へき旨　命せらる〇明日夏至に付湯浴寢に就

廿日朝陰　寢に祭る　朝、御勘定所御勝手方交代長屋を訪原叔舅水戸より至るゆへなり〇登　殿〇夕、原叔舅來り訪六年にて對話

廿一日晴　今曉長崎より早便にて戸田子へ川瀬七郎右衛門より來るそのゆへは川瀬幡崎鼎と共に長崎へゆきたるに鼎は先年長崎にて永尋の者の由にて長崎奉行戸川播磨守より徳見昌八郎へ預け申付候川瀬大に憂

奉行所へ相越再應懸合候へとも六ケ敷鼎を返さず仍てこの事本邸より閣老へ達し追ゐは兎も角も一ト先つ鼎を引返したき趣を取計候樣申來る　殿に登れは原田この書を戸田ゟ受取たるよしにて余に示す余一見し執政に出す執政一見して戸田もて呈　覽終日評議不取敢余に　命して閣老へ進達書付を草せしむ余立稿執政鵜子と共に　御前に伺ひいろ〳〵　御議論等ありて治定北郭藤子御使にて月番閣老太田備後守へ進達せりさて又余も河路三左衞門へゆきて內々相談すべき旨　命を蒙りたれども如此事に書記府抔より出れは嫌疑もある事ゆへ戸田へ仰付られ候樣奉願其通り命せられ余一書を裁し川路に贈り戸田の事紹介せしに今夕來り候樣申來候ゆへこの夜戸田川路を訪ひ鼎の事を談す○是日奥へ召され御菓子を賜ふ

廿二日晴、輕暑、單物　朝、横山左仲來訪ふ左仲は近江淺井郡大畠村の醫生なり年廿四林鐵藏紹介にて來る詩若干篇を持來る余一見するに眉目淸秀頗有氣概《マヽ》詩篇も面白し〇鍋田舍人來る枕干錄を清書して遣りぬ去年の冬立稿〇登　殿戸田と共に屢々　召されて御前に出つ〇夕跡部子を訪劍を擊〇三郎麿君　御夭折一邸悲痛不啻〇この日戸田子又川路を訪ふ〇夜原田を訪ひ戸田を訪ふ〇五更戸田ゟ一書來る　鼎の事に付　御筆御下け虎之介申談すへき旨なり無服之殤に被爲渡御慈愛の　御至情中々他事あるましき御砌かくの如く國事に御配慮の段感し奉りぬ

廿三日晴、輕暑、單物　朝、札差吉藏來る、五時登　殿昨夜戸田へ御下け御書の御請余より上るこれは閣老の內御用御賴といふものあるに大久保賀州物故以來この事なし仍て松泉州水越州兩人へ御賴みあるべき旨此間中被　思召出いまた治定無之內鼎の事起りたれは何卒早く御賴ありたる上厚く泉越二閣老へも被　仰入へきとの御事ゆへ俄に事に臨て御賴も却て如何歟且又閣老御賴は　營中にて御直に當人へ御意御請申上たる上御家老もて御使被遣候定例なれは迚も今日御凶事御弘め以前のこと

には相成間敷旨封書にて呈す今日未刻には　三郎麿君御弘めに可相成ゆへ其以前御頼に可取計旨にて昨夜深更に　御書御下け也
直に　召されて種々　御意三郎麿君の事に付以後御出生の御方々は御弘めなく何れも御國へ可被遣との　御事御心事奉察ぬ、又鼎袋と　御筆にて御認被遊候袋御取出し長崎一件を其中へ御入なり袋の上に
懸り合長崎に又出來たれとも我早舟にのせて返さむ
と御狂歌ありき小臣のことにかく迄御心を被爲入候御事いと難有覺え奉りぬ○今日水戸へ早便の序牛門一年下向の事交代詰料の事執政狀兩通立稿歸途立原多田石川勝を訪○夜、富長六太夫來る○是日　威公の御御甲拜見形圖の如し

元祿十六年駒込邸火災の時飛出したる由御服紗に記あり
黑塗質朴なる御甲にて半面は火にあたりたるまゝゆへ虫のくひたるやうに漆はげたるをそのまゝ御修復の趣なり

廿四日雨、微冷、夕陰、袷着用　登　殿雜務如常○三郎君御卒去に付余執政部

屋へ出　御機嫌を伺ふ、今日瀬尾徳三郎逼塞御免小梅御門出の事六ヶ敷八ッ時過申渡になる退出戸田を訪ふ談論夜分に至岡野庄五郎に邂逅

廿五日朝雨四時より晴、輕暑　登　殿召されて　御前へ出けるに三郎丸君御葬地人の墓を移して新に穴を掘るやうに聞ゆるれども夫にてはよろしからず候間たとひ葬地はせまくとも人の墓地の障りにならぬやうに被遊度大乘寺は誠にかりの御墳墓にて行々は皆水戸へなりとも移せらるゝ御含なればゆめ〳〵廣大に葬地を設るに及はずこの旨執政へ申聞用人に達せよとの御事なりき○雜事如常、鼎の事に付中山氏より中野又兵衞へ示すへき口上覺書を草す○局中一同御菓子拜領○歸舍刀を拭ふ

廿六日陰晴不定、輕暑時々冷風　登　殿、鼎の事に付長崎奉行戸川播州より御城付へ書來る○秋山茂三郎呈書御内々拜見被　仰付（麥買の事）雜務如常清虚子を訪ひ長崎の事を議し又登　殿○夜山邊子より酒一壺を贈る近々何か報として可遣分○鄉書到着伯民、士元及小田野、安島等ゟ來書あり

廿七日雨、左迄冷ならず　朝渡邊藤内を訪ふ○登　殿山國喜八郎上書士着の事御直に御下け是日三郎君御遺骸大乘寺へ御葬○山國幷昨日秋山の呈書一同封書にて返上し奉り當年凶荒の御手當幾重にも御備ありたき旨申上る

廿八日快晴、暑氣　登　殿　召されて　御前へ出士著等の事一時計御問答申上る歸路跡部を訪ひ鎗術稽古場へ出尾羽幷岩崎某と共に勝負數合に及べり

廿九日快晴、式日の外帷子を着することゝ今日をはじめとす　登　殿今日清虚子と共に　御前へ出常平倉一萬俵御拂の事榊原啓介御稱振の事蔭山四郎兵衞同斷松平將監士着の事其外御徒目付くり上等之事を伺ふこの日小上﨟お猶の方安產　御姬樣御出生庸姬と稱し玉ふ尤御ひろめなきゆへ表向御祝儀等なし○是夕江幡甚太郎夫婦を餞す原叔舅も來る甚太郎近々歸鄕すればなり

晦日晴、暑氣昨よりやゝ薄し帷子　登　城雜務如常晝前　大奥へ　召され土着幷牧士の事　御論あり御話の内に一昨日内馬場にて駈を逐試るに面白くおぼえたるとて御武技の御說被爲在けるゆへ御國の諸流華法兒戲實用に適せさるよし申上けるに面小手は惡しきとの御說ありて御聽入なかりき歸途今井を訪ふ○歸舍灸治三百五十挺

六月朔快晴、暑氣一昨廿九日の如し　寢に祭る登　殿長崎奉行へ挨拶案文を草す○儲君へ被進へきとて新に函工惣吉赤沼に住すに仰せられて造らしめたる御甲冑拜見市川五左衞門奉にて　支封播州君より鮑幷こちを賜ふ是夜戶田原田を招き談論殆と五更に至る○同僚多田今日より出勤○歸期を縮むること、土着來春を待こと

隨願蠱升（卜筮の卦）

（安井久曰、　歸期を縮むることと土着のこと、に付東湖は易占をした其卦か澤雷隨。であつた「隨元《すいおほひ》に亨る貞に利《よろ》し咎なし」で此彖辭は上位に在る

者には人か來り隨ふが其隨はしむる道は正からねばならぬ正道を以て人を感じ隨はすれば吉兆であるとの意である又彖上傳に「澤中に雷有るは隨。君子以て晦《くらき》に嚮《むか》ひ入りて宴息す官渝《かは》る有り正に從はゝ吉なり門を出てゝ交れは功有り失はざるなり」とある隨の卦は雷か澤中にあるので休息の貌である君子は時に隨つて靜養する道あるといふたので晦に嚮ふは日暮に向ふ意であつて入るは居ること宴息は安息の義である君子は終日乾々として固より工夫を息まぬものであるが時に當りては內に入りて安息靜養し以つて凝神の工夫もせねばならぬ例へば夜間休息せざれば翌旦氣を屈するの憂ひなしとせず卽ち入るにあらざれは其出づる所以を養ふ能はずとの義である而して官職などは屢々渝ることもあるが正しき道だに踏めば吉ならざることはない又何處に居るも公正を以て交れば一鄕の善士を友とし一國の善士を友とし天下の善士を友とすることが出來るので其功は實に偉大なものであるといふ義である其變卦は山雷頤《い》で「頤貞なれば吉、頤を觀、自ら口實を求む」とあり此彖辭は德を養ふは總て正道に據らねばならぬ譬へば頤《おとがい》則ち口より食物を取りて身を養ふには必ず正實なる食物を取るであらう然らば心の糧とする思想も至正なる道を求めねばならぬ故に頤貞に準じて美德を養へといふ意味である右の卦か隨頤である、又來春を待つことの易占の卦は山風蠱で「蠱《こ》は元《おほひ》に亨る大川を涉るに利し甲に先たつ三日、甲に後るゝ三日」とあり此彖辭は天にも人にも自然に虫が生する如く事變が起ることがある之を天下を譬へて見れば治世に生せす每に亂より生する故に蠱時の如き亂世や變事に方りては速に其實を除きて泰平の基を開かねばならぬそこで大川を涉るが如き氣組で艱難を避けず勇進せねばならぬ而して後ち蠱害を治めて吉を得るのであるから蠱元に亨ると稱するのである甲に先つ三日とは十干の甲の前三日を數ふれば癸壬を經て辛となる辛は更め新にする意義かある又甲の後三日を數ふれは乙丙を經て丁となる丁は物を大切にする義かある故に「甲に先たつ三日、甲に後るゝ三日」とは更新丁寧の意味である故に此卦を得る者は大撥亂の勇氣と蠱を治むる更新の才と之を丁寧に實行する能かなけれはならぬといふ意である是れ蠱の卦である、其變卦は地風居で「升の元に亨る用て大人を見れば恤なし南征すれば吉」とあるこの卦の辭は進んで事を爲さんとする者は其從ふ所を擇ひ其方向を誤らさるやう注意せよとの意である、卽ち升《のほ》り進むに方つては宜しく其從ふべき所を擇ふべし大德の君子を見れば憂なし又往く方向をも擇ふへし卽ち南方陽明の方向に往けば吉を得るといふ意である是れ蠱升の卦である。)

二日晴、暑氣殆んと昨にまされり　登　殿雜務常のことし　召されて　御前へ出つるに肥前佐賀城主より御返答の　御書拜見是は當年も萬々一不作らなんには糴を乞玉ふべきよしを春のころ仰せ遣はされしその御返書なり○水戸函工惣吉へ御内々賜物の事御相談被爲在昨日儲君へ可被爲進料の甲冑御覧せられて御感ありける也○石川勝藏所持の類に宗吉の作有之旨言上これは宗吉の作にて最上の出來なりければ一ツには宗吉の爲にもなるべく又石川心得嗜よろしき事なも幸に達せるなり○御手自ら豆のもやしを賜ふ退出跡部を訪ふに穴山梅君幷先祖因幡守某の忌日なりとて牡丹もちを振舞はる信長の忌日も今日なりとぞ石川類の事早速　御意にて跡部より石川に傳へたりとぞ○十字槍修練の場に出て數合勝負○是日留守に田山次郎衛門來りたるとぞ

三日晴、暴風秋暑の如し　登　殿　御前へ出、鼎の御論あり雜務如常今日戸田子より川路へ書を贈、鼎の事に付　幕府の事情を探るに面白からすと申來れり扨鼎　公邊永尋中の者に有之上は御召抱の節此方御手扱なりされは御手扱の所は御役人引かぶり扱筋合をはどこまでも遂たることなる誰もかぶりとはなくたゞに欲目にて自分勝手の推量のみに日を送れとも萬一　公邊より鼎御暇出候樣にと歟奉行所へ引渡候樣にと歟申

來らは如何せん噫余以身任其責の念漸生す　君憂臣辱平日の飽食暖衣何の爲ぞや○夜訪戸田子

四日晴暑氣昨の如く風や丶靜也　是日蚤起五ッ時登　殿、局中余が取扱所の文書を整理す是は昨日決心のことに付再び局中へ入さる身分になるも計り難き故なり同僚出仕の上再進達のことを談す（余一人にて其責に任するゟことは相談せず）何れも同意なり早速兩執政へ演述す是又同意なり仍ては再進達の案文を草せよと云、八半時歸舍是日遠山罷來深更に再進達立稿曉に至て成る直に多田原田へ一書を移し恐入差控居候旨申越幷に存意書一通遣す

五日陰少く冷晝より晴、暑　朝五ッ過まで伏枕余去月下旬より體氣不佳後重を患ふ昨日より本間道偉藥を服す○晝過原田ゟ一書來る恐入差控申出候處差控は先不及其旨執政ゟ達也仍ては押しても致出仕候樣申來候付いろ〳〵考候處余一人引かぶり度旨申出候上は執政も是迄は恐入をいふ氣もなけれども今となりては余一人に引かぶせることもなるまじ

然るに引込居たらは却て嫌疑あるべし仍て卽刻出仕するに案にたがはず執政はじめ恐入をいふ評議にて余一人を　公邊へ咎人に中立る事はやみたり〇夕今井來る〇坎不變　稱病不出　大壯　豊　出（卜筮の卦）

（安井久曰、　東湖占易して坎爲水の卦を得た「習坎は孚有り維れ心亨る行けば尙ふ有」此彖辭は君子は險難に遇へばこそ自から險難を出つるの功あることを言つたのである習は重なること坎は險のこと人の險難に處する場合には能く誠信を以て義の在る所を守り天命に安んじて其險難を免るゝ心なければ自づから定まるところかある卽ち利害の爲に驚かず禍福の爲に動かされは其心大に亨る其亨りたる心を以て險難を排し行く時は必す靜然として時變を透觀し事機を察することか出來る而して後に險難を脫出する功を得るのである要するに誠實の心を以て義命のある所に從へといふ意である彖上傳「習坎は重險なり水流れて盈たす險を行きて其信を失はす維れ心亨るは乃ち剛中を以てなり行けは尙ふ有り往きて功有るなり」とある又出方の卦雷天大壯は「大壯は貞に利し」とあり君子は時に先ちて用心せよといふことで大は陽のこと壯は盛のことで勢を恃んで妄動してならぬと戒めた卦である陽盛の機に當ては吉にして亨るべきものではあるが其陽盛を恃んで勢に乘すれは小人等に其間を窺はれて禍を釀すから必す貞正を守り爭を起さす其陽盛を保持せねはならぬといふ意である其變卦は雷火豐で「豐の亨る王之に假る憂ふる勿れ日中に宜し」とある此卦も豐盛を保持する道をいふのである譬へは王者の天下を治むるにも豐盛なれば必す亨るか然し全盛の後には必ず衰頽がある故に豐盛も憂ふべきものだ然し徒らに之を憂ふるに及はぬ其全盛を極めたときは日中に居る覺悟があれば宜しい太陽も日中を過ぐれば昃《かた》むきかける豐も盛を過ぐれば衰へかける故に豐盛に際しても中を守る事日中の如く其明を失はざることに心掛けねばならぬ卽ち滿を持するに中

を以てし満つれども溢れす高けれども危からすの地位を保たねばならぬとの意である東湖の進退此卦を活用した。）

六日陰晴不定風暑　登　殿雜務如常鼎の事再進達書今朝執政鵜殿氏松平《水野》越州宅へ持參此草稿昨日御城付を以て桑山六左衛門へ示す此度の事六ヶ敷と桑山申候由○御國狀着無事○眷遇

坤豫（卜筮の卦）

（安井久曰東湖占易、　坤爲地の卦を得「坤の元に亨る牡馬の貞に利し君子往く攸有り先たては迷ひ後るれば得て利を主とす西南朋を得東北朋を喪ふ貞に安んずれば吉」とある此卦は臣道は順德を守るべきことを示したのだ天を陽とし君位とし地を陰とし臣位とした坤は陰に屬するから臣道に譬へたのだ臣に在りては消極的卽ち牝馬の柔順なるが如く順德を守るのが正道である故に臣となりては己れの手柄高名など欲せす君の輔佐となりて君業の成功に勤めねはならぬ若し臣として君に先んじて切り盛りしたり或は大機を獨斷するが如きは宜しくない君主の後楯となりて居るのが順利を主とするもので必す亨ることになる又臣道は陰であるから柔順の賢者に親めば徳相應するか之に反し剛狠の朋と和すれば失敗をする西南は陰の方角即ち消極的東北陽は即ち積極的の意である要するに順徳を守りて變せざれば吉兆であるとの義である

其變卦は雷地豫で「豫は侯を建て師を行るに利し」とある此卦は人心和悦せば天下の事必す行はるゝを示したのである豫は人心一致和樂して上に應することで上下和合するから萬民は諸侯を建てゝ主と仰くのである故に萬民は君長の爲す所に任せて其命を奉し三軍の師に從ひ生命をも犠牲とするものである況んや其他の事においておやである東湖眷遇に對し右の二卦を得たのである。)

七日晴暑風　昨夜戸田子より　御批入一封來る（吉成呈書昆布買のこと　山國呈書買氷のこと）返書せんと思ふに輕部平太來りたるゆへ返書せすよつて今朝出仕前戸田を訪

登　殿　召されて戸田と共に　御前へ出、土着の御論あり兩執政を　召されて御議論あるへき旨申上間もなく兩執政　召されて御論あり晝過き又　召されて大奥へ罷出種々御論伺ひ奉りぬ○戸田、余兩人歸郷の事に付　御内諭あり○是夕跡部を訪ひ撃劍

八日晴、暑、風　登　殿　召されて　御前へ出、水母拜領、井伊の臣宇都木敬治の　事御論ありける存分存意申上けるに尤と　御意あり成瀨等五家公邊へ誓紙御代替に付を上る事偕禮のよし御憤あり○歸舍偕樂園御文御批評を草す○今日人を雇て麻生小笠原へ井上生の書を達す

九日朝陰、晝より微雨　朝郷書數通を裁す○山國より一書來る開き見れは荻の呈書なり即刻御小姓頭取へ渡す、是日北郭子　御前伺多田出る七ッ時過退出歸路江甚太を訪ふ明日水戸へ發足するゆへなり

十日晴、今日より風止、暑氣甚し　登　殿偕樂園御記文の事呈書にて言上即刻被爲　召種々御意、學校御碑文を命せらる酒井左衞門ゟ入　御覽る所

の義通冑拜見柏餅等拜領〇退出櫻の馬場へゆき三鞍乘候事
十一日晴、暑氣甚し　登　殿、是日北郭子伺　隨身の事、支封轅の事、牛門誓紙の事（誓紙の事は牛門大夫へ直に達す）學校碑文の事北郭へも命ありたるよし、歸舍戶田より一書來り余を招て菊飯を喫せしむ終日談論夜分に至る住谷生も來る
十二日晴、暑氣如昨　君公芝御豫參に付御用捨、淺德操來る同道林鐵藏を訪ふ、是日鐵藏會日なり余が爲に延會、相伴て暑を氷川大乘院に避談論晡時に至る松崎慊堂の塾頭池尻某の事米屋久兵衞の事話あり
十三日晴、大暑如昨、夕雷氣あり　登　殿雜務如常、是日讃州君御父子幷宍戶君御出のよし〇夕、原叔舅來る是日阿母君誕辰
十四日晴、大暑如作　登　殿無事學校御碑文早速御評論申上候樣　御直に被
命
十五日晴、大暑　登　殿、無事是夕跡部子を訪ひ本鄕邊徘徊
十六日朝陰、大暑　登　殿無事水戶狀着退出、原田と共に淸虛子を訪ふ、夜、原

叔舅來る
十七日朝陰、晝晴、大暑　登　殿、無事紫雪及學校等のこと　御直々　御意あり是夜柏介衞門來る長島彌十郎其子彌七郎の爲に余か妹を婚せんことを求む一家及ひ親類兼て内議一決したることゆへ許諾す
十八日朝陰、大暑　登　殿無事
十九日朝陰、晝暑、夕雷　移病家居郷書を裁、夕刻魯堂來る是夜雷雨快
廿日快晴、暑　今日五ッ時上野御自拜殊に昨日ゟ頼合に付家居學校の碑を草す〇原叔舅來る〇仕谷來る是夜雷雨昨ゟ甚し
廿一日陰晴、不定、暑氣少く薄し　今日巣鷹　上使且頼合中に付家居〇柏介衞門來る、仲妹婚議の事長島にては早く願出度よし
廿二日陰微冷　登　殿無事、退出跡部、原田と共に櫻の馬場へ出て乗馬
廿三日陰晴不定、微冷、廿一日より今日迄微冷、乍併帷子を着す　登　殿無事、退出戸田子を訪、清虚子を訪、局中交代等の事を論ず

廿四日朝晴、暑氣、但炎熱不甚　登　殿、新井源八郎小姓頭取より大塚御附御用人に轉ず新井の爲人近臣には相當せさるゆへなり是日櫻馬場へゆく
廿五日晴、暑氣昨に同し　登　殿、無事、長島彌十郎來る
廿六日昨に同し　登　殿、水戸狀着、久次郎、喜兵衞來る一宿
廿七日夕ゟ冷　紅葉山出御　家居、丹叔舅來撰甲、永井太郎來る
廿八日雨冷、尙肩衣を着　登　殿、是日大御所樣より　上使夕なり直に御登城、是日長島彌十郎を訪ふ
廿九日雨、氣候昨日に同し　登　殿、牛門下向の事、北郭淸虛兩子一同　御前にて御論判」晝過被爲　召學校梅林等の事相伺」御國狀を發す是日水戸欠席數人くり上等連狀にて出つ皆平々たる轉除なり
七月朔　終日雨又陰、八月ごろの候の如く風入ざる所は蒸暑　蚤起湯あみして寢に祭り六半時登　殿例の如し中奥にて御目見　出御の後局中雜務如常中山氏の家宰加治齋田兩人呼出し昨日　御前にて決議の條々申

達す　歸御の後退出是日秋山茂三郎來りこの氣候遠き慮ありたき旨をいひ麥米を買入非常に備へんとの説逐一尤至極なりから麥金壹兩に六斗なりといふ其外議論時を移して去る

二日陰雨、氣候昨のことし　登　殿中山氏家宰岡本、加治兩人に對談すれは昨日申達たることを備州殿へ申聞たる上又々申出たるなり○兩度　召されて　御前へ出學校等の事申上る　御前に於て鯨汁幷御酒を賜ふ是夜弘道館記を草し又御原稿の評を草す

三日朝陰晝陰晴不定、蒸暑甚し、夕雷氣　登　殿、兩度　召され一は學校碑文を奉り御直に申上る一は細川越州より呈する所の書を下けたまふこれは當秋萬一不作ならば糴を乞たまふべき旨先つごろ越州へ　御意ありけるがこの度彼家役人へも申聞たる上御請申上たるなり書中の大意は當年平作ならは米七千石は差出し御用途を助くへき旨なり士民の爲を思召しかく迄遠き慮をなし玉ふこと難有と申すもおろかに奉存ぬ

四日　召されて細川、鍋島二侯へ遣さるべき御書牘案を命せらる執政へ申聞たる上草稿して上るべき旨申上る、この日朝夕冷涼、晝間少しく熱し晝より晴を催せり

五日快晴、晝暑氣、朝夕冷　登　殿川路三左衛門、江川太郎左衛門へ序次第雲霓機纂を贈るへき　旨御直に　命を蒙るこれは水器の圖にて　公の御手自ら纂し玉ひ近臣に　命して上木し玉へるなり○細川鍋島へ御書案を草す（米穀のこと御答なり）退出處々土旺中の様子を候し原田に過り談論夜分に至る

六日晴　登　殿　御前にて御酒肴を賜ふ、夕遠山氏を訪ふ

七日朝陰、晝晴、大暑　蚤起寢に祭り、登　殿中奥にて　御目見被　仰付如例諸官府にゆきて令辰を賀す退出立原、戸田、原田、今井と同しく池端立兆の亭に納涼

八日晴、大暑　登　殿昨日中山氏　殿中にて余に對話し手綱へ下向必至と

家事改革せむと欲するよしをいふこの事去年ゟ　公にも御世話あれとも中山氏主從姑息にて不斷今日迄便々すぎたれども江戸の邸にありては主從立行成兼ると決議したるにや今日は奥方をも手綱へ下し家來も多分は爲引拂上下力を一にして改革いたし度よし實に中心ゟ發したる樣子なれは其旨執政衆へ演述の上、淸虛子と共に　御前へ出伺ひたるに公にも殊の外御滿足被爲在卽ち今日近々下り候樣　御內意被　仰出ぬこの日監察欠跡の事幷松平氏土着之事等　御前伺あり

九日晴、暑　今日幕府ゟ　御使あり　君公にも駒込邸へ　出御ありけるゆへ諸向御用捨にて出仕せず夕、東條琴臺を訪ふ

十日晴、大暑　登　殿　昨日執政藤田氏閣老太田備州宅へ出候樣御沙汰ありて出られけるに幡崎鼎は長崎吟味中欠落いたし永尋の者ゆへ長崎へ留置たれども此度改て筒井伊賀守町奉行へ引渡候樣に相達候間其旨心得申上候樣にとの事なりこの事　公にもはじめゟ　御憂慮被是御力を

盡し玉ひ執政も一同力を盡したれども已むことを得ず今日長崎へ書狀を以て川瀨へ達しになりたり○昨夜の　御使は脇坂中書　御本丸の閣老となり堀田備州亞相公に附られ加判に列するよしの　御使なり○昨日　君公駒込邸より王子邊　御遠乘歸御の節田畑村八郎左衞門へ成らせ玉ふ此八郎左衞門は　義公の時より御屋形の御用をたし小荷駄を出し來りたるに其ゆえ如何と去る三月中大坂騷動に付萬一御出馬等の御備なり八郎左衞門を其筋より尋たるに　義公始めて右のもの宅へならせられたる事抔細々書出せり爾來百數十年今は其ゆへを知るものなし仍ては王子邊　御延氣の節被爲成　義公の御遺蹤を追ひ玉ひ再ひ　德恩に感激せまほしき旨戶田と共に申上げ置たるに昨日被爲成八郎左衞門父子へ難有　尊慮被爲在不取敢御印籠と御鞭を賜りたるよしいと難有御事なり馬は今以出さるゝやと御尋ありしに何程にても差出すへき旨　御請申上たりとぞこの事今日　御前にて御直話御菓子拜領退去○昨日小宮山子着

十一日晴、暑、風あり昨夜三更大雨　登　殿　召されて駒邸御長屋之事御論あり局中無事、峰壽院夫人より例年之通り賜を拜す

十二日晴、暑　登　殿北郭、楓軒二子と同しく　御前にて南郭公子土着の事を論ず余は先へ退去水府への書狀を草す半時程過て二子も退去無程被爲　召楓軒の箚子兩通を密に示し玉ふ楓軒の論姑息なるを嘆し玉ふ○是夕原叔舅、秋魯堂來る

十三日晴、暑　登　殿藤田、鶉殿、戸田、小宮子　御前にて土着之事論議あり余一寸　召されて土着之事　御意を蒙る夕刻又　召され獨謁御筆水府執政等へ拜見被　仰付退去、是夕今井を訪原田と共に談論夜分に至る

十四日晴　登　殿、無事

十五日晴　朝小宮山子來訪、登　殿是夜中元賞月の御催有之に付政府議論あり是夜貞芳館に出仕、諸子と共に詩を賦す同盟の士數十人なり

十六日晴、暑　登　殿昨日奥山弘平來る慷慨の士なり廿五日又來り訪ふべ

しと云其所著救荒瑣論を置て去る
十七日晴、炎暑尤甚し、夜原田并原叔舅來る　登　殿一昨夜　命を奉して賦せし所の詩削正し御小姓頭取もて呈　覽　召されて執政附屬與力、自分家來を取立ることを止め玉ふべきとの　御論ありこれは去年より度々御意ありて執政へも　御下知ありけれどもとかく姑息しけるゆへ今度は中山備州に　命し玉ひ屹と停廢せらるべき間備州へ玉ふ御書案草稿仕候樣被　仰付
十八日晴、暑氣　登　殿無事　召されて中山氏發途に付賜物之事御下問被爲在種々　御意も被爲在候へども御鞍置馬可被給筈に相成候此時昨日草する所の附屬與力取立停止の事御案文御直に差上候○立原、跡部、原田と同しく墨水に泛
十九日晴、夕雷無雨　登　殿無事○小宮山氏交代御免戸田氏來秋迄詰越被仰付候

廿日、晴、夕雷雨、晝前炎暑　登　殿、無事○原田と同しく戸田子を訪ふ○中山家宰二人來る

廿一日陰雨、暑氣稍薄し　登　殿戸田と共に　御前へ出駒込御長屋の事御論判

廿二日冷氣、朝雷、終日雨　登　殿、無事

廿四日晴　登　殿、無事　佃田《マ》、烽火を觀る

廿五日晴、暑氣　登　殿、無事謁見暫時、是日秋山魯堂、奥山弘平、鍋田舍人來る

廿六日朝陰、晝より晴、暑氣　登　殿、無事、退出、戸田原田を訪、原叔舅の病を訪

廿七日晴　朝、岡本戸太夫加治忠右衞門來る此度下向に付　御手元金千兩拝借いたし尤戸塚下屋敷差向候間三ヶ年過上納滯候はヽ右屋敷速に御引上被下候樣備前守申付候旨申述、登　殿右の趣執政へ申出戸田子を以入　御聽候處家事悉く改革致候ならは右樣の遊覧場は賣拂候方よっしく候間賣拂候迄之内金子拝借との事ならは濟すべしさも無之候ては金

子は下けかたきとの御事なり○大奥にて謁見小宮山子度々被爲　召種々御懸等被爲在可然旨申上候處小宮山へは元より用なし家老ども　召候へとの事ゆへ召たれども一度　召て議論を聞たるに何事も姑息にて有爲の念なし度々　召候も益なしとの御事ゆへ小宮山は一國の老成にて人望の歸する所なり其學術人物議すべきものなしといへども江水執政の信用する所也さればこれを疎し玉ひ執政等の望を御失ひ被遊んよりは少しく顏色をかし玉ひ議論を盡させ玉ふも亦　人君の御職なるへき旨申上る次に中元詩歌御開板可被遊由道路にて承れり實事に候はゝ失體甚しきよし申上けれは、いやこの事は執政主書我に慫慂せり我不可、されど主書の取扱にて上木せんは勝手次第たるへきをいひたるなり、汝の言も尤なり小宮山、立原等へ申聞やめさせべきとの御事なり○中山大夫私門を張るの事御拒き被遊度尤速に行ひ得させらるへき事は行ひ玉ひ速にし玉ひかたき事は御筆記さし置れ時を御待可被遊べき事に被

思召仍て　思召の件々御筆し被遊候間拜見之上申上候樣過日被　仰付たるに尙更御催促あり○夜呈書三通を草す一は深澤甚五兵衛長く無用の地にあるへからざること一は中山氏やゝもすれは私門を張る事一は土着の事なり

廿八日大暑、夕雷雨　登　殿是日君御登城御延引賢姫君御不例に仍てなり無事昨夜草する處の封事を上る無程　召されて御論あり又昨日申す所の詩文上木の事は寢たるとの　御事なり○中山大夫に對話戸塚屋敷はなし難きとの事なり

廿九日雨、晝ゟ晴、蒸暑甚し　登　殿雜事鞅掌常の如し　親批御下け御閨門の事幷山野邊氏官位の事なり夕、原叔舅が病を訪ひ跡部子を訪ふ

晦　快晴、朝夕微涼　登　殿　召されて諸大夫一人被爲　召べき旨御用人の伺に御任せ被遊候よし　御意、　閨門具禮御下け又々拜見仕候やうにとの　御事なり○今日水戸より宿次來る、去る廿七日夜大工町穀町炎燒のよし、わが本宗喜兵衞も大工町にかり住居せしか燒失せし事と案し煩

ひにたえず
八月朔陰晴不定、微涼　蚤起寝に拜し登　殿中奥にて　御月見、局中雜務如常　君公兩丸御登　城　歸御の節讃州の邸へ被爲入御參府の御悦被仰入　歸御諸向御用捨○夜戸田子來る時事を談す
二日陰晴不定、微涼、夕より夜迄雨　登　殿北郭子と同しく　御前にて南郭土着之事御決になる、退出槍を弄す
三日陰晴不定、蒸暑、晝間過雨　登　殿、是日中山大夫を奥へ被爲　召藤田子御相伴にて御膳被下置奥御殿なり　君夫人より中山氏へ八丈しま二反賜りたりといふ畢て　御内馬場へ出御御馬被爲　召執政、參政、御用人等御相馬被　仰付　公のめし玉ふ御馬を御馬場にて　思召を以て中山氏に鞍共に賜る直に右馬にて御相馬を　命せられ打毬等ありこの日中山氏の家宰岡本戸太夫加治忠右衞門も近日中山氏に從て　御國へ下向に付　思召を以て御庭拜見を　命せられ余并多田、原田三人とも罷出　御庭内得と拜見仕候樣　命を蒙り三

人にて　御庭内徘徊いたし畢て戸大夫、忠右衛門御馬見所へ被爲　召謁見此度下向に付ては家事改革何分心を盡候様且又五家のもの共近來兎角大名の眞似をいたし候へとも何の益もなき事萬一大名になりたらは成瀬、安藤などは老中の家筋ゆへ老中にもなるへけれども中山は旗本の家なれは左様もなるましく、つまらぬ事なりされは私門を張る事は存切兎角と家事を改革いたし武備等無油斷心懸候へとの　御事にて其外御懇の　御意ありて御乘馬拜見を　命せらるこの日　君公には甲冑御乘馬にてかけ五遍、地鞍四鞍御打毬二度　御息をつかせられず被遊けれども少しも御疲勞の御様子なし諸人舌を振ける〇夜御封書御下け京地叡山の風聞水戸へ可申遣との御事なりき

四日陰晴不定、蒸暑　登　殿　召されて昨日御馬を中山へ賜りたる御事に付御用人取扱不宜旨　御意あり〇是日宿次を發す松平氏土着の事也

五日陰雨、大南風　登　殿、無事

六日快晴、暑氣　登　殿、水戸狀着、是日三ヶ條御懸の御請水府政府等ゟ拾六通來る月番ゟ御小姓頭取へ出す晝過被爲　召御　病牀昨夜ゟ少〻御不例前にて不殘讀上入　御聽是日峰壽夫人御登　城に付營中より御頂きの御菓子拜領一同へも頒ちあたへ候樣被仰　付中山大夫御城下へ逗留之事戸田子を以て申上けるに　大に尤之旨御直に　御意あり、退出中山大夫幷執政への御書案を草す

七日晴、暑氣　登　殿、無事　召されて太田道灌の團扇拜見被　仰付御閨門之事　御内意承知奉る○歸路原田と共に多田を訪ひ甲冑を見る

八日陰晴不定、凉氣、猶帷子を着す　登　殿、中山氏へ組付の諸士會釋之事いつの頃ゟか土下座いたし候事の樣中山家にて申傳居以之外不宜候處此度備州下向に付又々其事組付ゟ伺出たり水府の評義は土下坐いたし候樣に達し扱中山氏にて斟酌いたし土下坐には不及と相成不然との事にて埒もなき事ゆへ以來土下坐を止め名分を正すの說を起し　君上ゟ備

州へ渡し玉ふ御書案を草す
九日雨、冷氣、老人袷、若者單物の氣候　登　殿、しば〳〵　御前へ出て土着等三ヶ條之事史館并郡官へも御懸可被遊旨　御筆御國へ可被下哉之旨封書にて言上の處早速御國へ御下知被遊候由○是日阿益縁邊願濟、夜近藤義太殿へ御禮として相越候
十日晴、晝之内輕暑　登　殿、中山組付之事北郭子伺、大不出來○朝、永島を訪夕、永島來る菊奎齋來る
十一日陰晴、不定、氣候昨に同し　登　殿、無事夕原田と同しく淺草に至る
十二日昨夜ゟ雨、冷涼殆と袷にてもよろしき候也　登　殿、多田明日御用召に付申送り等あり多田は　公の寵臣にて年來　召使はれたる處來九月交代御勝手にて水戸へ下る期なれは近臣へ轉せよとの御事ゆへ水府執政へも江戸執政ゟ議したるに存意なきよしにて近日被　仰出候半とせしに　世子御抱傅名越十藏舊弊甚しく行々　世子の御爲不宜候ゆへ十

藏を轉し多田を補せよと又々　命せられけれどもいづれ一と先つ小姓頭取に轉し其上にて名越に代るやうにもなるべしとの評議にていよいよ明日小姓頭取に轉するに決す○夕刻多田を訪ふ

十三日陰夕雨、冷涼袷を着す　登　殿、是日多田小姓頭取に轉す麻田傳七郎小十人　召出父の多年の勤勞と射術指南の蔭によつてなり○夕大廊下にて一齋の講釋を聞

十四日大風雨九つより夕に至る去年八月朔より烈ならずといへとも處々頗る破壞す　登　殿、北郭と共に　御前へ出、支封の君轅御願のことを論す先是四ッ谷津守殿青山左京殿轅に乘るの願尾紀より御相談ありけるゆへ此方にても大塚大學君極樂水播州君御事同樣御願に相成候處四谷、青山は閣老水越州、御側土崎豊州水野濃州へ賄賂を遣ひたれども大塚等は賄賂なし仍ては今之內閣老等へ手を入候樣奥右筆組頭大澤彌三郎并平東條吉十郎ゟ申聞有之由尤四ッ谷、青山は少將ゆへ濟可申との沙汰有之候ゆへ支封の　君大に苦

心し玉ひ支封のゆへならは三藩の支封皆濟べし官位のゆへならば加賀の支封四品にて轅に乘るは如何との事にて昨夕御嘆訴ありけるゆへ今日いろ〳〵御評議ありける○其後獨謁組付土下坐の事此度は是非やめ玉ひ名分を正しく可被遊旨言上　御許容ありけるゆへ感謝して退く夕多田を訪ふ、昨日の轉役を賀する也

十五日快晴、輕暑　中奥にて　御目見○是日營中にて松泉州へ御逢ありたるよしこれは支封轅御願之事、濟不濟とも三藩の支封一樣に被成度旨御演述之よし○是日執政中村氏着一同往て賀す

十六日陰　登　殿、余昨日より寒疾あり今日力疾して出、執政中村子と同しく　召されて　御前へ出中山組付、以來土下坐をやめ候事御決議なり中山へ一應執政ゟ談したる上、土下坐をやめさせ可然旨中村氏ゟ再應伺ひたれとも備前心得にて土下坐をやめ候樣にては又此度備前心得にて舊に復し候樣にては不宜との御事にてやはり土下坐をやめ候やう組付へ

達し中山へは一ト通り可達との　御意なり

十七日陰　登　殿、中山氏下り諸向達草稿を草す又組付之族中山氏へ會釋振土下坐と申傳たるよしにて一統より追々伺出此度も伺あるゆへ土下坐等には勿論不及よしを草す中村、藤田兩執政へ議す兩子決すること能はず

十八日陰、單物の候　登　殿、水戸欠跡伺、藤田執政、原田扣組付土下坐いよいよ土下坐いたしては不宜儀勿論の振に相成候事○中山氏下りに付達振伺濟戸田子伺

十九日陰、氣候昨に同し　移病家居、郡宰へ賜書案之事昨日戸田子を以　命せらる今日病氣に付封事にて言上の處無程　御親書宅へ御下け御下問あり仍て不取敢御請申上る　人生在勤々則不匱幷孝經庶人章を撰申上候事

廿日　家居、富國、土着、學校三ヶ條封事を草す、夜原田、戸田、跡部三子來る談論

夜半に至る

廿一日雨冷　家居、小林榮太郎來る幡崎鼎の爲に負債有之難儀之由嘆息、よつて財を借むことを求む余亦貧甚し面鐙一を出して是に付してやりぬ、面鐙四ッ所持之内吾面に合はざるものありけるゆへ也○市川五左衛門來る○御筆御下け於諒由緒書のことなり

廿二日陰　家居　御筆御下け中山下向拜借金之事也○今日秋分に付寢に祭吾病により阿里をして攝せしむ○原叔舅來る○明廿三日　君公御登城　御坐候樣　御沙汰有之　尾紀樣にも御同斷之よし

廿三日陰、冷　住谷長太夫來る○是日備前守殿發足○　君公　御登　城中納言に任し玉ひ尾公從二位亞相、紀公正二位に進み玉ふ御退散の節、閣老へ御駕籠よせある前例にて尾公、紀公は御駕籠よせありけれども　公は俄に御足痛なりとて　御城より直に　歸御のよし御深意ありての事なるべし○佐藤甚衞門、跡部彥九郎來る

廿四日晴　家居、朝原田來る○執政中村氏來訪
廿五日　朝、生駒來る○奥山弘平來る
廿六日　明日ゟ出仕せんと思ひ今日理髪、病中來訪の人へゆきてこれを謝す○御直書御下け郡官へ賜書のことなり、原田來る
廿七日　登　殿、藤田中村執政幷小宮山氏と同しく　御出へ出南郭土着之事を決す○夕、又藤田氏と同しく　御前へ出て支封の君、轅に乘る事を論す
廿八日晴　登　殿　君公御登　城御任官御禮　歸御の節惣御目見、是日御酒御赤飯を當番へ賜ふ○御連枝轅之儀今日閣老ゟ御差圖あり難相成と申筋には無之候へ共質素の風は其儘被差置候樣にとの事也右に付支封の君より又々御願あり、夜清虛子と同しく伺ふ是日暫之内余御差留に相成候旨近藤參政ゟ達あり參政宅へゆきて御禮申上ぐ
廿九日　南郭公子　土着之事決議被　仰渡案文を草し御國へ運ぶ○夜圓

山次郎衞門來る内藤備後守御出入願之事申聞あり
晦日微雨、冷氣　登　殿、淸虛子と共に　御前へ出支封の君御轅願之事を草す是夕原田、鵜殿、戶田を訪今井に邂逅○今朝　御筆御問の三ヶ條之内御勝手御取直し幷土着之儀二ヶ條を封し呈す
九月朔朝晴、終日晴袷にては汗を催せり　寢に祭る○登　殿　召されて御前へ出けるに學校の碑文過日呈したるを捨藏へ御示し可被遊候間捨藏へ可被下置　御書の案を草し候樣被　仰付其節　御意に對策昨夜一ト通り見たれども誠に格別之事にて感心せりあのまゝにて一ツの著述になるべしと返す〳〵　御稱譽を蒙けるこそ勿體なけれさて與一左衞門へ計は示してもよろしきやと　御意ありけるに右は國家の大事所詮一己の存意にて御用ひに相成がたし與一左衞門に限らず誰へなりとも廣く示し玉ひ存分に愚說の非を御打せ候はゞ尚以難有奉存候旨申上る○局中雜務如常○是日　上使あり明日　將軍　宣下に付御登　城　被

仰出

二日快晴　將軍宣下に付曉七半時（實は明けすき出御）御供揃（營中六半早め揃）御登　城　歸御之節小監察等と共に中樂御門を出て拜す（前例なり）○暫之內御差留に付陳情の表を草す○暫之內御差留に付陳情の表を出さんとトす

蒙遁　自若　睽　噬嗑　決然退去　兌夬(卜筮の卦)

(安井久曰、東湖筮して山水蒙の卦を得た其辭は「蒙の亨る我れ童蒙に求むるに匪《あら》ず童蒙我れに求む神筮は告く再三すれば瀆る瀆るれは卽ち告けず貞に利《よろ》し」とある是れは蒙者卽ち智識の幼稚なる者が其蒙を開きて明智を得るには師道の敎養正しきに由るべきことを示したのである凡そ智識を進むるには師の方から敎に行くものでない蒙者の方より禮を盡くして敎を請ふべきである恰も卜筮をするに神筮で疑を決するといふ誠敬心が必要なると同じことで蒙者に誠敬心がなく恰も卜筮を再三試るが如き心ではだめだ、師も亦誠敬なき者に敎ては何の役にも立たぬ而して師は蒙者に能く行ひ得るだけの道理を教へ告ぐるが宜しい徒らに蒙者の理會し得ざる高尚なことは説かぬやうにせよ是れ貞に利《よろ》しといふ所以であるとの義である、其變卦は天山遯で「遯《とん》の亨る小貞に利《よろ》し」とある此卦の辭は君子には退きて小人を避くることを勸告し小人には君子を害してはならぬと戒めたのである遯は退き避くる義で小は小人のことである君子は時と場合により遁るゝことをせねばならぬ遁るゝ時は其名も行も顯はれざることあるも反て求道に於て亨るべきものである又小人の如きも正道を守り勢に乘じて君子を傷害する行をしてならぬ是れ禍を防ぐ所以なりとの義である、又自若に關する卦は火澤睽で「睽《き》は小事に吉《よ》し」とある此卦辭は人心が睽《そむ》きて一致せざるときは大事を爲し難きものであるから唯小事即ち消極的に廢墜を修めて新規の大事などには手を出してはならぬといふ義である、其變卦は火雷噬嗑で「噬嗑《ぜいこう》は亨る獄を用ふるに利《よろ》し」とある此卦辭は人君たる者は邪魔な小人を除き去れば君臣合體する而して小人を除去するには獄を斷ずるが如く明快なる決斷を要するといふ義である噬は齧むこと嗑は合すこと克く道をかみくだきて道に合する決斷を得て之を行ふから亨るのである決然退去の卦は兌爲澤で「兌は亨る貞に利《よろ》し」とある兌は悅《よろこ》ぶことで、とかく人の悅ぶことは邪道に陷り易いから說道の利《よろ》しとする所は貞正を外れてはならぬとの意である此畫卦は兌上兌下とて中が剛で外が柔らかな畫卦であるから其中を存せざれば外柔邪に流るゝことを譬へたのである、其變卦は澤天夬で「夬《くわい》王庭に揚ぐ孚《まこと》にして號《さけ》びて厲有り、告ぐる邑より戎に卽《つ》くに利《よろ》しからず往く攸《ところ》有るに利《よろ》し」とある此卦辭は時を得ると雖も勢に乘じて事を爲すべからず又十分の理ありと雖も事和らかに之を行ひ手強き事をしてならぬといふ義、夬は塞かる所を夬決して水を通ずるに之を禦き止むることの出來ぬ勢をいふのである凡そ王廷百官の前に於て事を揚けて利害得失を論斷するには其夬決する所を明示し誠忠を盡し衆賢の同意を呼號して相共に力を合せて夬決すべきものであるが其公明正大を以てしても猶禍が生ずるから油斷してならぬ、とかく小人輩が間隙を覗ふから先づ自分の手元の邑から始めて間然なきを期し而して王廷で夬決せねばならぬ、而して其夬決にも威武を尙び恰も兵戎を用ゐるが如き猛烈な行爲は愼まねばならぬ、されば迚て躊躇猶豫しても宜しくない要は小を侮らず弱を凌かず事に臨んで懼れずといふ覺悟があれば往く所有るに利しといふ義である。）

三日朝冷、夕雨　登　殿是日　君公西丸へ御登　城四過　歸御　召されて兩度　御前へ罷出學校のことに付佐藤捨藏へ賜るべき　御書を草し上る昨日　營中にてよみ玉へる　御歌拜領松平加賀守木の文箱の辨當に御感心の旨　御意あり　是夕中村執政を訪ひ陳情書を出す

四日冷晴不定　今日君公昨夕　上使にて　御登　城御能御拜見、家居晝よ

り下町邊へゆき夕刻歸舍
五日陰晴不定　君公、今日天德寺へ　出御二條左府公を訪ひ玉ふ終日家居
六日　登　殿
七日陰、雨　登　殿、有賀、飯島登着に付訪ひ戶田子に過る四時迄對酌
八日大雨　登　殿當年造酒を禁せば米價下落し上下の爲め不可然旨國友より來書封印にて入　高覽、夕刻　召されて御論判ありて執政へ　御書を賜ふ皆草案仕候て差上候通り也但當年二十萬俵も御藏入有之候はゝ不殘御貯糴取扱一粒も拂ひ申間敷旨　御書添あり○夕輿津、輕部を訪ふ
九日雨　登　殿、佳辰を賀す、於中奥　御目見　歸御後中村氏と同しく造酒御弛め方等の事を伺ふ是日水戶へ御用狀を發す○余一身去就の事に付去る三日陳情の一通を中村氏へ出す今以て沙汰なし今日筮之、遇萃其彖辭曰萃亨王假有廟利見大人亨利貞用大牲吉利有攸往
（安井久曰、東湖陳情に關し卜筮して澤池萃の卦を得た「萃の亨る、王有

廟に假る、大人を見るに利し亨る、貞に利し大性を用れば吉、往く攸有るに利し」とある此卦の辭は凡そ事を爲す者は獨力では出來ないから萃道とて衆力を聚めて之を行ふべきことを示したのである王者は聚富豐厚の地位に居るが又祖考の精神をも聚め己れも亦臣民の精神を聚めて其統一を圖らねばならぬ廟は祖考の精神を聚むる所であるから王者は此廟に至て己れの聚めた統一の精神を以て之を祀るから鬼神を感格せしむるのである鬼神を感格する至誠は亦臣民を感動せしむるに足るのである斯る王者を戴いて居る臣下であるから即ち大人を見るに利しき所以である然し人聚れば亂れ物聚れば爭ひ事聚れば紊るゝから百事貞正を以てせざれば悖亂に陷るのである又聚富豐厚の時に方りては唯節儉のみに力めて大性供養の祭祀など怠つてはならぬ要するに此卦は衆人心を同くして合し其氣に感じて群をなすの象であるから貞正なれば必亨るといふ意味である。）

十日終日雨　登　殿、今日　二條公此御殿へ御入來、支封の君何れも御出、折悪しく雨天なれども御庭御好みにて被爲成、夜御囃子有之鷄鳴後御歸之由

十一日終日雨　登　殿、學校御記文佐藤捨藏御評申上候分御封書にて御下けに相成候

十二日雨　君公　二條公へ被爲入候に付御用捨、同僚諸子と同しく愛宕山に詣る

十三日　捨藏より學校碑のこと申上候付拜見之上史館幷青山への御書案を上る　登　殿

十四日晴　登　殿、是日鈴木松亭の碑文を託せらる

十五日晴　中奥にて謁見、退出午后又々出仕、夕刻兩國橋に詣る是夜原田、住谷來る

十六日　今日　上使あり御能に付御三家様御招請の儀　御禮の御登　城なり諸向御用捨

十七日晴　登　殿、今日紅葉山へ　御豫參将軍宣下後始て也　歸御の節御束帶の儘にて役所へ被爲成御三家三卿席順之事御論判あり是夜　御封書御下け小梅御轅物半分御拂之事御懸あり

十八日晴　登　殿、兩ひ　召されて謁す一は小梅御轅物一は川瀨の事なり是日川瀨下着、夜見訪談論夜半に至る

十九日晴　今日御能御拜見として御登　城諸向御用捨、晝登　殿、林鐵藏を訪ふ不遇、遠藤克輔を訪ふ、松本時藏、鶴峰彦四郎に邂逅

廿日登　登　殿、戸田子川瀨と共に中奥にて謁見御議論を伺ふ

廿三日晴　登　殿、眞田信州參上に付戸田、小宮、川瀨と共に　召され奥御對面所御小座敷幷御休息にて兩度御汁懸めし御麥めし等拜領御庭御供被仰付始終御客席にて御談論申上候事前日謁者命を傳候振にては戸田、遠山、川瀨と余四人可被　召旨ゆへ夫にては執政の嫌疑甚しかるべしと思ひ川瀨と共に戸田に嘆き戸田ゟ入　御聞たるに小宮山へ命せられたり

廿四日　登　殿、朝、内藤右膳來る夕北郭、楓軒、杏所三子と鍋田舎人を訪ふ
廿五日冷陰　朝、播磨様御家臣へ金子を返す中村子ゟ對策下け札にて下る
廿六日陰　川瀬、生駒、松延、原田と共に王子に遊ふ
廿七日　登　殿、學校の碑文青山、會澤等批評御下け夜今井を訪ふ
廿八日陰　御用捨、原田、住谷と金介町へゆき交代諸道具を買夜　御封書御下け、川瀬を訪
廿九日　登　殿、山國等風聞を讀、夜川瀬を訪ふ藤田子役料御立がへ貳百石を賜ふ
十月朔　陰　昨夜　君夫人御安產御男子様御誕生　出御御延引　謁見
二日微雨、微寒　登　殿、御安產御祝義　謁見　中村子ゟ地方物成平均の事懸る
三日雨、微寒　登　殿
四日晴　登　殿、跡部、與津子を訪ふ

五日晴　登　殿　御前に於て大御議論、中村、藤田、鵜殿三執政、近藤戸田、小宮山、川瀬、生駒及余にて經界幷御勝手の規矩等の事御論判あり〇又被爲召學校碑文等の事　御意御手つから　御菓子を賜ふ、夜川瀬を訪ふ是日御長屋受取

六日晴　登　殿、御目附中村紋四郎、原主一郎、佐野勘兵衛及余、川瀬一同に被爲　召　御茶菓を賜ひゆる〳〵御議論夜に入り退、原田を訪ふ

七日朝雨　登　殿、山口、松崎上着、夜山口を訪ふ

八日晴　登　殿、昨日封事一通を呈す此日此度執政及諸有司の肖像を內藤右膳に命せられけるに北郭又は御用人等の分不被　仰付無益に人氣を損し候ては御損に候間やはり布衣以上不殘幷御勘定奉行以上の役人不殘被　命候樣申上る

此間欠

戊戌手記　天保九年五月

註　（東湖三十三歳）

五月廿日陰、時々細雨今年氣候可なりの處本月九日方より日々冷氣、單物又は袷の候也　朝、跡部彦九郎來る倅惣藏へ余が妹お留を娶り度よし兼々内談ありたる處いよ〱娶り度よし尤間柄へはいまた相談せざれども彦九郎實母幷養母へは相談したりといふ余許諾す外に金子武四郎を物成五十石にて家來分になしたきよしこの事余より聞繕ひくれよといふ金子は杉山大助門人のよし去る十七日岡田十松道場にて他流試合ありその時跡部も余と同しく行て見る金子の人物藝能を感してかくは張込たるなり跡部三百石の身上にて五十石の家來を抱へたきといふ事奇といふべし余も志に感して諾す即刻跡部へゆきていよ〱妹進上すへき旨挨拶す尤世上へはいまだ吹聽すまじと約す是れ甚た深意あり　殿中

無事地震兩三度、退出より戸田を訪ふ跡部と會す

廿一日　朝、市川五左衞門來る　殿中無事　召されて謁見、間宮林藏を訪ふべきの命あり、御鞍六十余拜見、是は此度　御成小路ゟ新に御買上になりたるなり御成小路の鞍これが爲に空しと市川市平云八時退出東志津摩を訪ひ荻野流炮術入門す余生れて鐵炮を打たる事なし鐵炮元より好まざれども一向に不試しては失ありしかし邸中兒戲の如き流義を學ばんもいとくるしく覺え去月廿四日東を訪ひたり尤去る辰年御通事を命せられ江戸へ來らんとする時思ひけるは　公には炮を好ませたまひぬれば近臣になりたらんには炮を　命せらるべし其時一向に打たずと申上候はゞ邸中の流へはじめ候樣　命せらるべしされば荻野流を學候よし申上候はゞ其患なからんと山國喜八郎の門人となり神文のみしたり荻野流元來水府になし山國草創なり山國は、もと山田祐右衞門といふ浪人に學ひそののち太田備後守家士東志津摩に學べり同流の事余も東へゆ

きたるに山國の書なくしては指南不成といふ仍て山國へ文通したるに去る九日山國役を免し閉門せり余やむことを得ず今日ゆきて入門神文せり

炮の事を東の子（欠ヽ）に聞たる説左の如し

流義にては拾匁を主とせり拾匁も強藥を主とせりゆへに貳拾匁三十匁とも打候へども皆拾匁の修行の爲に打候なり拾匁へ五匁六匁の藥にて玉のわざ十分に無之候七匁八匁こめにて打候には貳拾匁三拾匁にて時々腕をならし候方よろし　六匁も隨分戰場の用に適候間腕力等よわきものへは爲打申候事

百匁は打候へども百匁玉のわざをなし候程の藥はこまれ不申候ゆへ是は打と申のみにて實用に適せず候ゆへ三拾匁以上はしかけ打にいたし候三拾匁は拾匁餘藥をこめ不申候ては其用をなし不申候すだめ百もいたし候はゞ玉こめ打たれ可申候

玉數二百も打候はゞ打かために相成申候（打かためとは玉こみ等人にいたせたゞ數打をするなり百は百五十も打つといふ）

拾匁の藥持の處定法一寸六分

稽古には一寸七八分を用ゆ是もならし候ため也

矢場に六貫目の筒あり是は東父子　太田侯の命にて新に鑄たるなり徑五寸四分目方百五十貫目なり是は合圖幷に矢を打つのみにて鉛丸は打難しといふ鉛丸を打つには五百貫目目方なくてはかなはずといふ

　此銃長サ五尺計に見ゆ

一發鏖賊莫測其機

己亥手記　天保十年十月

十月十八日　伊東修理太夫參上是は元より御出入なれども　君公へ謁し得と御議論をも奉伺度旨藤田、鵜殿、兩太夫の内へ兼々賴候か是日參上御庭拜見、大久保甚五、戸田銀次郎、興津所左衞門へ命せられ案内余も　命せられたれども執政退出前俗事紛冗御庭に罷出ること叶はず不得已跡ゟ罷出候處最早修理殿御馬見所へ被參打毬二遍幷馬乘馬拜見暮に及び歸御、伊東殿梨花の間に被控候ゆへ余始て謁見、其夜御休息にて大久保殿戸田、興津と余四人御相伴例の通御饗應、伊東の話

日向海荒海の事　鰹魚正月より取れ候事　國中三日路有之候事　刀劍鑑定の事御作鑑定大シン坊

右の外奇談なし沈默にて少く好事一向不□し取諸侯なり眞田、鍋島兩侯

とは格別の相違なり

廿二日　松平津守殿御嫡子御乗出前に付御同道御逢被爲濟、御庭御拜見於御馬場御馬事有之虎之介はじめ奥御右筆共被爲　召拜見被　仰付候處余幷高安は御急き御用有之　御免相願候兵介等平一同拜見に罷出る○是日宅にて御内願案文取調候内會津侯嫡子無之事見出し左の通案文乍恐奉申上候此度御内願の一條昨夜取調御舊記又は武鑑等精々取調候内ふと心付候は會津藩の儀は　今侯現御血縁の處故肥後守殿生育無之候處公邊より御入輿の事ゆへ御養子にも不相成候處會津家老田中某の働にて四谷より内々御養子表向舍弟の振にて當肥後守殿家督被致候段委細不申上候然る處當紀州殿もいまた公子無之よし此上出生有之候かも難計候處扨々危き事に御坐候仍ては左の意味何れの道よりなりとも内々被　仰合候ては如何可有之哉土着の御含被爲在候上は御子樣御一人たりとも他へ不被遣候段は疊々奉存候へとも外々と違ひ會津の儀は其儘見過候も可惜奉存候　其御方樣には御內々當屋形と御血緣被爲在候儀不及申候處今以御嫡子樣御誕生無御坐候由いまた御壯年の御儀に被成御坐候間此上御生育可被爲在とは奉存候へとも萬一の節御控へにも可相成哉內々一存にて心組まれ男子兩三人相弘めず被差置候處此度又々內々出生も有之候に付ては此上永く相弘めず差置候樣にも相成可申か仍て御控の爲め□□の內一人相殘し被差置候段――

庚子日録　天保十一年 自四月十六日 至十月十五日

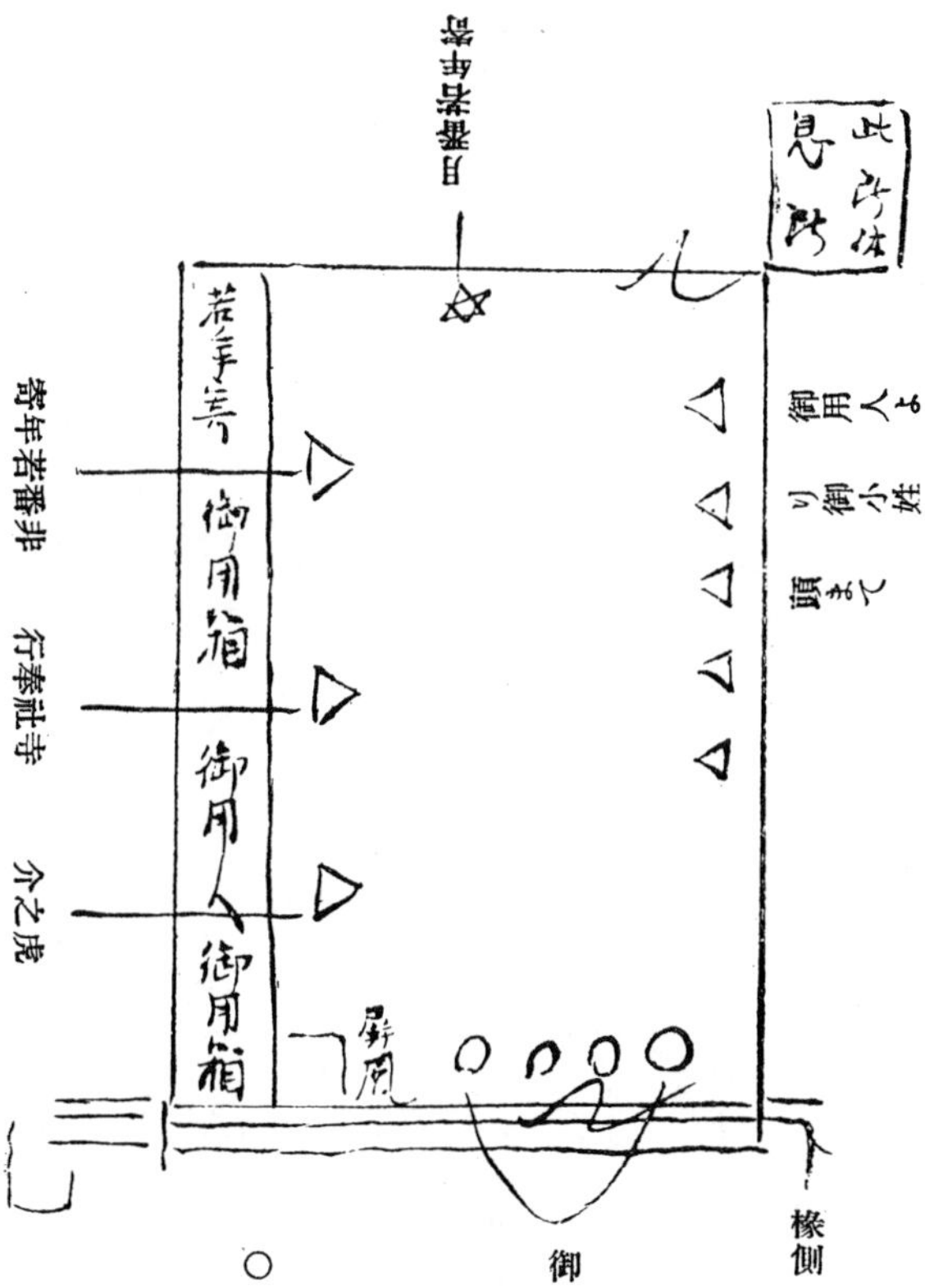

御勘定奉行
但御勘定奉行は始供
は不相詰調しに出候

○評定衆の兼ゟ
節日暫之内詰居候
其外諸役々は調し
下通にて退去

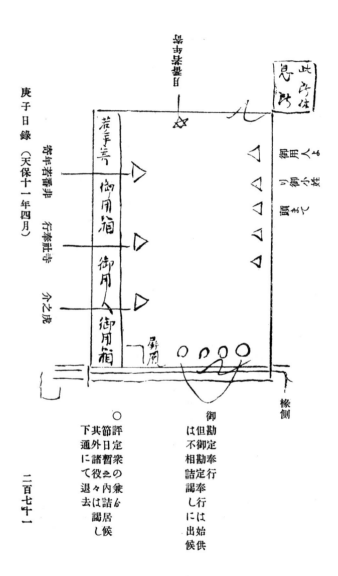

四月十六日朝陰晝後雨　今日五半時出宅熨斗目麻半袴共連兩口兩侍鑓箱長柄草り取物持馬上にて中道迄可越候處いまだ下馬札無之付御假殿次の坂下迄乘馬夫ゟ自拜可致之處いまだ　上卿御拜前ゆへ圓淨寺（大祥寺焼失に付圓淨寺諸役人詰所に相成候）へ罷越圖の如く席順に相控
上公御拜濟に付御用人等一同罷出かんき坂下にて家來をおとし侍一人召連坂中程ゟ少し上はじめの石燈籠にて刀を撤扇子一同侍へ渡し其所

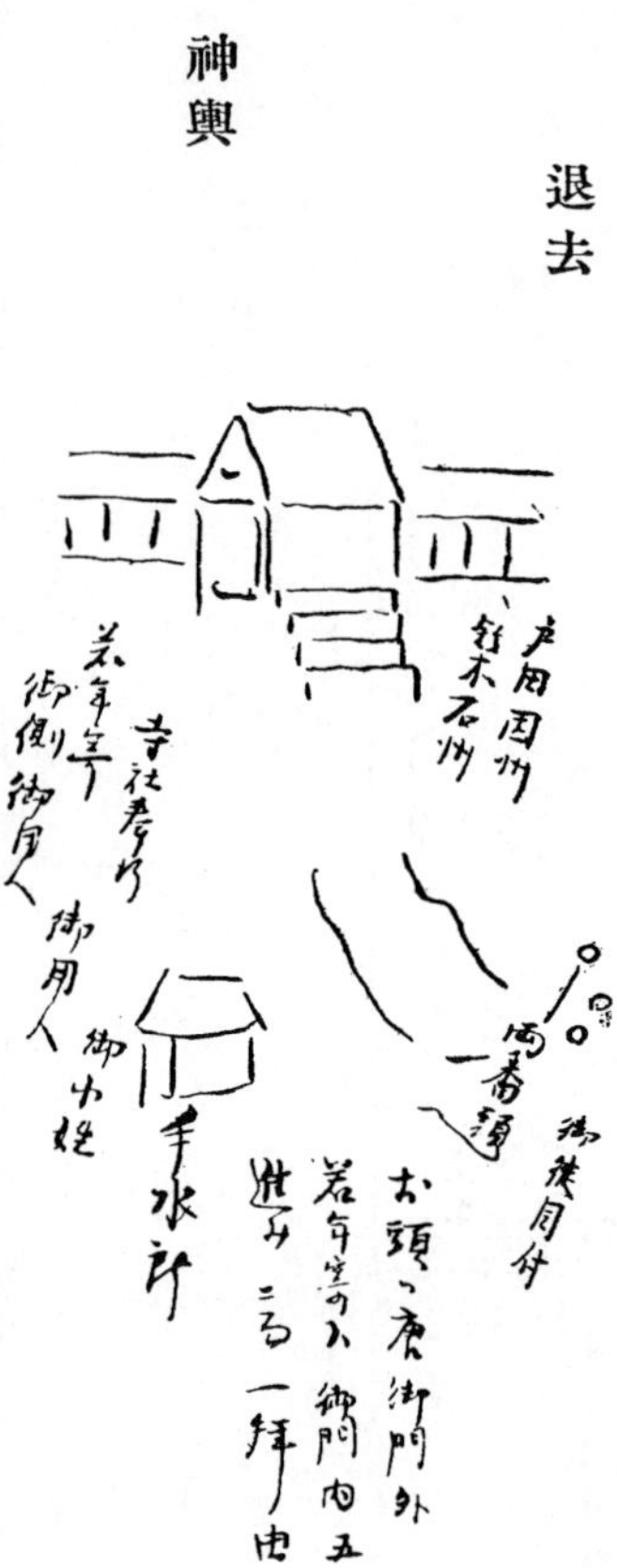

へ爲控坂上向て左之方手水桶にて手水いたし唐御門外にて草りをぬき

敷出無之付不得已唐御門外迄草り相用御唐御門御シキヰ内にて一拜帶劍
又候圓淨寺へ相詰二番大皷にて若年寄寺社奉行一同相詰
但御用人は跡ゟ御小姓頭一同相詰候去る巳年にも當職にては若年寄寺社奉行一同登　山候由　佐藤圖書（寺社御奉行）申聞に付如此
唐御門外向て右之方御宮之方を上席に鈴木石州殿はじめ年寄衆大寄合ひ兩御番小番頭寄合差引迄相列向て左之方若年寄寺社御奉行御用人御小姓頭町奉行御目付御勘定奉行相列し三番大皷にて御導師登山僧は向て右ゟ社人は左ゟ社中へ相詰暫あつて神輿前にて衆僧讀經奏樂有之直に
御下り御役々順に供奉御假殿へ相詰候
但股立は不取靑取竹杖は爲持候迄にて用不申事

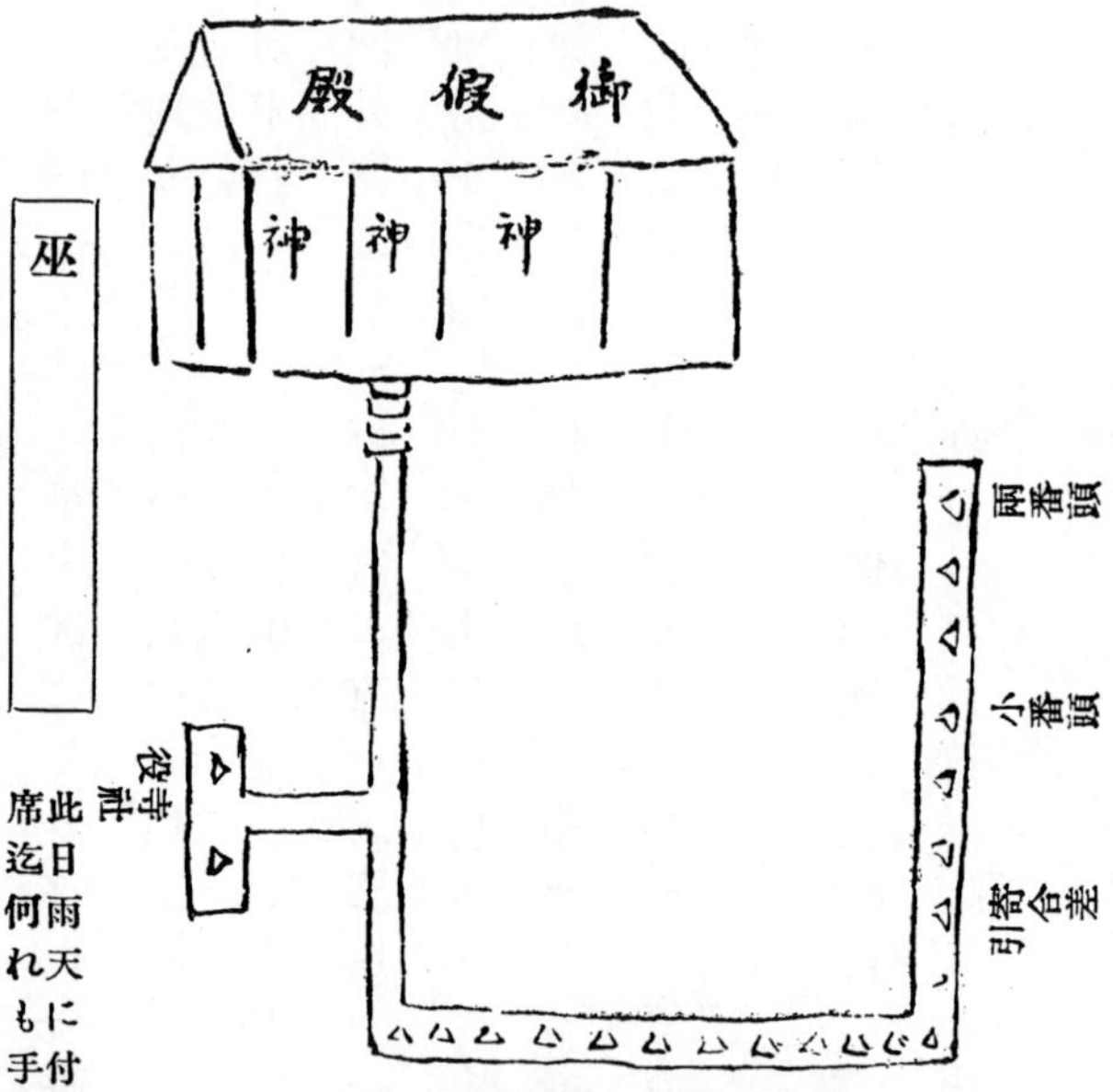

御小姓頭
御用人
御側御用人
寺社奉行
若年寄所合
興津所左衛門
太田丹州
鈴木石州

神盃は寺社奉行迄頂戴よつて寺社奉行迄は侍一人著座の後に引付置

此日雨天に付供奉ゟ詰席迄何れも手傘用ゐる

於假　御殿御備物衆僧讀經奏樂巫舞等相濟諸家ゟ寺社役へ一左右寺社役ゟ上座の御家老へ會釋鈴木石州殿始寺社奉行迄順々神酒頂戴順々御

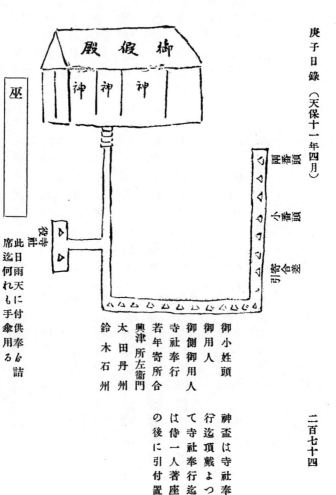

山を下り田樂場板敷にて中座夫々小屋へ相詰候事

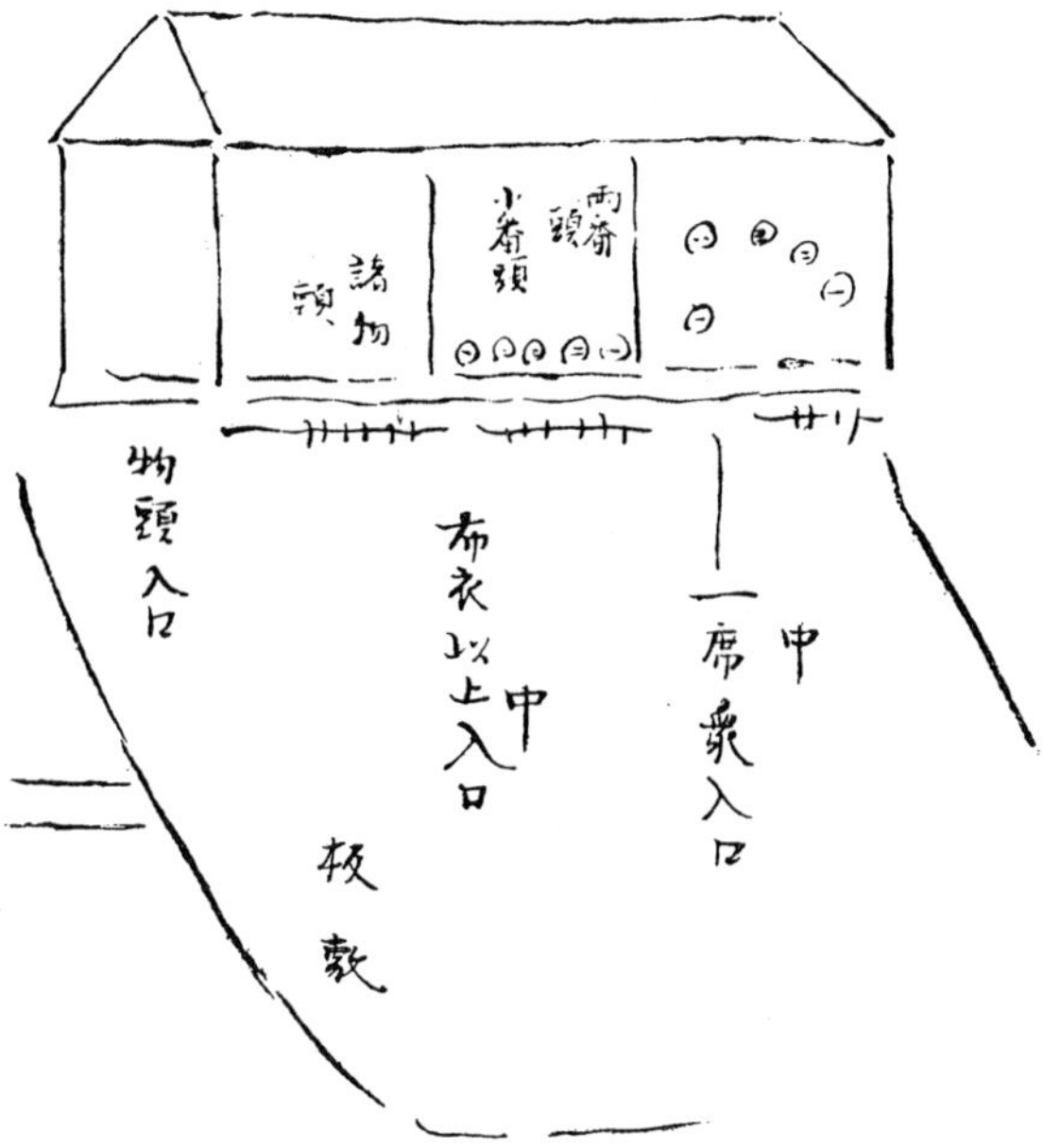

小屋席順如圖一ノ間は一席衆二ノ間は若年寄より順々神輿之方を上座

に前側に列し番頭は二側三側に後に詰刀懸けへは順々に懸候事
一前側へ斗は烟草盆出候間後より押され候共一尺通りは明け置候方よろし
一便所へ出口は一ト間毎に屏風の陰より出候事
一用事有之時は御用部や小僧を呼べし
是日雨天に付田楽延引に相成御役順に順々退出
但明十七日六半時迄に晴候はヽ御宮下小屋へ罷出雨天に候はヽ
四時五節句位之供連のしめ麻にて登　城之筈
神輿御下り前唐御門外へ相詰居候節ゟ雨降出し候ゆへ下役へ申付面々がんき坂下ゟ手傘取寄相用候処傘に兼て名札付置候方便利宜く相見候事
一今井金右衛門事御持頭上座の御用人に付詰席之儀兼而伺候処やはり御役の席へ列候様達に相成御小姓頭之上座致候事

四月十七日晴

一今日明六時御供揃中御殿へ　出御被　仰出兼ゟ御供被　仰付候付同刻　御城へ出仕供連左之通

徒　侍　鑓　長柄　大久保甚五右衛門當職之節

駕籠　物持　供連問合候也

徒　侍　箱草り　六尺四人

椢御門ゟ　出御に付柵町下乗御門前にて乗輿中御殿御門外にて下乗御座所御次に近臣一同控居候處被爲召候付　御前へ相詰風流物くり出し拜見　神輿渡御迄之間隙取候付　御庭ゟ一寸仙波へ被爲　泛御合水主詰居候　無程御物見へ御歸り御先へ行列御一覽御先供奉之邊に至り中御殿御門地幅内へ御疊敷込右へ　御着座　神輿御一拜又々御物見へ御歸御行列御引拂にて　御歸城被遊候事

但是日御子樣方幷瑛想夫人被爲入　御物見誠に御狹く

御門	坊主	御次	……上	奥	同	同
	御徒					

圖の如く御席也
御物見下は前例にて
御徒固る
上御始めすべて御辨當也
自分辨當心懸候處御赤飯被下候
尤御次前之分を御小姓頭取扱に
て被下と相見御膳等無之

年寄衆御始同番之外は　神輿供奉　還御之上御導師へ御馳走の歌舞
等拜見御料理頂戴之上登　城還御濟御祝儀申上候頂戴物有之由之處
當職は御供にて七ッ半前　御城へ返り候ゆへ夜中迄相待候も如何歟
候間御小姓頭取へ頼み　還御に相成候はゝ御祝義之儀取扱くれ候様
頼み扱頂戴物之儀坊主を以爲承候處差支無之由に付御赤飯一人にて

頂戴七半時帰宅之事

御祭禮兩日は日用錢

一日に付陸尺　六百文　平人五百文

物持　四百文也

大平之久き僕従日減遊手浮食權を取錢を貪る事如此可嘆瑣細之事ながら大體に關係めへ記置

一御祭禮之節乗輿之儀五十歳以下の御番頭は前日參政へ一ト通り名前を以申出候處當職は何等不屆候事

一去る巳年は中御殿へ出御　御供連多く候ゆへ大御供と供連過候事と相見候處當年は御廟參通りの御供連に候へは大御供のみ本供にて罷出候にも不及樣に候處當日に至り心付候ゆへ當年は本文之通にて勤候へ共御廟參通之御供連に候はゝ以來は大御供も徒を減し可然樣なり尤御目付平尾出羽次郎罷出候處鑓箱にて罷出候是も　上の御供連

に准候へは宜過候間右御目付之供連に准候へは大御供はやはり本供可然哉後日の見合に記置

四月廿四日

一今日銀次郎惣領戸田龜之介彥九郎惣領武田宗藏其外兩番頭惣領御相手被　仰付候處御禮之儀親々は平服にて年寄衆御部屋幷御次へ罷出御小姓頭取迄御禮申上當人々々は服紗麻上下にて御次へ罷出御小姓頭取へ御禮申上候事

但御相手之族は神文なしに御次へ通候事

一今日御家老始め下々迄惣領次男等始ゟ之御御目見願之通相濟布衣以上へは年寄衆ゟ御達候右以下は若年寄ゟ達に相成候付御禮之儀布衣以上は年寄衆御宅右以下は若年寄宅へ罷出候處麻上下平服區々の由今日は御請之廉ゆへ平服にて達之元へ罷出御請申上今日は悴御目見願之通相濟難有仕合仍ゟ右御請罷出候段演述扨御目見被　仰付

候當日に至り麻上下にて宅へ罷出御禮申上可然樣也追ゐ評義之上
きはむべし
一御歸國御用懸相勤に付紗綾卷物頭書を以拜領に付月番御年寄御宅へ
平服にて參上御禮申上候事

五月五日雨

一今日爲端午御祝義登　城雨天に付馬は略し四供にて出仕○若年寄部
や取込に付御帳へは不罷出手札にて御目付方へ小僧を以爲屆候事○
御廟參に付御座敷御供可致處御箱出之御左右無之付御小姓頭取へ打
合御近習御供相廻候節爲知くれ候樣申聞候處右沙汰有之候付若年寄
寺社奉行御用人御小姓頭一同に御白書院落間へ圖の如く列し通御之
節平伏　出た歟と　御意有之御跡ゟ御供御玄關迄御送申上候事
歸御之節若年寄等一同御玄關迄罷出御迎申上山水之間御入側にて平
伏相引候事

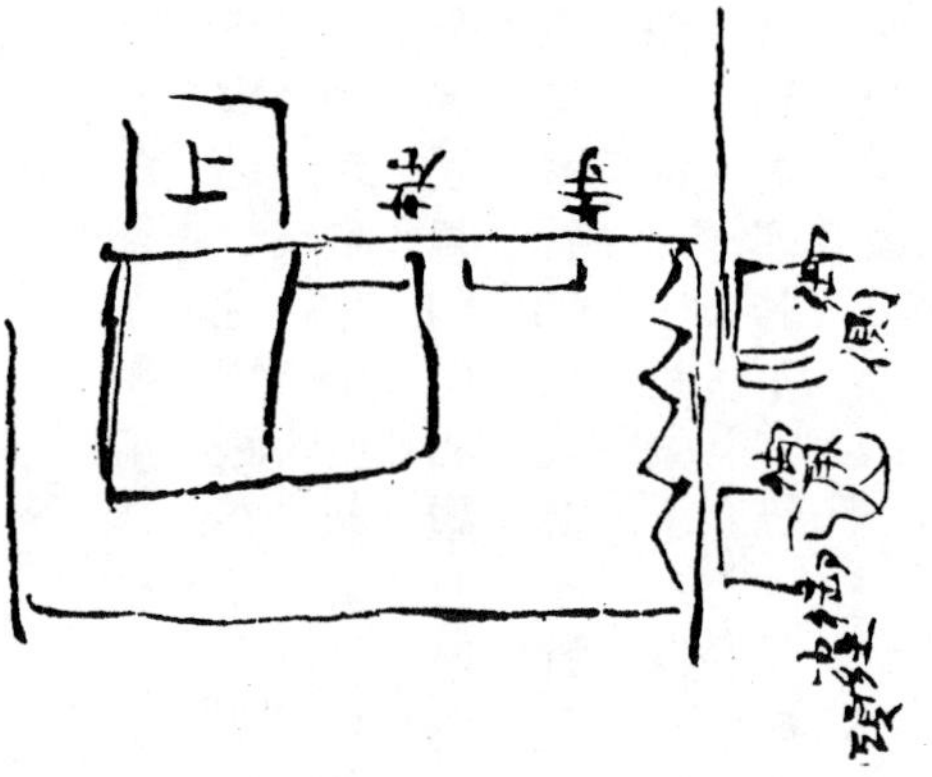

但出御之節は御玄關内左へ罷出歸
御は御右へ罷出候事
歸御之節は御玄關右柱の外敷出しへ
罷出候處今日は雨天にて御敷出無之
付御柱内へ御近習者と向ふを張相控
候事
歸御後御白書院幷大廣間　出御被
仰出御白書院にて三段幷布衣嫡子御
目見相濟於大廣間惣御禮被爲請候事

八月廿二日御歸國後寺社人始ゟ之　御目見
一寺社人は明六時揃習禮いたし候由
一例朝ゟ少々早め出仕染帷子麻半袴着用之處九時過に至り御式始る
一御白書院御黑書院大廣間　出御被　仰出候付若年寄寺社奉行御用人

等一同罷出左之通列座

石見守殿御始御一席乘西の方上座に段々進み　御目見次に若年寄御

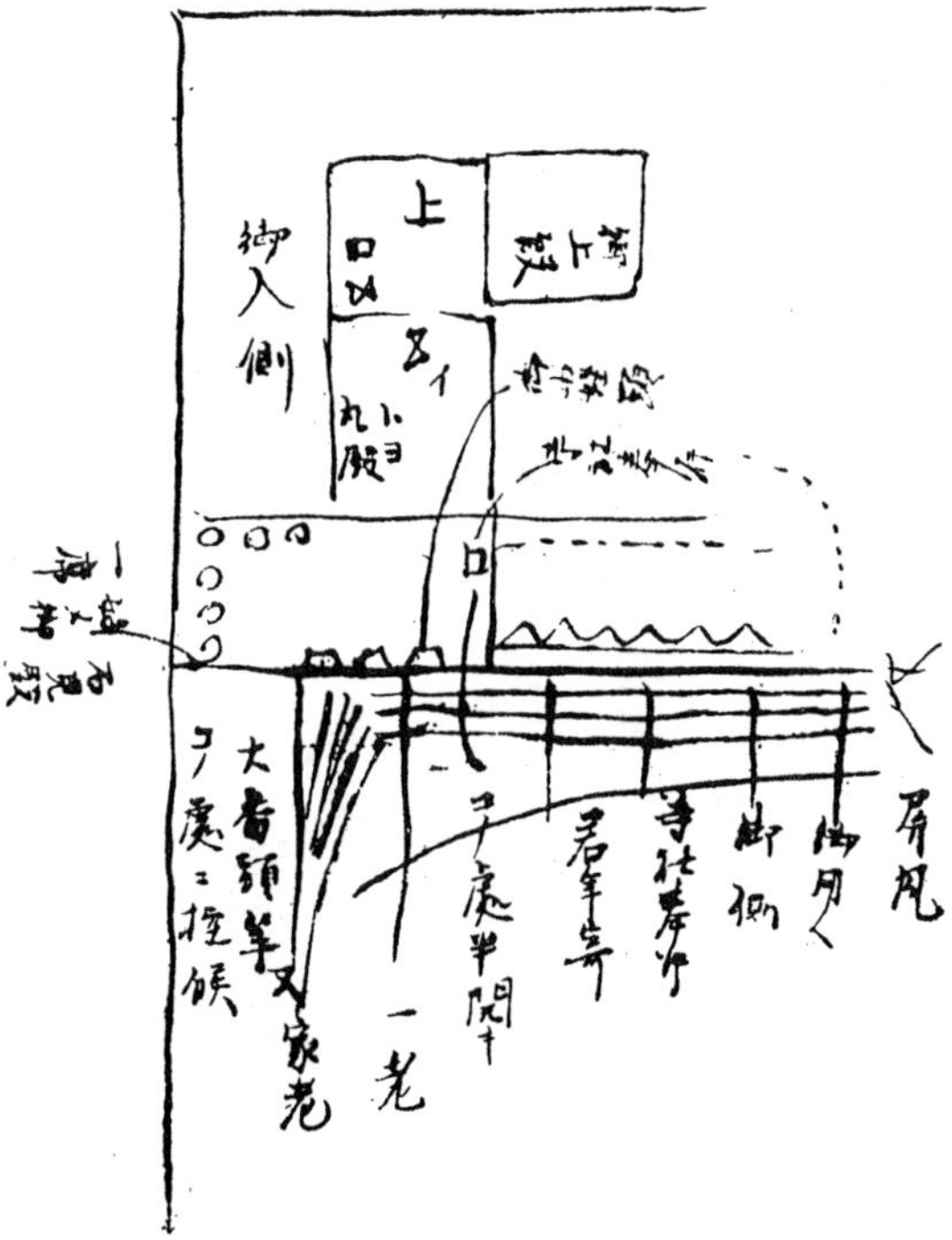

小姓頭迄東がしらに進み　御目見次に大御番頭ゟ寄合指引迄　御目見畢而豊丸殿黒書院の方より進み出御二の間イ印御敷居際にて平伏是へと　上意有之ロ印へ被通御挨拶被爲在候内御小姓御熨斗出之其内

一老并家老落間御障子際へ罷出　御目見御披露御徒頭勤之退去豊丸殿にも又々最初平伏之席にて平伏退去　この時寺社奉行御小姓頭落間へ出席

一次に寳鏡院御二ノ間中程にて　御目見御披露御番頭

一次に摩阿衍庵御二の間御敷居内にて　御目見御披露御番頭御披露畢而御番頭開き候へは右席へ衍庵着座之處へ山御寺役僧共落間御障子際へ罷出　御目見御披露御徒頭畢而退去其外於御白書院　御目見も寺院共今日頃引等にて不出

一御引續御黒書院　出御に付若年寄始一同北の御障子を明け御縁側ゟ竹の御杉戸溜りへ出御黒書院へ廻り圖の如く列席獨禮の僧等追々罷

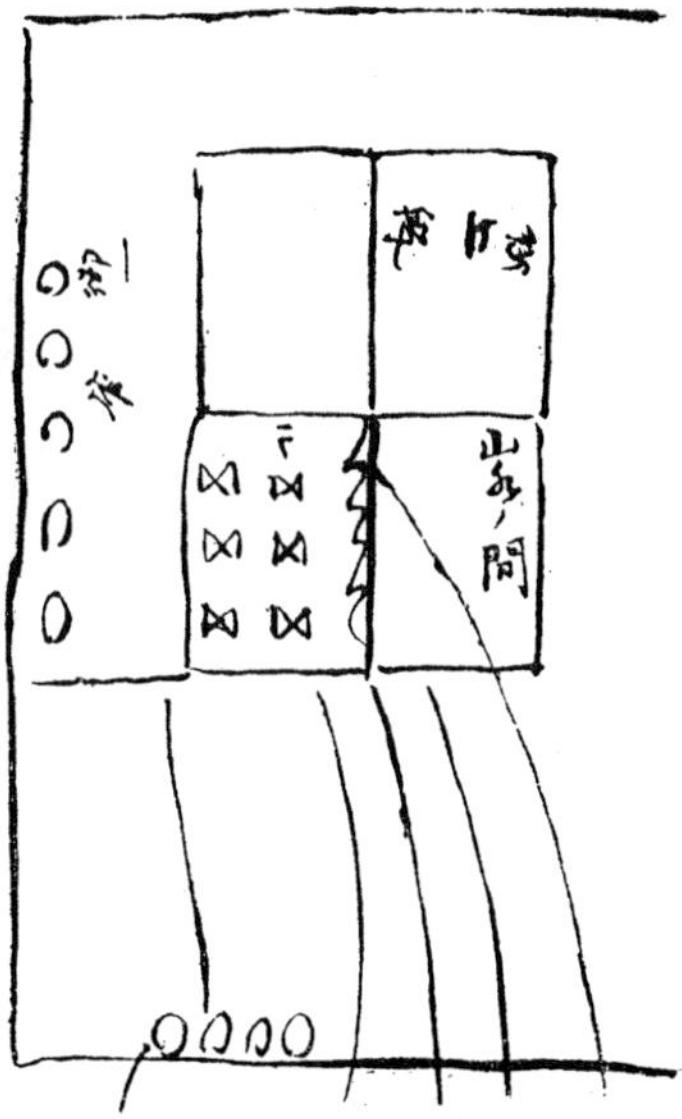

今日は表方御役方混し候ゆへ御格式順に著座いたし候處前振如何可糺事

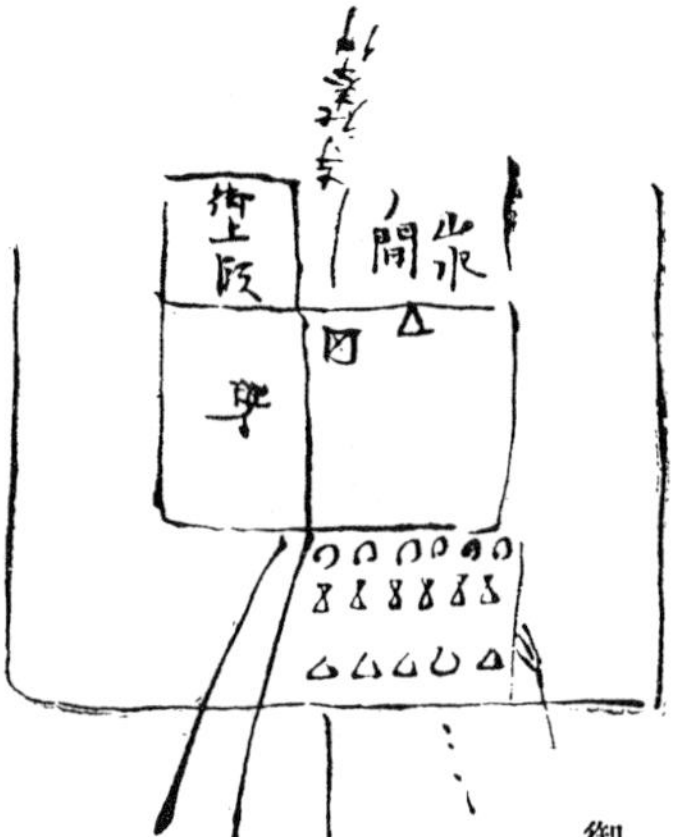

出御披露御番頭小番頭如形相濟一旦　入御御席替る
圖の如く列席社人をくりこみ置御襖御小姓頭開之惣御禮に相成候畢
而寺社人共御いしの間の方へ退去
御引續大廣間　出御又々寺社人惣禮被爲　請候處列席の振合等すべ
て朔望等惣御禮の節同樣ゆへ略之
山水の間☆印の襖を明け御役方は東向列座にて可然歟但今日は豐丸
殿詰席に相成候事可糺此事丑の正月六日寺社人御目見之節相分り候
ゆへ後に記す

庚子八月記

御廟詰人勤振

一來る廿六日秋分御祭有之旨三四日以前御目付ゟ手紙にて申來る
一明日　御廟參に付今暮時ゟ御祭相濟候迄服有之面々登　城延引之旨
御目付ゟ手紙申來る

一四半時出宅大手御門ゟ登　城御勝手口ゟ出仕御玄關より罷上り詰所へ通る

一詰所は御圍爐裏の間と敷唱へ座席順等左の如し

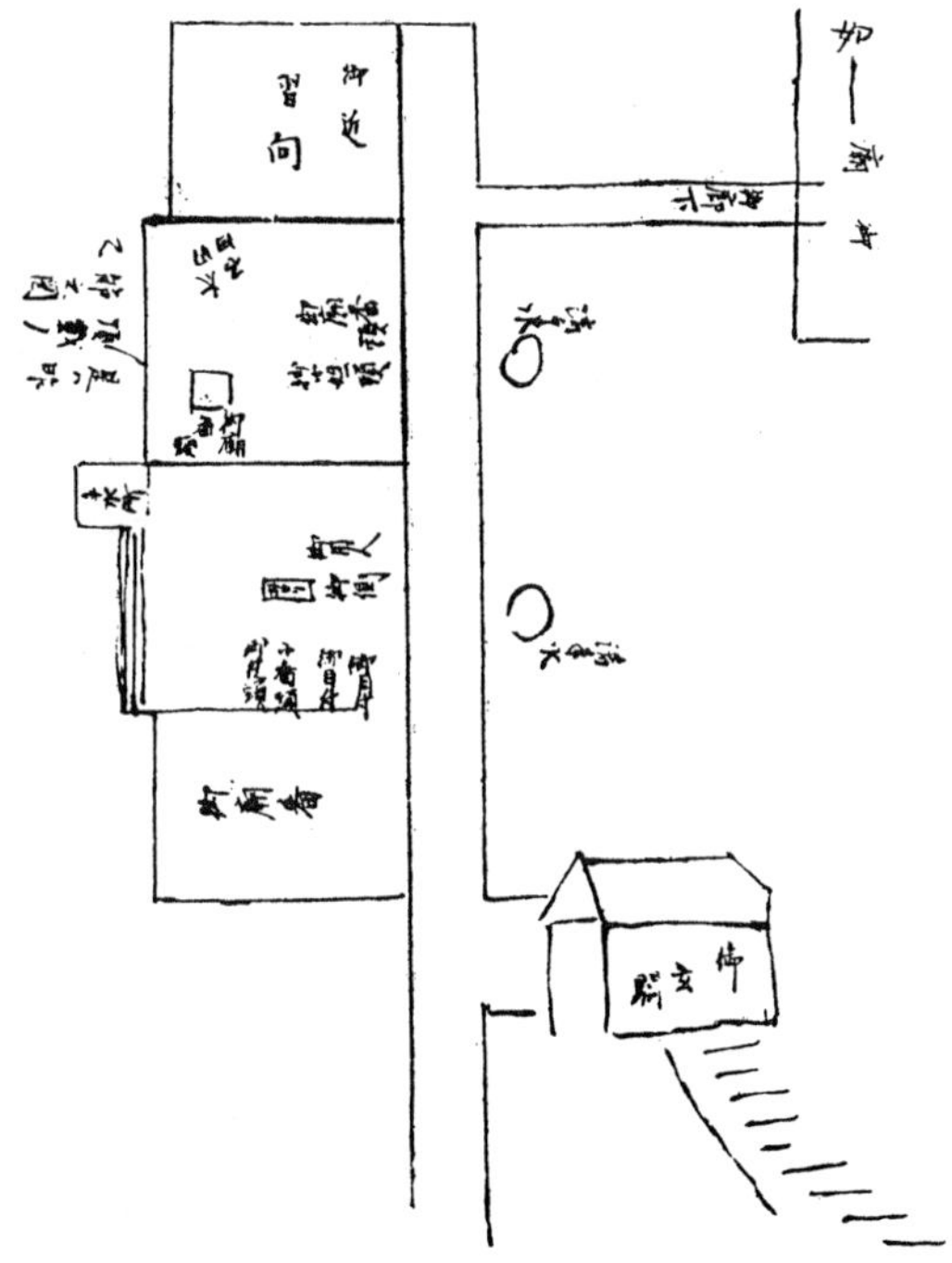

圖の如く相詰居　御神位御開之御左右御廟番頭御小姓頭ゟ申上御箱出候御左右にて左の如く詰る

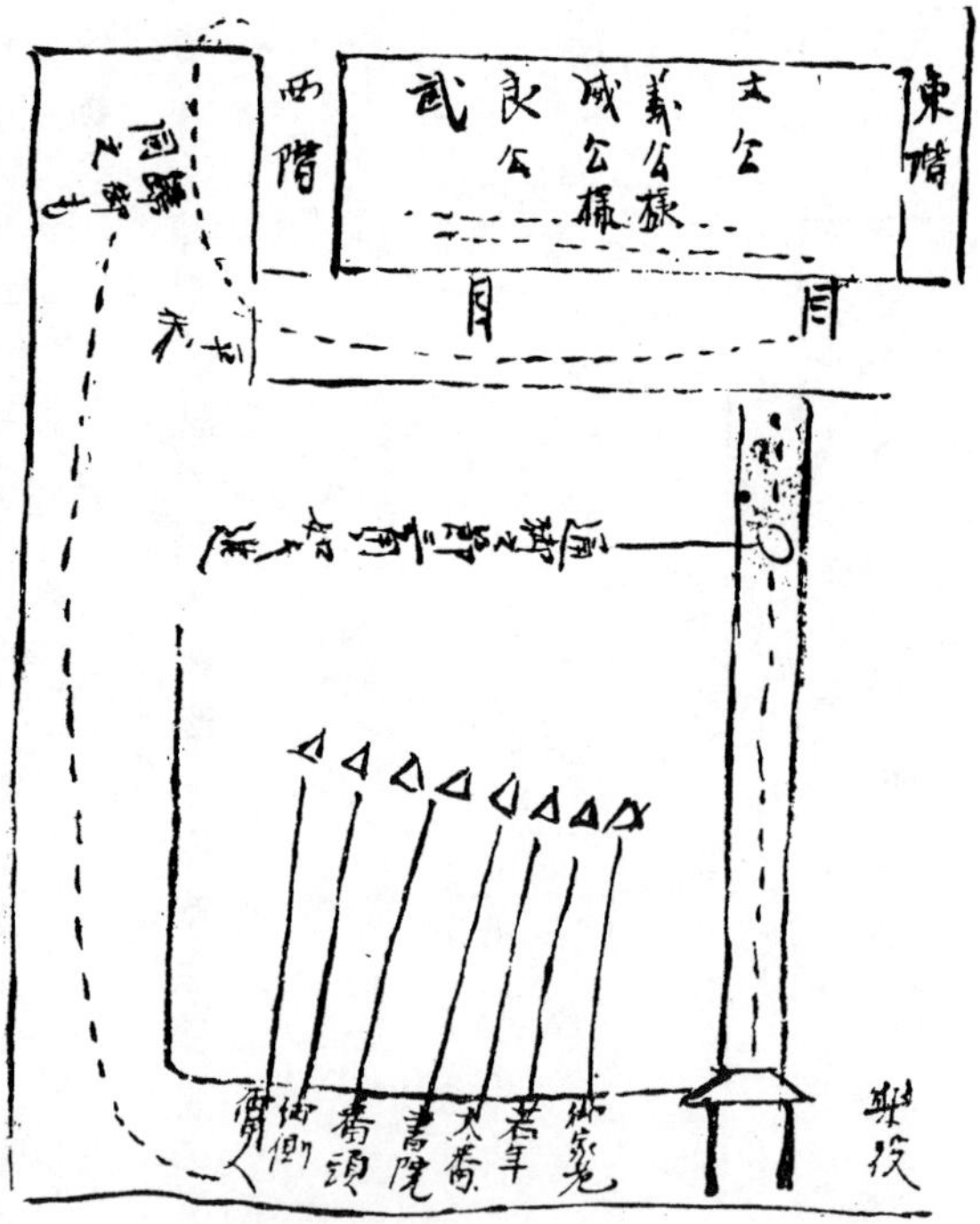

歸御の上にて點々の道ゟ
御家老始め順々進み階
下にて
徹劍
威公御香案の前にて一
拜　退去

十月朔日

一今晩小上臈お猶安産　御姫様御出生尤御弘無之候付表向被　仰出も無之間御祝義も不申上候處前振有之よしにて若老番申出付年寄衆御始御用人中迄奥通りの御役人老女部屋へ罷越部や前にて老女對談無屹度御祝儀申上候事

十月四日

一今日哀公御忌日之處去る朔日小上臈お猶安産　御姫様御出生尤御弘めは無之候へ共乍御内々も御産穢中に付　御廟御開無之役人備に相成候

同五日

一今日梅香下にて始而　御拳小鴨御取飼有候之處前件之通ゆへ　御廟御備には不相成追而御拳を御備被遊候筈に相成候

十月七日

一今日玄猪之處御省略中御式は無之候へ共御祝儀は布衣已上麻上下にて御次へ申上候筈之處七の日にて御用捨日に有之候へは如何にて可然と御小姓頭へ御懸に相成候處當六月中嘉祥も御式は御止に相成候へ共布衣以上麻上下にて御祝儀申上候去月廿八日も御祝儀日に候へ共八幡　出御に付御用捨日に相成候間諸向出仕無之候處平月の廿八日は全布衣以上麻上下にて罷出三段　御目見之節目出度と　御意被爲在候のみにて別段御祝義申上候日に無之候故御用捨と相成候上は出仕無之可然候へ共玄猪嘉祥は別段御祝義申上候日柄に候間御用捨日にても出仕御祝義は申上候方可然申合候旨御小姓頭紋四郎申出候

十月十五日

一明後十七日端懿夫人三十三回御相當今日ゟ御法事に付表　出御不被遊　御廟參懸席々　御目見被　仰付候事

一若年寄始御用人迄御白書院雉の御杉戸前に控へ御送り申上候儀

すべて五節句　出御に同し
一年寄衆御黒書院落間　御目見
一御番頭ゟ寄合差引御書院番所
一諸物頭十軒廊下東側詰物頭以下にても役人西側御役共今日の如
き時は序に　御目見之筈
但御廟参も如何と御小姓頭ゟ　尊慮相伺候處御法事には無御
搆御拝被遊候よし

癸卯日録　天保十四年（自七月十五日 至八月十九日）

七月十五日晴大暑、夜月色尤奇　去る十三日ゟ今十五日迄諸向御用捨日々御供も御用捨

十六日晴、大暑　江戸仕出十四日は止今日になる　出仕　被爲召岩船豊丸還俗之儀等種々　御論奉伺候　大學頭様御附之儀政府ゟ奉伺候儀先御直に　御文面被遊候上　御決可被遊候旨　御意之事　御郡奉行ゟ新御取筒之儀伺出候代方にて少々減田方にて少々過候調之事（是日、朝比奈殿差控被仰付）（公邊御目見席之事也）

十七日晴、大暑、夜月色甚好　諸向御用捨　終日家居

十八日晴、大暑　出仕　今夕七時御供揃好文亭へ　出御（御供英臣）

十九日晴、大暑　出仕　表出御　御目見畢而石川玄臺　御前御用御側醫被

仰付其外年寄部屋にて御用有之」御前へ罷出伺御ヶ條」

廿日晴、大暑　弘道館へ出仕書經聽聞去る十日論語相濟今日ゟ書經になる若年寄一同出仕吉村

藏吉は稽古場へ罷越槍術見分致候

廿一日晴、大暑　出仕今日八時御供揃にて水馬　上覽　出御被　仰出候御

供藤田主膳役々

廿三日大暑　四ッ時御供揃神崎出　御御供彪役々好文亭御樓上にて種々

御咄相伺候是夕鈴木二郎左衛門太田甚太夫來訪

廿四日夕ゟ宵之内雨、　出仕　家來清兵衛金子孫二郎組同心へ召抱に相成

事

廿五日晝、風夜雨昨日以來少々凉氣　學校へ出仕、素讀御吟味有之

廿七日　例月之通り御用捨

廿八日暑、晝雷雨夕快晴　出仕　但去寅年以來　惣登城は相止麻上下にて

出仕　御次へ斗祝儀申上

廿九日暑、朝晝少く驟雨夕大雨　御廟參被爲濟候　出仕被爲　召大谷川堀割に付御止之儀御老中へ　御書案　御下けに相成候事

八月朔　快晴大暑　登　城　今日ゟ例刻出仕筈候處大暑に付六七兩月同樣早出早引に相成候

三日晴大暑夕雷氣小雨御供御免になる　出仕　郡宰來訪

四日晴大暑　是夕原叔舅を餞　出仕　今井金右衞門殿一同寺社御改正掛被　仰付候旨平七殿ゟ達有之候に付御次幷年寄衆御部屋へ御禮申上候

五日弘道館へ出仕素讀聽聞　排□虫攘夷の御論　御下け

六日大暑　出仕　御領中法名禁制の草稿相談に出す

十三日ゟ十六日迄東海　御逗留　御供今井小山田

但御留守中御寄合日計月番出仕十五日は惣出仕

十七日晴殘暑　御三階へ被　召候

昨夜　御歸城に付出仕　御機嫌伺

十八日晝微雨、殘炎　出仕

十九日朝微雨、同斷　出仕　被爲召　大奥

甲辰日録　弘化元年（自四月二十日至五月十五日）

四月廿日　朝近藤次郎左衛門御用人より一書來る開て見るに只今閣老ゟ宿次奉書來る其文に曰く

一筆致啓達候

公方様右大様益御機嫌被為成御座可被安御心候

然は暫御在邑之儀兼而被

仰出候へ共御用も有之候間此節一旦御參府被成候様御意候此段可有

洩達候恐々謹言

四月十八日　　牧野備前守

阿部伊勢守

土井大炊頭

鈴木石見守殿

時に　上公には前日ゟ湊寅賓閣に御逗留に付御小姓頭小山小四郎早速
馬を馳湊へ參り言上したるよしさて一旦御參府の事吉か凶か事情分り
難きゆへ余も速に登　城しけるに暫ありて執政諸有司も追々登　城し
たりたま〳〵江戸政府より一通來る之を見るに去る十六日閣老阿部勢
州宅へ中山備州呼出され七ケ條の問あり

一鐵炮連發の事
一御勝手向御不足の御申立には候へ共左迄には有之間敷事
一松前今以御望み有之哉の事
一諸浪人御召抱の事
一御宮御祭儀御改の事
一寺院破却の事
一學校土手高さの事

同十七日に備州又々勢州宅へ參りて右七ヶ條の大意夫々答へて歸たれとも十八日に奉書出たれは江戸にても大に心配し彼是と奉書中の意味を探りたれとも其詳なる事を得ずしかし多分は御參府の事ならんと推察し萬一御參府の上に又七ヶ條の問答あるやうにては體を得ず一體七ヶ條の問口何か　上公の御野心を疑ひたるやうなるヶ條も有之　三藩の國體へも拘り不容易されは　公聽に達せさる內江戸一手にて又々爲念書付にて差出さんとて十八日一日に草案を立同十九日に備州もて又々勢州へ出したりとぞ右草案は何れも實事を有のまゝ申立たり、と江戸ゟ申來りたる故水戸政府にても愕然たり此事情御承知無之ては不宜とて執政結城朝道調役谷重任一同馬に跨り又々湊へ馳付たるに　公にもはや馬に乘らせ玉ひ　御歸城なし玉はんとの所故執政も言上せす御供にて夕七ッ時過御歸　城の上言上しけるに　公曰く嫌疑を避形迹を愼潜に武備を心懸るなと云は國持又は外樣の事なり三家は　公邊の羽翼たる事三尺の童子もしる所なれは却ゐ公然と武備を張て可也と云へるはわか年來の志なれはいかさま外より見たらんには少く大そうに思ふべしされは迚此度の如くケ條を以て備後守へ尋たる事餘り心外の事也且又僧徒の濫行を取ひしき一には人心の惑を破り一には民間の費を去んとせしにさぞ奸僧憤激の餘り種々の讒間を行ひたるべし僧徒の爲に罪を得るは實にうれたき事なれ共古より其ためしも不少は不及是非何にもせよ　台命遲々すべからず速に行裝を辨すべき旨　御諚なり仍ゐ諸有司評議の上來月二日　御發途五日小石川御着と定め其旨　幕府へ進達せり是日執政結城朝道幷余御供可仕旨被　命是より評議ありけれともいかにも　幕府事情難計ゆへつまる所推察□虫了簡にて誰迚一定の策あるものなし

五月朔日になりぬれば　公白書院に出御し玉ひ御供の面々幷御留守方物頭已上　御目見被　仰付夫々　上意を蒙り同

二日明六時御供揃にて御發駕なり余去月廿八日より外邪を受眠食不穩とも此度の御供は太平の戰場同樣必死の所なれば力疾馬に跨り扈從す是日長岡御休にて府中御泊り

三日中村御休にて牛久御宿

四日雨、鳥手御休にて小金御泊り余今日まで飯を喫する事・椀に過ず其他魚鹽野菜等一圓喫する事を得ず今夕始て少く食氣を得たり

五日前夜五時　御發駕新宿邊にて黎明𢫢曉千住に至四時頃小石川　御着卽刻中山備州戸田忠敞等一同休息所へ被爲　召種々御　議評御あり晝過御書院　出御供の御家老結城寅壽番頭雜賀孫市御側御用人彪御用人近藤次郎左衞門御持頭渡邊伊衞門近藤造酒衞門御使番三浦□□男御目見被　仰付御持頭以上御手のし拜領其外是迄御留守之面々一同　御目見被　仰付畢而御同所へ世子　出御　御式右同斷是日　御參府に付而之　上使可有之御前例之處此度は無之旨御城付申出一邸失望す

六日松平讃岐守殿松平大學頭殿松平播磨守殿前日奉書にて今日五半時御登　城なり今朝に至り閣老ゟ中山備州へ
今日水戸殿鶴千代麿殿へ　上使可被遣旨申來る四半時頃に至り又々奉書來る
今日水戸殿へ被仰進候品有之付爲
上使松平讃岐守松平大學頭松平播磨守被遣候中納言殿不及面會候送迎にも不及候中山備後守興津能登守其外家老衆にて奉請中納言殿へ申上御請之儀も備後守等ゟ御申上被成候樣鶴千代麿殿へも　上使被遣候云々
之旨申來八時頃右讃岐守殿等御三方被參備州等にて　上意候趣奉之
御書付二通なり其大略
水戸中納言殿御家政向近年追々御氣隨之趣相聞且御驕慢被相募都て御自己之御了簡を以被取計御制度に被觸候事共有之候御三家方之儀

は國持始諸大名之可為模範之處御遠慮も無御始末に　御不興之事に
被　思召仍之御隱居被　仰出候駒込御屋敷に御住居穩便に急度御愼
可被成候御家督之儀は鶴千麿（マヽ）殿へ被進此段讃岐守大學頭播磨守相越
相達候樣　御意に候　暗記ゆへ少々誤あるべし

外に一通は　駒込御門一方は〆切一方のみ通用尤猥に往來を禁し候義
且火の元大切萬一火災之節は外御屋敷へ御立退等之ケ條ゆへ略す

右　上使いまた御屋形御引拂に不相成內閣老阿部勢州牧野備州兩人被
參候ゆへ御庶流方は梨花の間へ御引取　世子にて閣老御引通せ御家督
之儀目出度御請被遊無滯相濟候事

同日肥田大助太田丹波守之內土井大炊頭宅へ罷出候樣にとの事にて大助
罷出候處御家老初　幕府ゟ御差圖にて刑當の事の由余書記府にてちら
と承候ゆへ夫ゟ政府へ不入同日夜もいよ〳〵深鷄鳴頃御用左之通

大廊下にて　中山備後守

差控

差控　　　　　　　興津能登守

役義取放蟄居　　　戸田銀次郎

役義取放蟄居　　　年寄部屋にて藤田虎之介

明七ツ時御厩前の邸舍へ退門を堅く閉て蟄居す」

六日には讃岐守等御三方又々登城被致候處此度中納言殿御住居之處鶴千代麿殿も若年之儀ゆへ諸事別而心を被付候樣別に命令有之内是迄中納言殿一己の了簡にて被取計候儀不相用都而御舊格之通相守候樣にとの意味有之由

但此方御家老へも同斷命令有之由

一讃州殿には最早御歸國御暇も相濟來る七日御發途之筈に相成居候處此上壹ヶ年滯府被　仰出候由

九日終日大雨夜に入篠をつくが如し曉七ツ時大城奥ゟ出火御本丸不殘御

燒失之由

十日朝五時頃鎭火是日まて滂沱少しも雨□□〔蝕虫〕なし白石又衛門來りいふ此度の事目白侯より差控御伺に相成候處御差控候樣命ありて三日〔カ〕とやらん御差控之由目白侯は先達而ゟ御病中にて御引込ゆへ此度の奉書にも預らす扨外御庶流方は御用有之ゆへ御差控なけれども日白侯は御引込ゆへ却而御差控になりたるならんといへり

十一日朝辰半頃に至て雨歇暗雲猶未散昨日ゟ門禁甚嚴監察府の劵を持せされは僮僕といへども出ることを得ず」昨日　大城之災に付尾公早速御登　營の由鶴千麿君には庶流松平播磨殿を以　御機嫌御伺被遊候由但閣老へ爲御伺之上現公には御在國中なり鶴千麿樣是非御登城被遊候樣駒邸ゟ被仰遣候由なれども最早御伺出候後ゆへ其事寢候由

十一日より雨

十三日夕に至て雨始て歇　家書を作て江幡甚太に託す事の書すへきなけれども聊　北堂君の心を安んことを希ふのみ

十四日晴未半江甚太矢野唯の言を傳ふ禁錮中人の出入多からざる樣政府より內意有之候間心得候樣にとの事也且矢野書中藏書を姻親山口へ託すべきの事あり鱸精庵來る余篤疾不可起の風說あり精庵余を見て且驚且喜紫雪一具を懷にして贈らる事別に記す去る九日水府にて山野邊兵庫頭指控鵜殿平七役儀取放逼塞今井金右衞門余と同科に命せられたる由皆去る六日古河侯ゟ執政肥田へ授けたる目ならん山野邊は表御家老なれども御附類格のゆへを以中山備州に准じ罪を蒙りたるならん

十五日晴暮ゟ又雨十六十七日皆雨江甚來云今日白石又衞門御用召なり如何　余曰御用役再勤むるべし　江幡曰誠に如君言五十石を增先鋒上坐に班し調役再勤なりと云

嘉永日録

自嘉永五年十月朔日
至同六年正月三日

十月御用番

朔日朝晴夕薄曇○登　城御廣式へも罷出御祝儀申上候事○今日ゟ弘道館
文武見分相始り候付拙者懸出順に付來狀著己前相廻り候事○八ッ時頃頭取
兩銘にて狀箱へ入來狀弘道館へ遣し候○連狀二通壹通は先達て飯嶋等
申渡返事壹通は福地金十三兩三人御扶持御馬廻り申渡書會澤辰是迄之
通りにて江戸詰申渡書以上二通也
　但辰藏新發流指南　御免跡指南政次郎へ被　仰付候也
一表運壹封右は
駒込様ゟ去る七月十日十三日兩度丹朝へ孫を以御下け之　御書寫差
下し申候尤一覽後直に江戸へ返し候様申來候右兩日之　御書多くは

福御一條に付差下し候儀と相見候

一福會之儀四日可被　仰出之處　御祥忌日に付相延六日九日兩日之内被仰出候儀と相見候○飯嶋等逼塞　御免は日きりものに付四日に被仰出候由に有之候○見分居學詰之族二十八人無滯見分相濟候七時過相引候事○退散後若年寄ゟ若年寄へ今村喜左ゟ運書狀遣候處別而相かわり候事無之候今朔日之分外相記候儀無之候○福之事相極候上は白の一條に御座候處是は此間も申候通り愚案には　駒込樣ゟ小石川へ御再《マヽ》促之節は先達而申聞置候儀如何と計　被遊候ては△《才助》一條もこもり居り候間洩れ一條之方へ計こかしぬげ候間此後御催促之節は鼠天の《野》事白の《井》事其外何々〱の儀申聞置き候處何々〱の故障何にゆへひまどり申候やと申向きに御再《マヽ》促之方埒明き可申と愚察仕候

○文武見分之儀前日申合には來狀日其外御用有之隙取り候節我々出席まち合せ不申相始り候樣御城ゟ申遣候筈に申合せ置き候處拙者を

見分に出し候跡にて鈴何に歟俄に申合等可致との存意もおこり候や
悉くせり立候ゆへ速に肥田一同弘道館へ出仕候事
四日朝より開晴　哀公御祥忌日に付自拜　御殿へ出仕之處尾平罷出先日
御下け之　御書并今便右御受け申上候由にて右御受兩通差出候細谷村
御大炮場之儀此上は炮術指南へも御達之上一同間數打立可申上旨御受
け也○佐藤權內等五人逼塞　御免權內惣左衛門指南　御免跡指南之義
兩人共悴〳〵へ被　仰付候事
但飯島彦八郎水術指南　御免跡之義は來夏迄にて宜敷趣に前日申
合に相成居候處今朝左兵衛ゟ愚へ申聞には右跡遠山殿へも御咄合
申候處水稽古場之儀ももめ有之長く指南不出來にては居り合不宜
候間速に被　仰付候樣にと別紙へ輕部平之允黑澤集ハス見安太郎
と歟三銘相認口上にて平之允儀は里見槍術手添をも仕人物もよろ
しく候間平之允へ被　仰付候樣にと申添に付其趣大小へ申聞候所

大いや輕部はもつての外人氣へかゝわり例之通いろ〳〵右一言に抑やふられ同人横山九郎衛門宜一昨年水見分之節好みにて游がせ候處達者に御さる長太刀も指南ゟも能遣ひ都て武藝は宜敷致抔大學にほめちらし九郎衛門と相決候例のせゐ高福王間柄等之ゆへにも候歟

一今日運は別て之義無之　八郎麿様御登に付有之の運多く其外常體の運御國政へかゝわり候程之義無之候○其外運も無之又伺等も少く候付大缺席撰之義頭取へ申達し、撰之名前失念今日出候て一覧可申と存候所別に出不申候わざ〳〵承り候も如何と存認不申候扱〳〵ふきこん相こまり申候は此留頭へは田丸稲抔之名前も御目付撰には相見候處本文之通更に受け不申候兩人共弟共へ歎願の乙を撰上相成候せは
は恩をきせ候つもりと相見へ候事○退出前大申には天の跡如何にてまどれ候や江戸にては御押合申居候と相見へて二三年已前ゟ之思

召通とうも留り兼可申と申あん梅ゆへ爰元は白にてなんの次第無之
丹朝にて押止め居り候やちと隙取兼申候著明後六日抔申參り可申哉
○御先手同心頭へ麻田兵跡御留主物頭へ乙部吉大御番組頭へ笠井類
之介其外奥番組頭奥番等五六人　　但乙吉は鈴文麿へ歎願大へひ
ひかせ伊豊ゟ小へ響かせ大小兩人過日あれはかわそふに御座候何卒
此節跡へ被　仰付候樣仕度いろ〳〵大番組頭撰へは御目付ゟは鈴三
郎抔も相見へ候處それ例とたつた一言にて跡は評議も無之平奥番撰
にも清水藏之允鵜飼集抔天派と相見へ京都下り之天抔と申清水は右
撰之内一番初筆の所相除き中の立場に撰上け候」其の内伊申ぶりロト
ノドの内にてごと〳〵〳〵へいと申先つにが笑天〳〵と兩人何
事も受け付不申此模樣にてはいつとても靜謐の期難計何卒一人ぶん
ぬき歟又何に故その樣に天をいみきらゐ候や　御書にて御とがめに
致度候處又洩の廉にも相成べく　御妙案有間敷候哉實にごと〳〵ご

とへい、、、の時ははりころばし度相成申候

五日晴夜に入雨○弘道館手跡見分に付出仕百三十人無滯相濟七ッ時前退散○御右筆左兵衞申聞に福政新發流指南之義會辰　御免之義明日被仰出候上若年寄衆ゟ御達に可致趣申聞候間其通○水府流水術指南飯彦御免に付輕部平等手添四人へ指南代をも兼相勤候樣相達由にてへらへらを爲見候間愚挨拶に昨日横山九郞衞門指南之筈に石見申達候樣相覺候趣申聞候得は左兵衞申聞に遠山殿へも其段御噺申候處九郞衞門事は御子樣方御附其上無精之趣先つ手添之者共へ達振之通指南代申達置き候樣にと被　仰候由申聞に付其通相達候樣にと相答候事

六日晴極夕少々曇○福會和等先便運之通被　仰出候今日は道中滿水にも候哉御便著無之伊弘道見分罷出相づち無之氣障之文句も無之○福地會澤和田等先便運之通被　仰出候今日は道中滿水等にも候哉御用便參著無之候伊見分罷出ゐづち無之ゆへ歟耳障り申聞も無之候○同夜九ッ

時頃御用人中ゟ御便來著之由にて同役連書狀二とぢ○壹とちは天の跡
加は可然旨御申聞に付　駒込樣ゟ申上候處其段には無之委細之義は追
て可申進甚た　御不滿被爲　在候中々八郎太抔被　仰付候段には無之
候何れ右之義にては又々後便可及御相談候得共先つ此段――○壹
〆は勘定缺席へ又歟平之儀被　仰聞　駒込樣へ申上候處以之外不宜と
の　尊慮に被爲　在候別人御撰に致度追々格式等之義迄も厚く御評議
之上被　仰聞候義には候へ共右之通り故一々不及御答如是――○
連狀壹封庄半次郎兄半彌病死いたし男子無之に付其方事養子跡式三百
石被下置小普請組――

七日開　○御小姓頭取大古庄兵衛　御書持參罷越候福政へ　御書物御壹
封外に　御書御壹通同人へ田土部六ゟ　御書御壹通河津楠内へ　御書
御壹通何れも　御下けに致候樣申達候外に石見玄蕃愚三銘　御書御壹
通開封拜見仕候處　追々缺席人物　駒込樣ゟ御撰之人物當四月中ゟ被

仰付候向きに候處如何之次第に而埒明き不申手間取候哉御腹立之御文面尤江府丹能朝三人へ御下け之　御書御草稿も一同御下し江戸之方へ強く御腹立此方へは定め而江戸ゟ運も可有之候なせへん〱と致居り候哉と申御意味合　但右御書ゆる〱拜見仕度候處疑念強き人々故へ卽刻伊藤へ相廻候鈴は見分留主故

○此度之　御書愚抔兼々相賴居り候通り眞の圖星と誠に難有過日御玉づさ御書通り之　御書に御座候此度社大方埒明き可申と愚察仕候明八日は　八郎麿樣御暇乞に三人一同一寸　御殿へ罷出愚は夫より直に見分へ相廻り明九日にも見分へ兩日續き罷出申候如何之運通又如何之御請申上候哉一應は爲見候事とは相見候處評議惡口は承り兼可申と殘念奉存候是も元は水門出順損德より發り候事に御座候如何決斷相成候哉此度社十ヶ八九分は此方は押つかり可申候愚察仕候

八日朝ゟ開晴　八郎麿樣明九日御發駕に付五ッ時過登　城之處去る六日

には七日八日両日之内御暇乞に罷出候處爲御待無之様尤八日は御立前日御取込にも候はゝ七日と申候前々日ゟ八日の筈に申合置き候處七日伺に相成候へば石州七日見分出順序故徳に相成候故如是頭取を以奥へ伺候處五ッ時ゟ　御支度にゐ御待被遊候由頭取ゟ申聞候」甚恐入候事ともに御座候　今八日御指合無之趣に付今日五ッ半時申合之處」五ッ時頃愚髪さかやき中へ鈴木ゟ五ッを付候間前日御申合とは違ひ候へ共罷出候間支度次第罷出候には使來り候是は　御支度御またせ申上候儀恐入候と申意味也即刻罷出申候處最早鈴木罷出居候　御書御下け恐入候旨鈴申聞にはどふも一體江戸不宜内藤も家にも無之結構とは此間も御申合申候御間柄朝抔御迷惑可有之近藤等の事は更此方にゐは御同様始めゐ伺候義白井之義は追々運合候義其外は一切心得不申候江戸へは時々此度の　御書の趣御再《マヽ》促被爲在候事と相見へ此度は眞直に在のまゝ御受け申上候方宜敷一件江戸にて先年は連枝方御後見御放れ之節中山始

め　駒込へ罷出品により伺候樣にとは　公邊ゟ被　仰出候處何に〳〵の廉可奉伺やと申上候へはよろしくそれなれは却而申聞に不及抔被遊候御ほとも難計此方ゟは右之趣再應相運ひ候處其節は矢張り御後見之せつ通り伺事不行唯今之樣には事々に伺不申候それゆへ益御疑念も被爲　在候御後見御放れ之節存付通り此方相談之通りに相成候へはよろしく唯今と相成扨〳〵殘念仕候其外　當君御學問之義も一昨年病用に而江戸罷登候せつ旅宿へ長しま彌十郎參り候節も　當君御學問　被遊候樣いろ〳〵　御代々樣御學問被遊候事抔申合先達而橋本八郎衞門罷下候節も何等之義尙又　御學問被遊候樣申聞候處丹樣中〳〵御いきおいつよく其段には無之御學問被遊候へは矢張　駒込樣之樣被爲　成候間御學問は不宜和歌古きん集抔の方よろしく抔被　仰候」〇鈴學問のあしきと申事は無之今日の義り仁義何事にもよらず學問か元に御座る尤學風も可有之候」當御役爲取計之内今朝計直の同役之樣成挨拶振に御座候

其内伊罷出少々咄合内四ッを打」鈴四ッを打御まち可被遊と六日に御またせ無之と申時の不敬に引かわり大男四ッを打と申なから飛か如くにかけ出し候伊は萩庄ゟの申出書を仕舞候隙無之書付を巻なから跡からも是もかけ出し申候奥へも是迄三度一同に罷出候処是迄に無之大男　與二郎様と歟申上候當年御四ッに歟被爲成候御方へぢゞいにおたつこ被遊候抔申上　八郎様へも先日御拜領之御刀爲見罷出候と違大きに御あいそふ申上候伊も同く今朝のけしきにては此度之御書誠大慶廻り大は別ゟへいこう愚は弘道館出順直に罷出跡之事不存是迄御書之度毎に大よまゐ事に御座候處今度は鈴御受書順抔申丸に引くりかへり申候明九日如何之御受書さし上候哉例之通古むち草稿申付候様子跡にゟは愚へも爲見可申候へ共愚又々明日見分罷出申候

一八日夜愚ゟも可申上と存候所大いそきにゟ認落し候處江水兩方へ一度に御下け誠に御妙計と乍恐奉感服候事共に御座候此後も

埒明き不申候様のせつは必江水一度が宜敷と存候

九日終日晴○弘道館見分之所新發流騎射炮騎射其外大坪流等馬術見分何れも無滯相濟申候尤騎炮騎兩樣共御定め之中り有之候付御目錄被下置候事○騎射相濟馬見所へ引取候得は松和罷出居り對談致候處今便御受け之清書同役へ之運草橋持參御受清書へ愚に鈴始愚迄三人姓名開月日御側衆中と認加へ候樣申聞に付認候御封上上書は伊藤樣に而御認と申聞候

御受全く之そら覺大意左之通

○欄外記入

六日夜著之　御書御受け一々申上白い儀は先達而運之節當節何派堂と申儀も不及承候處先年動搖之砌轉役被　仰付候者之儀故此節被　仰付候而は人氣へもかゝはり可申旨挨拶仕候義は再三御座候得共其外藤一跡近頃長しま跡鴨志小田部等之義は今度御下け之　御書に而始而奉承知候義此上運合も御座候はゝ判讀之上挨拶に及ひ候向きに申上又藤一跡之儀は御出來に相成候や不成哉抔掛り評議仕候位之事

にて打過候意味也○同役ゟ同役へ之運草稿は　御書御受之意にて案文相違位之事尤此度此方三人へ御下け　御書寫又二日小石川三人へ御下け之　御書御下し之寫共二通相添仕出候文面也なぜそれほどの事を早速御運ひ無之ととがめ候文義は少しも相見へ不申候

○欄外書入
馬見所にて古むしへ對談之節は騎炮騎射のみ相濟馬術見分前其上辨當前ゆへ出席之族は丸々御上の間には屏風かこゐ内にて對談外には奥藏口はきけずとも耳は聞へ御二の間に中村と宇都小番頭遠龍等居り合清書之事故くり返し卷返し熟覽も仕り兼月日姓名等相認そこそこに對談だんまりの幕に御座候どふも思ゐしく殘念仕候」大之手跡は見事達者には候へ共よめ兼候處所々有之耳數多く承り候も相成兼隙計取れ文意呑込兼申候大通は間違は有之間敷歟

連狀へ遠龍名前之義先

十一日開晴暖和○今日運連狀壹通のみ外運無之　紀伊菊千代樣御一字御拜領從三位中將御官位之旨連狀にて申來候○若年寄代役ゟ若老へ右御

日被　仰下候通今村之名前も無之御覽之通全愚覺違に御座候左樣御承知被下候〇白井等之義行違と申文義呑込兼候押返し松へ承り候而も宜候處內心之一物有之候事故耳障にも可相成と相扣何日の御便に候哉行違之所呑迄兼申候一昨九日此方出仕し之草稿に而相考候へば行違之わけも無之樣に被存候

官位に付御祝儀申上ふり等之義忠出讀上け候〇頭取ゟ頭取へ運御年寄衆御狀御仕出無之旨一通〇白井等之運行違に相成候と相見へるとの一通〇平ゟ平へ女中等之事常輪ものと相見其外耳たち候運無之候

今日は水門見分に付缺席伊の有樣は水門とは大きに違此度の　御書も余り響不申候樣子けつ兄弟分と相見へ申候」恐入候けしき更に無之ひん〳〵と致しかし惡口も不致候」當年鮭少き咄移りに伊申候は此間は紺屋町にて而はうなぎ澤山に取れ候由御實弟さま抔澤山御取り被成候由八貫目も御取り被成候哉と申聞」愚何に程取り候哉罷出候由甚た恐入候事と申候へは」伊孫市抔先年は度々出候由申聞」愚素人とも違弟之義於私入」恐候間早速御相談申恐入可申立哉とも存候處實弟には御座候へ共前々私所存通りにも不參九日御便に右之趣朝比奈へ申遣候ぎも御座候間十六日には何にと歟申參るべく其上にて而入恐可申出と申述候得は」伊孫市抔は御小姓頭位迄は出候歟とも相覺候抔申」刻之通

此風聞申出天派なにみ候風聞書くとも候相見不申候様被存候伊近所に而も寺門へは此風聞へはかゝはらぬと相見候抔ぐづ〳〵申候

萩庄の此申出書は愚とふ〳〵手に取り一覧不

へいへ〳〵〳〵〳〵」〇久木風聞松權差出候處有の儘やすらかに一ト通りに出候大意太田御殿守清兵衛か七郎衛門二か三か男直三郎鐵石入門に付直二郎一同柵町鐵へ參其席へ罷出候もの山本政二郎美の部新藏高橋友泰と歟病用にも候哉罷越落合酒相用友泰直三郎少々口論も仕候や直二郎取押へ罷歸り候節も途中に而又々同人口論も仕候歟に付友泰へは新藏付添先へ罷越元白銀町邊に而友泰を先へ遣し新藏義は跡へ殘り久木兄弟等待合一同參り候處佐治七屋敷横丁邊にも候哉直二郎へ直三郎にんぢよふに及淺手おはせ候由直二郎儀は療養相加へ候趣直三郎はおり住居申付候歟の由小十目鈴茂等風聞申出候よし

十四日終日雨左之一件は此間中認落し候分〇去る四日　哀公樣御祥忌日御名代御祝文等間違之義に付近義等ゟ六日恐入申出候右御同樣之義に而七日に萩庄間違之次第五ヶ年已前も同樣間違土屋采女殿死去之節見合等書取に致伊玄宅へ持參之由八日に右申出書伊　御城へ持參之處八

致候所八日奥へ大かけ出し之節跡ゟ巻なから小かけ出候節之書付なるべし

日は　八郎麿樣御發駕御暇乞三人罷出愚はせり立られ射術見分之方へ
罷出跡は如何之相談に哉其日のもよふは不心得候事
土屋之節は敎授も御揃祭と申事不存か又脱落に候や此の度も　駒込
樣――　御服中に秋分御祭と八月十九日　武公樣御忌日御
名代御祝文御座候事
○九日には　御城へ罷出に不及との兩人指圖宅ゟ直に衫山通行にて騎
炮馬術見分へ罷出候九日　御城の模樣は更に心得不申候○同夜八ッ
時過肥田大助ゟ返事之由にて御用人持參之由取次之ものゟ差出候付
開封致候處左之意味

大返事本書は松へ留る

御手紙令拜見候明十日いのこに付御揃祭に付御名代相止み役人に
て御備に相成候旨致承知候〆

月　日　　肥田――

岡――

○右之通返書申來候所愚右觸出し元更に心得不申又御揃祭と申事不存候に付何に故相止み候儀心得不申故深更なから松崎へ左之意に申遣候

別紙之通大助ゟ返事之處右は御役所仕込にゐ觸出し相成候哉又表御右筆方仕込にも候や觸出し元更に心得不申候に付御ほと合承り度如此御座候

月　日　　岡――

松――　　返事は別紙之通

○十一日の模様　御揃祭之義伊松ゟ承り候處松もしかと心得不申水門さまには九日夜敎授御呼出しにゐ御尋に罷成候間くはしく御承知いつれ水さまゟ御承知とのぬけ挨拶」伊申候は　義公の御時は如何抔いろ〳〵わからぬくり言其後伊申しには此方　御廟へは御名代無之江戸　御神主へ御直物は可被遊哉と相尋候處」松其の所迄は心得不申旨申述候」伊新八郎へ申候は右之有無敎授へ文通にゐも宜敷問合候様申達し」松承知

之趣にて相引候」退出迄右之挨拶無之引懸け書記部やへイ愚両人立寄候節」伊教授返事は如何と申述候へは」松我々共呑込兼候義文通仕候ゟは明十二日柵町さま御見分御出仕之節教授へ御直に御尋被遊候方可然旨申述候」イ水門にて委細承知との事に候へは承りにも不及候処江戸と此方とまち〳〵にては不宜候間明日承り候様可致と」伊挨拶致し退散是迄の所十一日のくさり合也

十四日

○庄半次郎跡式三百石被下置小普請組○御用之族有之候に付大も見分前出仕三人揃松も出居り又々御揃祭一條伊申には御揃祭に付江戸　御直拜之義一昨十二日弘道館にて教授へ承り候筈之処見分前は教授不致出仕見分相始り候ては間合無之遠々不承候処　御直様之義は先夜御尋に相成候や如何と大へ問懸候へば」大そこ迄は不承いろ〳〵有り」愚江戸と此方とまち〳〵にては不宜様に存候間今便右之趣相運ひ候ては如何と申候へば」両人大きにと申候ゆへ」愚松へ今便運候様月番役に申候へば」

伊それでは御廟と常平倉計りは駒込樣御持前御ゆづりなし三人高噺し候伊外の事も押移り不申樣致度へい〱へい惡口にくき小男に御座候

松御揃祭と申義我々共此度始而相心得候事に而得と呑込不申義は書取にも差支候間可相成は今一應教授江御懸け教授ゟの申出書相添御運に仕度と申候間早速教授呼出し是非今便運に致度旨申達候直に大は見分之方へ相廻り候八ッ半時頃松罷出候而申には教授御呼出し岡忠さまゟ御尋に相成候處江戸表に而　御直拝之義は不苦旨御同人へ申上候由松申述候」江戸に而御直拝さへ不苦候はゝ今更運にも及間敷と伊も一同に挨拶致候

○鈴未た見分不廻内九日夜大教授に承り候講譯あらまし左之意

御廟祭之義は御祝文御座候節は御祝文へ　齊昭卿の爲に臣何々を遣し而と申御文義故　御隱居被遊候而も　御廟祭之義は　駒込樣に而被遊候御居り之由先年佐藤捨藏へ御掛け之節捨藏所存に而は　御高祖々と歟承候　此御家に而當時之所に而は　良公樣を御きようしつへ御移し申上　文公樣　武公樣　哀公樣を御繰上け是迄　哀公樣被

為　入候所を御明け御かいたいに仕御祭申候義本式の由捨藏は申候由然所それにゟは跡を御まち被　成候樣にゟ御不幸道に相成於一同も恐入候義故御かいたいには不相成どこ迄も駒込樣にゟ御祭主ゆへ駒込樣御指合之節は　御廟祭は無之又　駒込樣御代拜は御止め　駒込樣御名代にゟ　當君樣之方御代拜にゟ宜敷候處そこは日本風にゟ左樣は不參杯いろ〳〵の物語に御座候右之通故尚以今便是非運候樣松へ申達候處　御直拜は不苦候よし

同日
去る十一日白ィ等之義運行違と申義不心得旨御通達申候處又々例之不氣根大ねぼけ仕候右は江戸ゟ當月四日仕出にゟ六日夜八ッ時頃著し來狀に天の跡へ加り之義　駒込樣へ申上候處其段には無之との返事〇壹通は勘定欠へ白石尾平等もつての外と申來り既八日御通達之内に申上候筈と相見候處失念行違と申上候事と相見候

和善等の一件も行違の廉に相當り申候

〇今日愚壹人罷出居り候所へ大出仕十一日には何に〳〵の運と申

聞に付」愚連狀にて　紀州樣御官位計　欠ヽ、と相答候へは」伊へも松へも逐々出候節同樣に相尋候當時は別間對談も無之宅々にては如何かん者遣ひ候者無之相分り兼候表向きは△壹伊之頃と違少しは宜敷しかしそこらが引〆所と相見候間愚たけには何分心を付可申候

○見分へ廻り候前鈴申には勘定跡へは石宗ならば　駒込樣之方はきつとよいので御座る何れは派堂は如何伊松兩人同聲に何れは別て之事無之いろ〳〵深澤甚は如何兩人何れはよほきみ合有之其上戸田の間柄不宜」鈴それと諸大夫明き跡餘り長く明き尾紀加州の引事等いろ〳〵御外見にもかゝはり山野邊も一代無官にて相仕舞當時兵庫にても又外より被　仰付候共今日御運宜當月　公邊へ被　仰立候儀實は　江戸にて目論宜敷候處當時は例之御受等にて其段へは心も付申間敷御運之方よろしく○今日運は右諸大夫一件頭取運にて小關宗内中風相煩病身に付間柄等ゟ隱居內願のつぶやき有之候一條の運○瓜つら突鏡再こん向山

ゟ願天團持出し候處伊此節の模様に而はとてもむだ折も御ざろふ抔いろ〳〵しかし出候もの江戸迄は爲登候が宜敷とて爲登候
○愚案に　過日　御宮大照寺再こん位に　駒込様へは不伺に　尊慮相濟候抔可申參も難計と爲登候歟坊主すきにて扨々こまり申候
十五日雨夕雨止み○登　城御廣式へも罷出御祝儀申上大廣講譯有之候
松出
○今朝教授ゟ御揃祭之義書付に而申出候處　御直拜之義苦有間敷と申出候愚有間敷に而は浮而居り候也江戸は直に運不申候而も宜敷やと鈴伊松三人へ對し申候處きつと　御直拜不宜敷と申義にも無之」伊江戸は此方と違御備物も無之全　御拜のみ十九日に而よろしく旨ちとなげやり之様に而心あしく候處なんでも運ひ候方とも申兼又右一件之義は六日御小姓頭等ゟ申出候節江戸へは早速運不申候而は不相成候様存候處是迄一同御揃祭と申事これも心得候もの壹人も無之不學之至り扨々恐

○欄外書入

入候事共に御座候○向側三人肥奥赤同役三居り合節鈴伊へ向ひ先年瑛想院様御隣家御出之事御座候浦のかきつ御見物と歟覺候」伊左様の様覺候」鈴手前へも左源次を以　瑛想院様貞操院様庭御見物被爲入候由それに付御便所等の咄いろ〳〵

○欄外書入

貞想いん様兼ゟ御保養不被爲在　駒込様御ふびんに思召候由は先達ゟ曲馬　御見物之御目論之節之左源次咄にゟ同承知致候大先日臺子を以左源次に兩三日中鈴宅へ參り呉候様申候へは左源挨拶に畏候旨申述候左源を呼實は御保養にも可相成は御入を願一同の前にゟは御好みの様に申候歟　それなれば御書の御模様に恐れ御はむきにも相中り併御はむき申心得ならばまだもよろしく如何

十六日朝晴夕曇○伊は見分出鈴愚兩人計大今日は來状何にと申參候哉相待候様子愚も内心には何にと申參り候や實に心まち致居候内運状二封鉞指出壹封宛開封之所○壹封は天の跡白も不宜不遠江戸ゟ人物申遣候

由大甚抔にも候や內藤跡近頃抔之事一切申不來候〇先日御受草稿返却之處至極宜と大悦之返事也返事大悦と申意味は白井動搖の砌御轉し之者再勤と申文が大悦にも候や〇壹封は　八郎樣御附人之義名前は不存人にて失念伺候處　御同心無之御撰御下け之人々は丸天にて御受不致其內市川善太名前有之候處是へは　御朱書にて善太夫付申付候はゝ里見鐵中納言小納戸申付此度罷登候鐵次御國指南申付鐵之助罷登上候はゝ善は指南御免又鐵と善と兩人指南にて宜敷」是もむたに相成候歟伺も三度程　御撰御下も有之候鴫志御小姓頭取にて御付其外名前不覺の處市川吉太郎と歟沼田文二郎と歟其外會澤悴志摩悴ゐ被　仰付候樣子也
〇右一覽大奇妙〱百へん程どふも奇妙扨奇妙あれ程に被　仰出候義御押付申付候哉扨々奇妙併しじうの所如何致候ものに候哉どふも御父子樣御離間之所之所へかゝはり可申如何致候もの此あんばいにては此方と違江戸へは嚴敷御書度々にて何んとも不存と相見るしか

○辨當之節御書ゆへぬげも叶候歟と申候へば鈴左様に御座候御呼付御直に被述候へは宜敷それは御きらゐ雑賀も丈ふ之男不快抔無之所指支と相見たと申候○歸宅之上考候處　御直に被述候へは其御席に而は奉畏候いつれ同役共判讀之上抔と申上候て又書歟孫抔な以ぬけ可申歟　どこり仕候而はか

し先々之所如何致候ものやそこらも兼而ふまへ有事とは相見へ候へ共扱〳〵奇妙そして鴨志田事もあれほどに被遊候所すらりと相てんじ御受け付不申候處いかにもいきをい強きには感心しかし跡々しぢう之所如何奥内一抔も四年ほど已前ゟ之事とふ〳〵てつへん一打此先老中等へ被　仰立も難計所何んとも不存様子扱々奇妙其後松へ書狀相渡あら〳〵相咄奇妙〳〵其後出候節來狀如何松にこ〳〵中〳〵よいおいきをいに御座候團へも同く團も江戸表へは度々嚴敷御書御下けと相見へ常式もの丶様相成御響も薄くと相見へ候抔申候

○辨當之節同様奇妙〳〵」愚いつも受流し計も如何と　當君様尊慮も可被爲在と申候へば」鐵一體御側からいろ〳〵申上候故　駒込様被遊候事は御きらゐに　思召と相見候こまり候ものと申候○勘欠へはたれ〳〵抔いろ〳〵有、石宗抔の事今日止み十九日には若用抔之目論にも出候間鯉淵と申合跡壹人は十九日迄にと申合候○頭取運別而之事無

〱敷事は不參と歎息仕候

公邊も金好きたんと遣ひ候てはむちやさばきに可相成歟伊なふぢ拔きは右一條ゟも耳遠の所計に而も澤山と存候跡人物白井にも相成候てよろしく

之〇平運に　公邊ゟ小石川迄御廐一條申參候は御別當豐初め都而引張り人丸々呼出相成候趣小石川迄申參り候に付江戸同役共豐迄呼出候處大迷惑　公邊を取つくろいの了簡の運ひ面也〇初發内濟目論豐ゟ申出候節百兩位は遣ひ候而もと申出候處此節は何程に而も御入用ほとは指出し候間御取つくろい相願度と岡忠を以頭取松迄申聞候由〇退散前大松を呼小田部の事も十九日同役迄は心得に巾遣候樣にと申達すへい〱」大頭取三人と申は是迄無之調役にも候てともかくもと申と申候へは畏候旨相答相引

〇愚九日は見分に而此一條更に心得不申候處右咄に而相考候に小田部丸除き之目論に候や又調役ならばよろしくとの事はよもや九日相談は有間敷兎角天派は何欠跡へも入不申候工風と見へ申候今便來狀に而又々つよみ付候樣子相見候

〇くる敷の餘り愚存左に相認候〇先日之　御書又今日の運に而愚慮仕

候に吉は極悪と存候朝長も同様此三にゐ丸々ぶちこはし候歟鴨抔之事今少し　御押合にゐも宜敷と存候しかし鴨を　八郎様御付に御押付られ之姿に表へ見へ實は右御方御附に候はゝ時々　御側へも出候事故御手なつけ被遊候上書記へ御入の思召の御深慮にも被爲　左候哉左も無之被　仰出候儀を直に引かはり候と大抔は吉に御押付られとのみ存候様子にゐふしぎ奇妙〳〵此後は何程御強く被　仰出候共御國にゐも江戸の御答強きをまねたがり又　公邊へ被　仰立候と申は丸々御うそ御びしやとうたぐり候様子也扨又吉も相應ののぼせ者故兩度の月見御召抔を御はむかれ申候と心得ます〳〵滿心つよみ付候や先達愚への返書にも吉　當君御側罷在候内は何事も心配不致大船にのりちんころにほへらるゝ様に存居り候様空言返事遣候位の向不見の男故當君にも未た御年若故吉は別ゐ御氣に入被遊何事も吉々と申御てうし合にも可有之哉いよ〳〵其向に　公邊御頼候はゝ吉を

表へ出し御國御城代其跡は江戸好み故鈴を江戸へ出し大は折々申候内に　御父子樣御離間と申所へ心が付又しじうゝ處如何と申處へ心か付て居り候間吉ゟは取所可有之歟朝は矢張是迄ゝ通り吉御國へ參り候跡ならば又うごき付可申候その意味は先年　駒込樣御世盛りの節戸田へ高橋新抔を賴戸田も家内ゝ方より遠緣の續き合心安致度出はいりも致度抔鉞ゟ新へ賴ゝ事抔覺居り　御ひざ元にゐ御あんはい次第からだに似合ぬおく病もの向き違候ほと難計又當時の政府にゐ御國勝手にも相成候へばとらを千里の藪へ放ち候と同樣と存候なぜならば鈴伊と違ぞく人ゆへ人出入も多く其上くる人ことに酒を出しざつにあゐしらゐ候故姦物計平日山の如く人集り又鈴伊抔もよき棒組と存御國のいきおゐ高太に可相成歟江戸にゐは吉の尾に付ごとことやつて居り位と存候吉とはなれ候上は能先生ゆへ是迄の樣には有之間敷鈴上席にゐも又江戸の模樣もしばらく中絕ゆへ能次第と申意

味に候歟吉御國表と相成り下り候上は出入之人も高が小山隱板下水位之事別而の仕事も出來間敷此度の江水への　御書に而はよほとの響にも可相成と存候處ヶ樣の模樣に而はいつとてもはか取り申間敷むねくるしきの餘り愚慮相認入御覽候貴考如何

森新もよぎなく被頼さし置き候事とは相見候へ共男だてなどやめ早く指出候方歟

第一番に御目付ゟ撰候かこ已運ひ不申候」小此間大申聞に已などそほと御目付方でこん望ならばやつて

十九日朝曇雪模樣九ッ頃より晴○月番加固巳出森新野州邊のめくもり女か被頼さし置き候付町方ゟの申出をよみ上け相引候節」小吉へ返事の返事に相成候が此壹封又々遣度今便爲登吳候樣にと巳へ相賴候○今便草稿三通壹は先便申來候中奥等三役いつれも別心無之振の返事○二は疋田傳藏小十人格の御鷹匠是亦別心無之ふりの返事○三は此方ゟの仕懸大略左の意味○近九先年組頭兩人勤の節組頭相勤候處役所熟和不致且書取不得手之趣に而新御番被　仰付候所御目付中ゟ再申出も有之候間此度組頭缺席へ被　仰付可然と存候御扶持方貳人分御增御馬廻り格列之由御進めにも無之候而は張込相勤申間敷抔の文面也○右之外表運は

も宜敷と申候が團がぬけると見れば御役所内餘りぬけ代り多く已のは先日たんまりにゟ近九た運候がよろしく寺キとは同服の咄に候へき」松寺キも全く當分の所は役所にゟ差支へ候由遂ゟはよろしくと申候へき」小跡ではよいと申はどふ致候事」松目安入り歟のよしにて此節はさし支候由に御座候」小そんなら猶以よろしく今九も近頃は病身に相成舊酒ものめず

不相見頭取書狀定めゟ有之候事とは相見候處見不申候平運は中根村御百姓某今年八十六才の老人多年心掛宜敷分家等多く取立候功老を以籾被下位の運にゟ耳立候事無之候○金貸の風聞は古む引〆居り今日も爲見不申候○福明廿日忌明之由にゟ十二日方著にも相成居り候歟　御大封貳ッ明日御下けに仕候由にゟ書き持出に御下け致候樣相達候○今便は量より常山記談なら三冊位の封物壹つさし上け無事に出候○引け懸月番之江水敎授共ゟ申出とよみ上け大意「日本史　御進獻相濟候上ばつこふ紙千枚御獻上罷成候御前振之處遠路之義萬一御品そんじ候ゟは御間缺に相成候間外に御見替千枚と申出候」小夫では千枚なくてはなるまいか」已御用人衆へ御懸に仕候處五百枚御見替へとの御了簡」小夫で御用人は御間を合せるつもりか」已へい〳〵」小愚へ向ひそんなら七百枚とも致候ものかね」愚少々事にゟ萬一御間缺に相成候ゟは不宜矢張千枚と申候處」小御用人五百枚にゟ御間を合せ候つもりに候は丶五百枚と申五百

舊冬近義の所で心悦の節參り候が一吸ものめず病身長く不相勤内には丁度寺キよいと相見へろ抔にて本文の向きに近九組頭と運候

枚に相決候
○御進獻濟後事ゆへなり〳〵に承り居り候
廿日晴、廿一日晴、廿二日朝曇夕晴○運吉半年程御國へ在番と申事のみたつた壹通の運也
○何事埒明き不申候有樣也
○松出勝五殿御待居り御國勝手と申運の再促今便申參候」小御書院番頭にでも相成下り候樣致度」松當時は御書院之方には缺席無之白井殿跡大御番の方へ御廻り上けにも不相成候而は」小そして藏のはよき見合も無之や」松どふもよき御見合も無之」小藤田中村のも見合にも相成間敷」松岡部忠殿は十八扶持之處是は御部やゟ直に御隱居」小一たん表へ出候而は御扶持は六ヶ敷とや」松いろ〳〵山のごとく申述忠藏殿は四ヶ年ならでは御勤無之てさへ十八扶持御頂戴藏殿は八ヶ年其上動搖の砌ゟ」小別而大義相勤候」松何に歟少々は御隱居候節は不被下候ては

抔の申合せ
小本文草稿可然と松へ申聞○本文申合中場頃」小松と愚へあじな目つかい又おまへと小とにゐ張り込御扶持方事を世話をすると　駒込様ゟ被　仰はいたすまいか　△甚タいやみ實に骨身にこたへ申候萬一御さつとう被爲在候はゞ洩の廉々無之樣相願度實に身か引けきをくもなんにも届き兼申候
○前文中藏勝の申合最中へ水金愚の前へ出指急き候義と江當り難計戸兩國御石場會所へ御國中ゟ荷出し之義　公邊御觸へ突と江戸問合せ之内　御郡方へ突當り不出來樣と申達をよみ引懸に役所内さし合御座候と巤半切三尺位二た卷愚へ渡し相引候小と松は前文之趣申合居り候間愚一覽致候大意左の意味右いやみの後故そこ〳〵一覽仕候天團御轉之義舊冬御申聞有之候處得と吟味致候へは天明とか相見候御右筆會澤清衞門悴同樣之義にて悴閉門父清衞門は廿日遠慮

御免後役居り其外同様の見合名前失念仕候石見殿此度表へ御轉にゐさへ世の中人氣うごき候御砌ゆへ相當之御見合も候事ゆへ兩君へ御申上是非團事御役居りと申來候○跡壹巻右四人の見合也○松水金不念と申へら〳〵を小へ相渡候團事天明の度御見合も御座候處不吟味の御運仕恐入と申へら〳〵松ゟ小相受け取り候
○長々引延し置きこんな見合抔さぐり出し扱々いぢけ候又洩のひゝきにてどふもかつこう大都合自然と身が引け相困り候
此相認候所へ高筒參り大亂書よろしく御推見いのり候
再見不仕落字等御推見
廿四日晴○鈴出仕直に松は出候哉如何」愚如何に候や」大松〳〵と呼候處未た不出候由」出候上御用始り前鈴松別間極長談團登り模様恐たけには心を付候處右長談之外何に等今日は外にあやしき事不相見伊抔も何んにもしらぬ顔付どふもわかり兼候○大月番の書記を呼藥王院ゟ改葬之義

に付願書出候哉如何」已の相引願書出居り候由にゐ大竪紙願書鈴へ相渡開き二三度繰返し披見物入多の歎息伊請太刀御普請手代湯澤共等へ入用つもり相懸け候處壹ヶ所にゐ十五金位丸々改葬致へば七十兩餘之かゝり夫も下次第下か右のかこうとにも相成居候へば中々其段には無之由」伊先つ一二ヶ所も御改葬跡は逐々被成候姿歟いろ〳〵○御用始り廿一日運ひ之通り覺等それ〳〵被仰付候○今日運廿一日の運狀返書計四谷鴨已下新井上甚三井源等追々夫々へ御撰相成候樣にと返事のみ也○黴天跡勘缺等參り長引候間今便再促申遣候樣にと鈴發言にゐ松へ申達候明日水門へ　奥ゟ御入に付辨當濟間もなく賴合相引候○伊愚兩人罷在候處へ松出廿八日　茂姫樣余六麿樣御著に付御供方等下され物等之儀二三ヶ條御用人ゟ被賴候由にゐ申合其後兩人へ申聞候は水門さま御申聞には石見拙者貸金等之義世の中いろ〳〵風説も有之迷惑致候處何に歟かこつけ候樣には候へ共元は　駒込樣　尊慮に武備手厚に致候にも困窮にゐは

○欄外書入（一）

不行届との　尊慮ゟ御發り生れ付のしわみの力みなるべし知行所籾金納向返金等に而取立延金之ゆへを以時相場ゟは自然金高も多く相成當年も逐願出等も候處先達而門奈角塀へ張訴等之向きも有之如何致し候物に候哉尤相止め候にいたせ今ゟ直に止め候様にも相成兼又　公邊　上様に而も御かし金と申事は有之高利を取り候而こそ不宜左様無之候へはよろしくや旁同役共申合候様との向き御咄と申所へ松一寸立右之咄はそれきりに而今日は相止み候○藥王院ゟ之竪紙伊の脇に殘り居り候を伊手に取り松へ相渡し候へば松是は團へ扱に候處寺社方に而申候は御家中改葬之義は寺へ相對斷のみ役所に而かまゐ不申まして公邊抔へは尙以の事に候所水門さま御改葬莫太之御物入御迷惑に付藥王院御頼にも相成ケ様の願書指出候哉寺社方に而も甚た指支候趣に承り候」伊福地壹人出候而さへ世の中さわが敷砌まつ〳〵相扣へ候方春にも相成候へばともかくも抔と申候」愚

○欄外書入（二）

駒込様ゟ右之儀に付御再促に而も有之候哉と申候へば」伊松三四年已前にも相成候哉改葬御延引に相成候趣會澤迄へ歟御届けに相成候様相覺候」愚何んと事參候哉と申候へば」松御返事は參不申全く御延引相成候處御届け形ち之様相覺候と申聞候付」愚御再促に而も有之候節はともかくもしばらく相捨置き候方と相答候へば兩人共至極大慶之様子也

○欄外書入（一）

藥王院願書大意左之意味　拙寺檀家鈴木石見墓所相引候義

先君様御指圖も御座候處唯今に而は追〳〵元へ御ふくし其上立場之人に而改葬等致候へは下〳〵の人氣うこき又他家への御響合先〳〵仕職へ對し上野へ對し候而も拙僧代より改葬に相成候而は不本意不相濟事故上野へ申立其上に而　公邊へも申上候上ならでは改葬之儀相成がたくと申向き之願文也

右願書之内に　先君様御名前も出候事抔の文義相見候○にくきず坊に御座候　大ぼたい所とは申乍ら吉田へ時々佛參悉くこん意之様子

御城へしよじん辨當之せつは藥王傳のしよじん料理のさゐに御座候」

○欄外書入(二)
伊申候は萬一何に歟御さつとふ御座候節は此兩人にゐ御申うけ之義は御受け合と御申聞かよろしく抔

○欄外書入(三)

○愚腹の内にゐ寺社役所推察之通物入多迷惑も〳〵亦追々の嚴敷御書こはさもこはし此先延引の御せり込にゐも有之候ゐは御申譯無之自分ゟ止めきりには致がたくず坊又は上野の力をかりて止め候つもりと愚察致候又寺にゐも改葬相成候ゐは德のとれぬ事ゆへ例のざん言申立候儀も難計此節わづかの事にゐ　御名前出候は如何と右之向き致挨拶候

○欄外書入(三)
今朝の大松長對は此金と寺の二ケ條の樣成向きに申聞候長對之品は外有りなし如何

廿六日朝ゟ薄曇夕小雨○大小へ申聞候團へ之實弟も相果候よし團發足翌日中道中位と相見途中にゐ行違相成候歟いろ〳〵○運状壹通鉞持參中

江戸に而此度は最早押きれ不申御國之方に而又此前之樣に動搖の意味に而も申遣候樣に長ゟ松に内々運ひに而も申參り候哉表運の面にてはずんど一と通り大小兩人又番頭兩人の明きと申所なもつて考候へは今日運狀開封迄之存念に而は白井可然と

二タ結〇壹結は天の跡加八はとても不參　駒込樣ゟ白井との御指圖之處實地之模樣如何其許模樣次第　尊慮可相伺と申向きの文面也〇尙々白井義　公邊ゟ先年如何之向きに申來候哉留記等取調も此節混雜之砌と申文面也

〇大なんの事で御ざろう是程ならば遠々申遣ばよろしく今迄引留め置き扱々埒もなき事又　公邊ゟ申來候義は江戸ゟ元に而失念と相見餘り何事も鼻の先計扱々こまり候もの尤　公邊ゟも指たる儀には無之奧藏表へてんじ内一を番頭等へてんじ右跡白井可然と申樣に相覺候」伊左樣相覺候其節新次郎さまの御名前も申參候と相覺候」鈴左樣には無之」伊又御番頭が兩人の明きと相成御書院之方も度々再促有之候所それの出來ぬ内に又大頭明き候抔申分也

〇跡壹結は江戸吟味役明きへ大澤伊八可然尙　高松侯ゟも伊八定府被遊度ふり御賴と申振の文也〇松出今日は我々運書狀無御座江戸表も何

申遣候腹と相見候今明日抔宅〳〵に而申合も可致候也

本文公邊ゟ申參候義どの申ふ候と申義來り留の樣成狀ものの松持參の所留落ちにも相成候哉不相見候よし又〳〵相尋可申よししかし覺之通り大方は相違有間敷と三人とも申合候

に歟御混雜之樣子に御座候と申聞候○今日も臺子前の溜りに而大松少々之內對談○一昨廿四日大頼合早々相引候跡へ左兵衞舍長持參之所」伊申候は弘道館之義は都而ゑん龍へと申に付置き候所又々今日左罷出遠山殿へ御咄申候處中々相分り兼候間矢はり御部屋や御了簡と歟申候と申述書付指置き相引候例之通書付兩人の脇へ置き□でそれで是は中山へ出候哉川セ介は撰第壹番に候所大はもし天にも候哉しかし高根の撰に出候間天には有之間敷高根も□は大きらゐ故撰不申候筈」伊親ぢ隼太が□きらゐゆへふせぎ切り候と相見候併御實弟さまへ得と御聞合せ相成候得は相分り申候」大いかさま左樣仕ろうと評議相止候
○念から歟□きらゐには扨々腹のたつ事に御座候又遠龍も數人の內是らと申へく筈之處廿日計已前とは遠龍腹のぐわゐ違ひ候歟廿日計已前には水術指南輕部六よろしくと申又大は横九よろしくと申節は先つしばらく之內手添四人へ指南代御達し置きと申置き一昨日は同

人左兵衞を以水術指南九郎へ御申付と相かわり申候此度　八郎樣御供罷登り居り下り候上申渡候筈也いろ〳〵にくどり廻り候歟

○福政へ御書御下け御受け之義先達ゐ中ゟ御便の時々」大小兩人中にはケ樣も御炮書と申も有物に候哉廣きものと相見へる」御封の外よりひしぎ廻し上下に枚が御ざる抔きこへたりきこへぬ位に申合候持參の頭取の内にくゝ取合せ相引候も有又無言にゐ相引候も有りいつも下町のはすみ茂抔にくゝ取合せ相引候青量は折々之ゆへか何に故へか少しも疑念無之有樣に相見申候○今日は天の出勤謁罷出候節少々立兼候所忠手を添へ立候處天の袴腰の下た左り之方おしよんにてびつじより實以氣の毒千萬之有樣に御座候大小あれごろうじろ何んのえきもなき事出ずとも宜敷に併追々書記共ゟ承り候内願一日にゐ宜敷一席に入引込度との内存ゆへと相見へ扨々かはゐそうに御座候然る所とてもむだの事故一日も早く隱居被　仰付候方難有跡役直に被　仰付候よりは却ゐ其方

ゑきもなく天さへ今日出不申候へは白之事計にゐ相濟候處天出候計にゐおつな申分に相成候

難有御座候跡役と入代りにゐは餘りむごく御座候此次御便先つ隱居之所計早く相運候方宜敷兩人口を揃へ申合候

○廿九日御便りに白の事は返事遣し不申内存に候や大の隱居之事早〳〵後便に申遣かよろしく白の事も一寸一筆自分で書でも無之運んだらよさそうなもの跡先わからぬ腹の中に御座候

○愚存先達ゐゟわからぬ事は諸御役〳〵缺席跡餘り長引遲も一ケ月半もかゝり三四度も江水往ふく致候へば黑白相分り可申所御書いん頭谷の跡抔未たれとも愚存の耳へは入不申候諸役引のばし置き進みたがり候人々ゟはいろけんもんにゐも受け候つもり歟一向呑込不申こゝらのあん梅如何のものに候や

廿八日曇晴〳〵　於弘道館例年の通御家中手乘無滯相濟候

廿九日朝ゟ薄曇夕晴　茂姫樣　余六麿樣昨廿八日御著に付御機嫌御祝儀申上候御くわしいたゞき候○駒込樣ゟ久米新を以　御傳言被下置候事

大は白どふで若にたらぬで叶ぬと見込み是非〳〵江戸へやりたがり右は志の上席に成るがいやか

○大　駒込様ゟはともかくも　當君様ゟ定式物有之筈御側之者ゟ可申上筈いろ〳〵申合松を以久めへ江戸同役迄心得に運ひ置き候様相達す
○今日運大澤い八爰元　御子様方御勝手懸相勤候様致との運也
○是は是迄奥御番組頭にて兼職之處右にては御不都合に付此度新に隱老様思召付にて新に被　仰度が元也
○新御守殿御普請御入輿迄の御物入莫太に付先納金申付度と江戸ゟ先達申來御郡方へ相懸け候所心中も追々傷み居先納金之義は中々不相屆上金之方に候はヽ成丈け相働可申と申候運○白イ廿六日運返事例の古ム草稿故江戸運ひ仕懸のぬけゟは上手極ぬげつらまへ所無之」大どふで思召込之義はしぢうむだ又運返し面倒なり是非白と有之義に候へば初發は江戸の　御見込と相見候間内一跡へ被　仰付此方へは新手にて覺宜敷左様相成候へば近次を江戸の御側用にやらいで相濟候近次は白井ゟは年も取り又才氣も白イゟは立上り居り候間江戸へは遣さぬ方宜」伊

○愚抔はき〳〵不仕持出しのぬらくらものゆへ急々轉じも無之事と相察申候

尤近次の事は運にもとふ〳〵不申參御書に而承知之事故此方ゟ近頃之事を申遣候得は江戸に而此方心得に有之事抔可申參」大何にそれは少しも不苦　御書名前相見又此方よりおこし候義も有之候事」小近頃の儀は江戸にて御押付申候積にも候哉抔いろ〳〵」大松へ右之儀に付是迄通之運持參致候樣申達す松持參の運と已前の草稿と引合せ成ほと廉々は相當居候得共何れにもぬげ過候此前廿六日運書狀は如何よみ上け候前」愚は外の草稿一覽例の通ほち〳〵に而罷在候」大愚へ申候は御役儀第一大切之御用大きく申さばこちらを向てよく承り候樣ことの申分松よみ上け承り仕舞未た三人共發言無之所へ」愚此江戸運は此方へ丸々押付ぬけ候文義と承り候と申候へば」三人大きに左樣に御座候江戸に而押へきれ不申候故ケ樣に實地之模樣次第　尊慮可伺抔人をばかに致候運也」大先々運に若年人物江戸に而撰遣候ふりに申來候所たちきへに相成候歟」小大甚を撰候處それもむだに相成候ゆへケ樣とぼけばか〳〵敷運と相見候」大小口を揃へ餘り御押へ申

白いよ〳〵目論通り若に相成候模様に而小ゟ極り候存分仕込の無き内老公御骨折の所どの向きからか吹込置き候方よろしくや如何

上候てはます〳〵御氣を立不宜併ならぬ事はどこ迄もならぬ事に候所白事も被　仰付派堂之向きも候はゝ又々轉候ゟ外無之」大此度白被　仰付候て此前之向きに無之能々御申ふくめよろしく」伊此度被　仰付候可申候積り先年白若老新役小山之節一の奥江戸に居り江戸ゟ申遣候は白の指南に而はもつての外赤林隱居の手控をかり朝比の指圖を承り候樣奥ゟ申參り候こんどは拙者の方功者に罷成候間何と左樣申候つもり」大書記詰へはとふし參り居り日記共とは同役之樣に突合居り候間何にも歟も存候樣に相成又爰へもづつと出余り長御評議抔申參候もつての外不宜又は爰に而判讀の上達候義を若老の立場に而押返し深更抔大きに迷惑之義數々有之候抔種々申合の上初發極ぬげ草稿へ少々加筆一番之末文へ織部事江戸此方新手覺之方と存候處それもつて御國の方と被爲在候て何に等存意無之と申ふりに漸々返事運相極り申候事

○大は過日愚考之通り被　仰出候事はとても跡々迄御押へ申上候事

は叶はぬと存居り候丈が先つ取り所歟餘り長評跡先不都合之文義
例なから御推見
○過日の愚存是非吉を御除きと申次第には毛等無之唯々　兩君思召
御家中一統へ相届き一同和ぼく仕りあの派此のはと申風儀も相止みこうおつのなき樣に仕度とのみ心さし候迄の事成程吉を除き候へば必おだやかに相成萬事思召も相届き可申と申義も難計候へ共當時御ひざ元第一番席にゐ何事も御押付申樣子に愚察仕候ゆへ懇意は座成り口先のこん意　國家の爲にはかへかたくと寸志貴兄迄相呈候事に御座候
○此間御返書に　公邊も奥内之事せゐぎりとの御文義扨々力のぬけ候事又々少々愚考又々つまらぬ事には候へ共近日可申上候今日は筆廻り兼先廿九日之分計申上候
十一月朔日朝ゟ薄曇晝頃晴夕曇○登　城御廣式へも罷出御祝儀申上候事
○舎長之事大文麿へ咄合其後伊と申合候は實弟申には介のもさしたる

事無之候所實は物頭位之家のもの有之候へばよろしく萩吉之居り候せつはよろしく望月の次男目論可申と實弟は存候よし仍介のと右次男遠
○望月次男た
龍へ懸け候樣にと左兵衛へ申付候
とへよろしくともまた鼻たらしと存候
○欄外書入
二日朝ゟ雨夕雨つよし○今日は弘道館被下物御賞美伊藤罷出大愚兩人罷在候處へ善の進江戸書狀壹通持出大へ相渡候たれゟ之書狀に候哉分り兼候處渡しぶり何にとなく内々ものゝ樣相見又洩一條にも候哉と甚た心配之處へ又々山岡善は大連狀二封外に運書狀壹封持參愚受け取大へ御覽被成候樣申候へは「大已前之壹封を見候間先づ御覽と有之候付」愚右連狀等開封中場に大是は江戸にては大難澁どふも江戸每度不宜大そふな　御筆が御下けに罷成候と愚へも爲見大きに安心右　御筆十七日御下け過日大略相伺候御難文と存し候　御文義は不認候右御受け廿一日指上候右御受も悉くぬげ文何にもかも奉恐入候にてぬげ長しま事は年來事なれ候もの此節御取込之御時節相轉候ては指支候旨申上候又戸田

藤田之義も御國實地の模様承り候上御受けと申意味也右本文運は朝手
跡御受草稿は能の手跡也丹の手跡更に無之大丹は如何致候哉更手筆無
之尤引込居候や抔其内伊も弘道館ゟ相廻り著座直に大江戸へは大そふ
な　御書御下けに相成候と申候へば」伊左様度々御書御下けに而は不宜
と申候へば」大何に御尤に御座候どふも丹ばかはるう御座る成程ケ様有
筈に御座候此方白井等之義御受方もこと〳〵　御呑込被遊候右一言に而」
伊へい〳〵に而相止み候」大鴨志田の事も余り速に御承知と存候處此
御書に而扨々恐入候して　八郎の爲ゟは中納言の爲と被述候處實に御
尤千萬に御座候しかし長しま一人のとがにも有間敷長しまゟは外々へ
の御當りとは相見候へ共長じ《マ》迷惑な事に御座候此度之御受の草稿も又
ぬげどふも不宜しかし江戸に而それに而相濟候か又しぢう之處如何致
候もの哉」伊壹貫目でもでねばよろしく大と松は別而ひゝき候様子也
○表運連狀壹封は　糸姫様廿二日御結納被仰出候運

○跡壹封は勘欠へ鯉淵御先手へ萩昇御留主居へ例の乙部等數人その内渡井淺衞門御附

○連書狀いろ〳〵之處近藤彦八郎内〳〵　駒込樣へいろ〳〵申上候付當君樣にも少しも早く御附御除被遊度尊慮に付　駒込樣へ伺候處菊池造酒藏中の一人名前失念渡井淺右衞門三人之內付候てよろしくとの御ふり合に付渡井も得とは不仕候へ共彦八郎御放し被遊　思召の不被替　內渡井可然と御相談にも不及渡井と相決伺相濟別紙差下し候間一日も早く御申渡しと申ふり也右之外急々相調候向き不見明後日の萬分一にも可相成といそき相認候全く心に有候所出任せに相認候間前後不都合之處每度御推見いのり候

○欄外書入
右　御筆の內にも戸田藤田をつゝしませ置き候儀御不滿之處江戸御受け草稿も又表運ひにも御國へ相談の上御受けとぬけ文に御座候

○大申には先年中町一まけ御免之せつ戸田藤結城三人も一同　御免と御方ゟは相運之義に御座候處江戸に而引留候其節なれば結も一同御免に可相成候處此通の御書に而は結は六ヶ敷尤年数おそく候抔申合是計は明後四日運返し不申候へは亦此方へ御再促に而も有之候ては不宜結も一人殘り候はかはいそふに御座候」松御一人御殘りに而は何派は丸々御免何派は未た殘り居り候と申様に相成可申歟左様に御座候へは中町一件の所を見出し候様可申候」大是からは動搖〳〵と申事も恐入申事相成候哉抔申候口先から結のあしき事は何んにも無之と大小申合候此度も一同と相運候哉未た今日は相分り兼候處萬一此上結を引立候節は結の惡事を認候ものを御下け有士の人々と同日の論に不參事を御さとし被遊候方と存候

一右結の惡事藪から棒に出候而は洩に可相成候

一十七日御下けの御書今便迄不參候所御せめ付に相成候へは是又洩

に可相成歟何卒此先洩計は何分御配慮いのり候とかく模樣宜敷事繁多の時洩がちと愚察仕候折角もよふ相直り候所何分にも御配心被下候

一此間被遣候　御一書は心得に少々之内留置き申候

十八日晴〇加八岩舟一件回答書付等二通愚宅へ持參

十九日晴曇〱〇大出仕前臺子を以軍小に對談仕度由軍小御黒書に而極々の長談」愚宅へ參り軍申聞候一條にも候や〇大出仕之上岩舟回答之議に付江戸惡口〇運御揃祭一件壙長申出寫此方敎授へ相掛置候處壙申出不宜　前中納言樣御隱居の節御極め之通御居り是迄の通りに而恐入申出候族逐々の通り御あたりと申ふりの運〇去る十四日江戸仕出候庄司元秋御扶持方御增之義申來候處十七日いそき取落申候」右返事召出しゟ未た年數無之十人扶持御直は御不得心と申ふりの返事也

右之外壹貳ヶ條運も相見候處耳立候事に無之失念之事

大此中にはいろ〳〵有と見へ小へゝ」○此釣合之處に隔日位罷在候は實に愚物には太義に御座候

○今日福ゟ小さま火吹竹位の丸き紙封一ッ外に並の書物位の大きさに而中頃少々高く封候紙封一ッ出候尤是迄御下け御請共いつも出候へば大小ひねくり不申候儀は一度も無之候處今日は別而御書物位の大きさの紙封を兩人ひねり廻し大中は數通に御座候是々こゝにだんが付て居り候こゝにも〳〵」小同樣平兩人讀み上け最中に御座候愚是迄ひしぎ廻し候事壹度も無之候處平も出てゝ居り愚計更にしらぬ顔に而相渡候も釣り合不宜候付愚もゆびに而少々さすり候處極心を付數通と存候へば數も有樣に被存候此後はひしぎ候而も不分樣に御傳尤俄に手丈ふ等に相成候はゝ」亦兩人此間中と違いくらひしき候而も手に障り不申候九尾に而も告候歟抔有之候は萬事の釣り合不宜ほと能く御傳被下候○今日宿次に而けいざゐ入比判書三袋下り外には何に義も申不參趣に御座候○軍の模樣けんたゐなく申上候樣いかにもちら〳〵かしこく取廻しあぶなき男に相見候當分はどちら付づにうまくやつてのけ居り候樣子に

江戸御用方は追々二人の様相覺申候御人なしの御時節一寸の御間は代り人なし

見受け申候愚案には外に手立無之　老公ゟ何卒御うまく御ころしの御妙案祈り候より外無之歟〇大舊臣一件足ぬけ不申候に付吉郎をあのまゝにゐ大跡へ御下しは如何と被仰越候處あのまゝと申せば大事は南付出し通り表御城だゐ右代り吉御國の政府の御註文成程大仕掛先々の義愚抔には猶以見ぬけ不申候愚當職被　仰付候已前亦被　仰付候ても遂々には　老公思召通りに何事も御届きに可相成とのみ相辨へ其日暮らしのあきんど同様一日〳〵とうか〳〵最早彼是半年相勤逐々の御釣り合　思召の萬分一にも不被爲屆御配慮之御ほど實以奉恐察候第一此節つぶ立候御役々丸姦御人なし恐入候事ともに御座候扨吉御國へ下り候はゝ當座は江戸風の大たばはきちらします〳〵結風に相當り可申歟しかししせんの土地風逐々にはいんき可相成吉　御ひざ元放れよろしき事は能筆頭と可相成左候はゝ是迄吉の手口と違萬事御押へ付申義は決ゐ致間敷又腹わた丈けの事は發言も可仕と存候」吉下り候はゝ定ゐ小

にも相濟候歟○公邊御放たれの上當時隱居等之人〳〵速に出申樣にも不相成候ゐは愚抔とても勤り不申候此儀は兼ゐ御ふくみ置き可被下候

大なぜ兩子の義は決兼也更に不呑込又駒込樣にもきみよふに御座候よく御承知被遊候抔「小外に御忘れ相成候義御出來被遊候也抔申入候

山坂下水其外結の手下共つけ込可申しかし吉は元無念流つかゐ故又天派のものもつけ込も可相成餘り先々の取越苦勞計仕候よりも品によりよさそな事は先つやつてみるがよろしき歟

廿日晴風廿一日晴廿二日晴曇晴○連三通壹は　松姫樣御結納濟恐悅壹は村上源駒兵跡等十八人余召出御役替殘壹は松權五十本知直り等十八人計○運四結一は主計跡御用人は勝五御役居りにゐ御國勝手と申ふり

○奥藏ゟも右內願病身に相成候付隱居悴御國勝手と事〔マヽ〕先日中めゝくり申候江戶表於ゐ勝ゟも此節同樣つぶやき申出候付本文の通り運に相成候義と相見申候壹は松村□賀娘御構御免御達しと申ふり一ケ條は戶藤御免之義は未た決兼候間御見合と申ふり一はかこ巳御扶持方御增等の運返事壹は遠山御慰勞延の返事御同心と申ふり

○先達ゐ中ゟ大心付にゐ著具改め之義御目付中へ內廻りにゐ四五度再促に及ひ候處埒明き不申候に付此前の寄合今年はわづかに相成一席計

もと申候付明廿三日大小愚と三人計著具改め御目付中罷越候事に御座候○平運に源介引張り人伊介指下し候樣先便此方ゟ申遣候處」江戸にゐも少々腹立かげんにゐ」中々下し候段には無之向きに申來候」大小大腹立扨々こまり候ものなせ其樣に伊介をかわいがるで御ざろふ」大伊介がかわいゝのでは御ざらぬ矢張山東順藏の金の光りに御座候金の光りと申はおそろしきものどふも奇妙〱せんさく向きの義も朝は心得居り候處例之通だまつて居り候と相見ゐ江戸は大くづれ更致方無之しかし其まゝ打捨候樣にも相成間敷宿次にゐ伊助早速指下し候樣尙又町同心兩人一寸事に罷登り長く引留置き候ゐは難澁可致旁速に今年中差下し候樣宿次にゐ申遣事に候

○江戸あしく相聞へ申候しかし中々速に下し候義安心不仕候成るほど吉盛と相見申候余り十分落ちめ之程あんじられ候馬鹿の內歟

○頭取運に岩舟一件申來候運大意は吉には岩舟緣者に付文通席《マヽ》に鈴木

良介水科新介等之義も運合横訴と申にも無之處相捨候様にも不相成御次第に付御取受御運合にも相成事に御座候寺社方引放れ候上は俗家とも違余り寺社役所にゐも深く立入世話致候も不及と申ふり且亮介寺社方勤致候ゐは岩舟の爲によろしからず候間外々へ早々御轉じと申ふり申來候

○此義も江戸あしく相見候處大大きに惡口吉除きにゐ廿四日遣候筈

宿次一同には返事不遣候

○三木幾彌介のいとこ」□名矢たれへ歟養子願出ばいしやく人健四郎に候處」小健四抔入込候様にゐ致方無之此間東之介參り申聞に大稽古場出來候由東之介梅香參り取押へ可申と存候處もはや出來候ゆへ取押きり不申候由住居向も大はにゐ稽古場計大そふに出來候義甚た不相濟と大いきどふり至極尤々々

○扨々けちな事申小男也小は田宮流ぬけ口等自滿度々とかく形けい

このみほめそやし候

○松書中には久木の例扱々相こまり候相當之例も無之に付　公邊百ヶ條之御例先つ大之近親の顔馬に相見親ゟ疵おはせ候もの死けい全く亂心之義に付親類等助命願出候義やはり死けい○しうと伯父伯母兄姉へ手をおはせ候者是又死けい」大　公邊はどん／＼と申し埒なしの樣にゐもきめばへ參ると如此抔甚たゑつきの體」小も同樣小夫ではせつかな抔大と計こそ／＼申合運ひに相成とも不成申合は無之候○愚抔早春之内老公　思召の御ヶ條はこと／＼く御調被遊置きひし／＼と江水へ被仰出候樣にと奉存候さも無と小抔今日も申候通御忘れ又は吉に御押へ付られと計呑込候樣にては萬事の御釣り合如何と奉存候認候内女客參り早々申上殘候

廿三日晴昨夜客來等にて認落候ヶ條○小大へ申には軍事呈し候義宜敷○たしかに分からず申上候樣申聞に御座候」大いつの事十九日朝手前へ參

り候心得の處柵町御門下に而四ッを承り候ゆへ不立寄と申聞　御城に
而申聞候」大八くんは却而軍が張込候義に御座候あなたに而御取押へ之
様にも承り申候」小左様には無之再勤被　仰付余り間もなき事ゆへ此節
の義は見合度と申聞に御座候
○軍小□□(蝕虫)長談はこの一件と相見候どこらのあやに御座候や愚釣出
しの計策にも候や
○大日本史御神獻之義いよ〳〵二月上旬と申ふり平運に而申來尤教授
登りには不及塙等に而取扱候旨申來候
○江戸は二月上旬又は教授登りに不及と申參り候而も彼是引延し候
が持前ゆへ教授登り不申候而も御間欠には不相成候哉遠山教授へ
も相懸け候様申達候○皆々御進獻引延し候心と相見候間無相違二
月上旬御進獻相成候様夫々へ御再促之方と被存候
○昨晩早春の內こと〳〵く御取調ひし〳〵と江水へ　御下知と相認候

處大日本史神獻相濟　御登迄は御見合被遊候　尊慮にも被爲在候はヽ
其通り尤それ迄更に御沙汰無之候はヽ　御忘れ亦は一旦嚴重被　仰出
候所さへ御受け流し申上候は跡は別而の御次第も無之抔と了簡を付そ
れゆへ吉は度々の事ゆへ右之御釣り合を呑込何事も御受流し申と見へ
る抔相辨候様に而は跡々御先合如何と御座候　御用便未た取調不申候
處廿四日と廿八日と元朝と七日と出候様相覺候處御便さへ出候はヽ夫
々ゟ呈事に候や此段乍序相伺候
廿三日晴○昨夜の貴書今朝行違跡に而拜見いつも夜中の御返事は明朝人
女を計り受取候故江南の御釣り合始め而拜見　兩公御釣り合御宜敷義
御同意大慶仕候○今四ッ時頃松參り大除き運外に連狀壹通持參松しほ
〳〵と致何に歟御六ヶ敷そふと指出候」江南御書取拜見後ゆへ定めかは
存候へ共しらぬ顔にて開封致候へば連狀の方は大御用方　御免御釣判
上ると申申渡し也○運の方は其儀御判讀之趣至極御同意風聞も御懸の

（東湖自筆）評に曰く此方ゟも今夜直に夜通しなれば廿四日夜には南

事ゆへ風聞出候上尚又當節御うごかしにゐは不宜との御了簡至極御同心に付其旨再應申上候處一圓御承いん無之仍備後守殿にもしいて申上候處一切御承いん無之候備後守殿にも我々一同にも力不及不得止事候御用仕舞と申品々も無之廿四日御申渡と申ふりに申來候

○頭取運にも何に歟六ケ敷とてもつまらぬもよふに申來候義指見へ候松參ながら御六ケしそふ□々に候處頭取運は愚には見せ不申候愚扨々こまり候事出來余り速何にとか扱ふり無之哉と申候へば」松いつれ御六ケ敷せめて來春迄御延し申渡し申候」愚は萬事不案内之事ゆへ宜敷と申罷歸り候

○七ッ半時過團參り今朝夜通し運返し草稿持參大意

○叓體了簡の趣至極尤に御承知再應御申上に相成候處一切　御承いん無之仍備後守殿にもしいて被仰上候へ共一切御承知無之趣　尊慮御伺の上は土貢可申樣無之候へ共　前中納言樣へ御伺に相成候義に

へ著南ゟ又夜通しなれば廿八日表發には間に合候處とちらも神速は安心不致遺感々々

家實相成候ものは小の心付之よし家實被下候ほとならは御てんじは無之と愚慮仕候ばかばか敷事に御座候とか

御座候哉先年大場彌衛門御轉の節追ゐ　駒込樣御承知に相成重役の者轉候義伺なしと申義無之と御腹立も被爲　在候義此節は都ゐ伺の居り故旁　駒込樣へ御伺に相成候哉且又水門舊臣兩人共不可然者共の由御右筆共ゟも申聞御座候目安入一ト通り之義御轉じと申義不可然しかし　尊慮の上被　仰出候義を御さゝへ申上候義は毛等無之候へ共追々御運申候もよふゆへ何分得と御評議之上今一應と申ふりの草稿也

○極いそき候間全くの大意に御座候

逐加へ大事は八ヶ年已前どふよふの　砌より別ゐ心勞大義骨折せいみつに相勤候者ゆへ家實に相成候もの拜領と申文義有り

廿九日○松九ッ半時過參り　老公へ御受草稿水門さま御加筆尤全く御請御一ト通の事ゆへあなたさまへ御目にかけ不申候御請書御順ゆへ直にさく町さまへ指上候間明朝御一覽可被成との申聞也

くひまとり恐入候事に御座候

松申聞には却ゐ御隱居ならば宜敷左も無之表へ御轉じ相成候てはあなたさま方の向に御成被成候かと甚た心配仕候向に御成被成候ゐは此後實に御爲あしく旁おてんじの處御止め申度奉存候

○愚案に向と申上相分り兼候處大是迄けつ派の所表へふちぬかれ腹立にゐ天派へ入門のきづかい歟不分よくもよくも〱ぬ

○如何の御受け歟明朝ならで不相分候

○大正月十七日迄引延しの返事草稿御拵付もし御白鞘に候はゝ水門さま刀釼ゆへ宜敷御品と申ふり○松申聞候は水門さま目安入一條計にゐ御除きと申は餘り殘念それも團悴等之様に差見候事に候へば致方も無之實に御政事向の義御承知被成候通極御はり込御勤實に殘念至極昨晩ふせり不申書ちらし今朝に相成一覽仕候へは何に歟つまらぬ文作には候へ共と指出候大意は咄の通りに相見候

石義御役筋之義は悉く精入出精相勤御用辨も宜敷唯利よくのしつは可有之も難計候へ共當節御轉じ相成候てはへんしんへんしんとは無之候へ共今迄けつ派に候所此度御てんじの上は天派にも相成候ては不宜と申ふり小なおどし又江戸三人長しま等のきなくじき候文意也之處甚た心配致候仍は再應御申上之上申進候義重々恐入候得共御爲に相成候者之義たとゐ我々不調法相成候とも今一應日合ゆうよも御座候間御申上と申ふりの長文句

ら〱とよく延くり申候○昨夜之貴書は未た留置き申候尚々は小の心付と申候へき

尚々此上御申上の義御六ヶ敷候はゝ　兩公へ上書にゐ可申上旁ゆふよも御座候間御相談申進候否早速可被仰聞候と申ふり

○松申には先日水門さまへ罷出候節被仰聞候には才介へ扶持遣候趣に候處當年位の事はともかくもいつ迄も際限なしにごちや〱にゐしかと相分り不申候」愚扶持遣候義には無之七月迄相勤それまでの扶持方渡し不足當時の相場に見つもり金價にゐ遣事に御座候出入にゐも差留候樣との義に可有之や」松左樣には無之何にかそこ〱ちら〱罷歸り申候

○愚案大は成ほとよく骨折てんたいち仕候間松小抔おしき筈に御座候此もよふにゐは十七日のそき中々安心不仕候

右之外當年多き義無之候

其外風聞と申上ぬけもはや金貸の二字さへ不認其上風聞か出來候事も無之又懸候事も無之風聞得と不致候間取直しと丸々うそなつき扱〱にくし皆古ム文作に御坐候尤水さまにて御加筆小へ廻候由松申聞候間松と大との兩人の文作と相見へ候
○欄外書入

嘉永六年

正月元日晴日の出頃　登　城御廣式奥へも罷出御祝儀申上候事○吉田明神荒神上下町廻勤七半時過歸宅○舊冬御下けの　御書御請一寸一覽仕候處大略左の意味

太田政事風聞は出居り候間評議仕候上江府同役共迄申遣候樣可仕其外風聞も出候得共得と不仕候間風聞取直し候樣相達候間出次第評議仕候而相運候樣可仕戸藤御ゆるめ之義は先達而爰許了簡振相運置き候間江戸同役共へ御尋に罷成候へば御分り被遊候團跡へ小田部被仰付候義も同樣相運置候間是又江戸同役へ御尋被遊候へば御分被遊候とのふりの御受けの樣一覽仕候十二月廿九日の日附に而御受け上候爲登は元日

○極月廿九日松持參の大御轉無之樣にとの草稿今朝一覽致候へばへん心表裏の二字覺違ひに御座候へん心には無之表裏に御座候極月廿九日認落の廉
○欄外書入
○小拵愚抔鑓箱つき袖押に辨當下座付き出立ちかなりかんなり實は

松が政府にて小は手添位の立場愚抔は未た一《ヒイ》二《フウ》三つ平稽古の立場にも至り不申候何事も古ム了簡にて相勤候姿あはれ成る執政〱御座候執政がほで勤て居るもはづかしく第一は恐入候事に御座候御一笑被下候

○大いよ〱ぬけ候へは世の中釣り合よほどぐはい違ひ可申夫ゆへか古ム此度をさいご一生けんめい邪毛をふるはし候ゆへか實に尤の書取草稿に相見へ申候尤大も萬事相届年功も有之口先抔にては至極宜敷事も數〱御座候得共本生は天派大きらゐには扨〱こまり申候今少々天をもたすけ候存入有之候はゝ實におしき人に御座候此先もそつともよふ替り候て天を助け候氣分にも可相成歟見ぬけ不申候

○高根千江戸表間柄たれへ筆談およひがたき用事御座候付日數十日之御暇相濟候樣との願也いつ方罷登候や

○此度千藏罷登候義幸之事故日本史御進獻御用相濟迄御差留と申なりに表運へも申遣せ候へ共江戸表にては御國者登り候事は大きらいのよしに御座候間願日切りにてをい下され不申候へはよろしく

老公ゟ御差留と申樣には不相成ものに御座候哉何卒

老公ゟ御指留日本史速に御進獻仕度いのり奉候」

○大事は錄高家柄人々の用ひも宜敷强て御しまり合よろしく猶當節はつぐんに骨折丹精相勤候者目安一ト通り片口御取上け御轉にて直に引込表裏之ほとも難計と申ふりに相見候

○右表裏の意味のみ込兼候處大きく申さばけつがてんとなるとのおどし文か又は世の中人氣丸々ひつくりかゑると申意歟如何

○日本史寸詰り等之義に付遠山ゟ敎授へ相尋候へば敎授久マゟ申出大意左の意味

日本史寸詰に候や又何に〳〵不宜候哉四百枚餘摺直し爲登候樣にと

申越御用ひに不相成四百枚下しも不致唯不宜とばかりにゐは川向のけんか是迄も爰許にゐは速に　御進獻罷成候樣にと丹精仕候所何に歟そこつに取扱候樣申立等仕扨々殘念至極」先年何にの書摺立候節上職人へ申付候へは一日に千枚餘すり立とぢ上候事に御座候わづか四百枚位すり直候義何にはと手隙相掛り可申幸此度高千私用御暇にゐ罷登候間右　御進獻御用相濟候まで御差留右御用勤候樣仕度と申ふりの長き申出也

○松小へ申聞にはゑん山殿にも餘りのび〳〵に罷成候義にも候はゝ罷登候ゐもよろしくと被申候」小もよふにより候ゐはともかくも先ッ高根登り候上之事○是も舊冬認落しの分安藤千葉一條申來候節渡馬も風聞相懸可申と申來候事

二日晴風雷聲歟雪おろしか戌亥の方に四五聞きこへ候○四ッ時過御用人甚五ゟ〆封連狀到來候由參り候致一覽候處去十二月中爰許御用之族申

渡相濟候返書計也〇九ッ時過若年寄代役の運若ゟ遣候間一覽の所去十二月廿五日伊藤さゝあや被下を初め數人の申渡〇其外　公義御觸人相書日光道中德次郎宿困窮に付人馬ちん錢割増等は右通〇谷田部七郎妻に則《マヽ》少普請萬澤鴨姉再緣願濟其外當用に無之品々四五通申來候

三日晴晝後ゟ少々風〇去夏中歟ちらと御にほわせの　幕府かく老缺跡松代の外ば皆々くせものゝ樣相伺候處久せ罷成候由いか計り歟　御殘念思召候御事と奉存候闕宿は法華はり込と歎何にかおもはしき人に無之樣相伺候處忘候いつれ　御向き違の人と相見申候去月三日歟阿部まきの拜領物　御懇の上意有之候由御側本鄉はよからぬ人の由沙汰承り候所二千の御加增と歟承り此節　幕府御模樣如何の御釣り合御あんじ奉申上候

甲寅日暦　安政元年（自正月元日 至八月十八日）

元日　建兒拂曉駒邸へ出仕
三日　建兒駒邸へ出
四日　長上下にて出仕（家來平服）　御座の間にて　上公へ拜謁　戸田子と戸祭
寒齋のみ也、御取合御小姓頭中澤丈右衛門切手邊年始過半濟
六日　麻上下にて出仕
七日陰、微雨　麻上下にて出仕　奥にて　太公に謁見又　御廉中樣へ拜謁
何れも戸田子一同　邸中西通り臺邊年始見舞過半濟　夕刻久世十安島彌二
小林彌八郎
八日陰　今日ゟ平服にて出仕○昨七日勢州殿ゟ　太公へ呈書是は全く私
用文武學校を丸山邸へ設け誠之館と命たる額字を　太公へ願候由其端

書に長崎にて筒井、川路等追々魯夷へ應接の模様、此節又々町便にて申來候へ共　高覽に入置候間下り次第御廻可申とのみにて虜情等更に不申上等を以察するに先つ平穩と見ゆ○水野土州悴大炊と名乘候付右は元祿中目白侯筑後守と　御唱之時竹腰筑後守早速改名の例有之間此度も改候樣被成度　當公ゟ　御直書にて勢州殿へ被遣候由御案文平松茂介認候よし

但右は先達勢州殿ゟ五家へ被尋候へは五家ゟ　例書を出し申先年松平讃州樣御養弟にて御相續帶刀と御唱へ之時安藤帶刀改名不致候へは尾なれは尾の御家老紀なれは紀の御家老は其連枝の名遠慮致候へ共他の御連枝は當主の名の外いん居嫡子等は搆ひ不申尙更大炊頭は帝かん席にて諸大夫の事ゆへ搆ひ不申と申す氣味に　例書差出候よしにて勢州殿ゟ内々　太公へ御廻しに付此度　當公の御書中へ右之事　御辨解被成候先年帶刀は全く相續當座の名にて四五十の内に直に讃岐守に任候儀差見へゆへ安藤帶刀は改名不致事にて例には不相

成旨被　仰遣候よし

九日　太誠岡藤佐七等來終日、夜に入國友金健等來「沼田久二郎來り　八郎様へ海防策御廻し申上候様申聞候間いつれ申合之上と答候事　澤村宮門來る

十日　此間中日々陰天、松前抔の如し　登　殿

十一日　晝時勝野豊作ゟ一書到來異船渡來之儀申出有之實説之由申來此夕是夜浦賀ゟ追々注進有之候尤何れも豆州下田沖に相見候由之注進也

十三日　異船帆影相見へ不申由

十五日、是日風雪　昨十四日異船いよ〳〵浦賀へ乘入直に金澤前へ碇舶の注進有之候　前中納言様正月は　御式等不殘被爲濟候上廿日過ゟ御登城之筈に相成居候處明十六日ゟ御登　城に相成候様今日俄に　御城付申出る

十六日　登　殿　老公御登　城

十七日　異船追々に七艘入津内三隻は蒸氣にて何れも小柴金澤邊ゟ壹里計の沖に碇をおろし候　今日明六ツ時　八郎公子鎌倉御遠馬　御内實は異船の動靜　御覽之爲　兩君御相談之上被遣候御供割等　兩君御相談之よし

八郎公子御馬付添、山國喜八郎馬戸田忠太夫馬御供高安與左衛門庄司鴫藤衛門召連志田傳五郎金錢仕拂多賀谷勘平御附藤田建次郎同寺門政次郎外に御床几廻りゟ原田八兵衛、尼子長三郎御馬乘にて豐田金藏小十人目付樫村民之進其後は坊主下役等也

是夜御家老呼出にて備後殿御出之處松泉州殿ゟ左之通り

水戸殿家老衆へ

異國船近海へ渡來之節其樣子に寄御人數は先つ御屋敷内に御用意被成置老中ゟ御案内次第登　城可被成候尤其節は可成丈輕輩は被相省士分之者重に小勢に被召連其上戰爭にも可相成樣子に候はゝ見計一

手の御人數御城內へ被召呼候樣可被成候此段兼而爲心得相達置候間
其旨可被申上候事
壹通添　別紙之趣は此度渡來の異國船に限候儀には無之候間其旨相
心得可申事

御三家方御城附へ

浦賀渡來之異國船若內海へ乘入候節臨時爲御警衞出張致し候向は去
六月中相達候通り火事具相用武器用意可致候且又萬一異變にも可及
場合に至り諸手爲差圖老中若年寄之內出馬致候節は小具足陣羽織著
用之筈に候諸向之儀は銘々存寄次第勝手之品相用可申候
但異變の場合には無之候とも時宜に寄老中若年寄之內見廻等に相
成候儀も可有之候其節は火事具相用可申候諸向之儀は是又銘々存
寄次第火事具にても野服にても勝手の品相用可申
右之趣爲心得向々へ可被相達候

正　月

右之通相解候間可存其趣候

十八日　浦賀與力組頭等異船へ懸合候處將官著し不申内は是迄之所少しも動き兼候旨挨拶有之扨又將官著之上には彼理は不快之由にて逢不申候よし

十九日　昨夜夜通しにて御人數爲御登之事政府運に成　昨十八日　老公ゟ伊勢守殿御内談之上一の先御人數はまづ御國へ爲扣御床几廻り等武人のみ御人撰にて爲御登之筈に相成且又　大學樣播磨樣大炊樣御人數も　御本家樣へ組込御召連之儀も閣老承知其通りに成

二十一日　能州殿一同　中納言樣御前へ出　御廉中樣　線姬樣御留守居云々之儀申上是日關十兵衞　御使にて小梅　出御の儀御懸に付存分申上

二十二日　八郎君幷御附添御供之族歸著　去月廿一日異船一艘金川邊迄

乗込
二十三日　是日　老公御延引にて終日　御建議御認もの被遊阿部殿へ被遣候
二十四日　戸田殿一同達御用　御側兼勤被　命
二十五日　出仕　今日ゟ日勤御床几廻八十人追々に著
二十七日　出仕　夷船近海へ乗入都下沸騰泉州殿ゟ二度申上
二十八日　出仕　八ッ時過俄に　御登　城
二十九日　出仕　能州殿戸田殿一同　當公御前へ出夜分迄相詰御下タ
御鳥君夫人ゟ御菓拝領　君公御前へ兩度出　朝、石和伊佐來る
二月朔日　出仕　梅田源次郎來る奇男子
二日　出仕　朝之内兩度　前樣へ出　當公へも拝謁
三日　御登　城　出仕　去る朔日河内守太郎左衛門馬上にて金川へ行
今日御馬乗へ被　命浦賀より金川へ引返し候四人之内貳人明四日御老

中　登　城中出仕候様申遣し候由　今日夕刻　前様御前へ出　和議の
御嘆息　當公　御論を伺御英氣御養感佩是夜御床几中へ焼芋百疋申遣
す、荒井甚之允へ久世を以案内
四日　御登　城　兩度惣閣老へ御逢閣老之内別而上田侯御應對御論判上
田侯尤和議を主とし候由　林大學井戸對州へも御逢何れも和議　御退
散遅く夜五ッ時　歸御直臣戸田大夫一同奉侍四時退出　但　當公御一
同に奉伺　廟議いよ〳〵不振　朝出仕夜五半退散
五日　太公御風氣と被　仰立　御登　城御延引　是日石川和介兩度來り
密議　是夜阿閣ゟ呈書御不快御押被　遊候而も明六日　御登　城に相
成候様林大學頭井戸對馬守兩人今日發足筈候處差留置候旨申上候　荒
井甚之允へ罷越五ッ時迄對談
六日　朝出仕　夕出仕　今日五半御供揃にて　太公　御登　城八ッ時過
御退散通信通商之儀は決而御許容無之と閣老決議之段申上林・井戸へも

其旨廻達に相成候由　太公御快然可知石和へ一書を贈り昨日の丹精を稱福田八郎右衞門來る
七日　石和來る一寸會談林、井戸も此上交易之儀は口外仕間敷旨御請申上候よし津田山三郎鮫島正助來る　昨夜華木來る黑川へ委曲に傳言す、今日御馬被下に成河原毛也　鴨志田來り　命を傳　土屋侯へ御書案呈す
八日雨　出仕　是日　幕府ゟ大目付を以諸侯へ　御觸あり　老公　思召過半
九日晴　石和、鮫島來る一昨日拜領の河原毛馬乘試候事　出仕、金子ゟの呈書呈す、卽刻　御書御下け金子へ下す　是夜華木來玄阿の口氣を聞
十日晴　出仕　萬一御老中夷人へ應接之節　老公御後見相願候はゝ御挨拶之儀申上候　是日南部丹州へ　御使
十一日　出仕　昨日神奈川應接之儀　歸御之上伺　異人死人之事　華木

原田八來　信牌之事　墨夷ゟ書翰を呈す二艘歸るへき事
十二日　出仕　今日原八衞門神奈川へ遣す　南丹州參上　大廊下にて
御對談
十三日晴　六日ゟ今日日々　御登　城　出仕
十四日　出仕　昨十三日墨夷ゟ書翰を呈す是は去る十日此方ゟ通信通商
は難及挨拶漂民撫恤と石炭長崎にて被下は相濟可申哉と申遣候答書也
昨日原八歸來、金川模樣甚惡し
十五日　兩君樣出御幷表　出御　御目見等之きまり近藤へ内談いたし置
候處昨十四日近藤ゟ　中納言樣へ伺候處忠太夫誠之進何れも詰合之節
は日々の　御目見に罷出候樣幸明十五日ゟ出候樣　御意に付今日　御
書院三段　御目見罷出候事
十七日　御用捨日に付　御厩へ出三鞍御す　召狀來り出仕　同夕又々被
爲　召出仕　是夜小田又藏來

十八日雨　出仕　尾州へ　御書定例之通り御參府之御轅の事阿部殿へ御相談之上也　今日雨天に付應接明十九日に成候よし
十九日　出仕　梅田源二郎來、肥長二藩之事　朝小田又來る　伊勢殿幷河内守へ此上格外　御取締之事　御相談
二十日晴　御厩へ出　直に出仕　昨十九日阿部殿へ　御書出、蒸氣船の事獻貢御見合之儀　讃州樣へも　御書出　京都より　御歸り先入不爲置内に交易腹御破之御手段也」三段　御目見拜濟　當公　岡田大夫を　召候多分原鴨の事なるべし　前樣ゟ内々　御沙汰有之　是夜島田平原來り黑川傳言あり
二十一日晴　出仕　十九日應接之模樣林始の申出昨二十日御老中ゟ　前公へ差上候處伊豆下田を見分之事彼地限にて決斷之儀　前樣以之外御腹立夕刻　御書二通御認伊勢守殿へ夜に入被遣候
但今廿日井戸對州一名にて下田一條石河等へ内文通有之右書は御退

散後阿部殿ゟ御廻し申上候付右書面御返しになる
今廿一日黒川嘉兵衛等下田へ見分に罷出異船二隻は明廿二日同所へ參候よし　昨夜京極筋出火竹下熊田幷石和來訪福山藩にても下田一條は最早駟不及出候ゆへ無是非候間跡の事を屹と所置いたし度との趣

二十三日　原田八兵衛十七日ゟ伏枕之事承り愕然

二十九日　今曉出馬生麥へ異船を縦觀不堪切齒、歸途八半比泉岳寺門前にて大炮數聲を聞鎌倉河岸にて又聞　從者哲太郎源三東二郎誠一郎別當中間外に川崎六郎

晦日　是日異船二隻下田より歸る　伊藤八藏等歸宅　是日川路を訪

三月朔日　御登　城なし　四ッ時出仕　三段御目見御書院

二日　浦賀奉行へ兼ゐ御渡しに相成候魯夷來候はゝ可差遣書付閣老ゟ廻る　長岡ゟ一書來る　線樣ゟ御菓子拜領

三日　魯夷へ墨夷蘭夷ゟ通達の事閣老ゟ御相談右　御存意書草す　御登

三月十一日ゟ　老公御引込同十三日尾公御參府同十八日御登　城御免御願御差出

城　歸御にて　御神位御記位御拜　兩君御書院　出御三段あり　是ロ
御守殿　御雛拜見　荻信歸宅
四日晴　鮫島正介來る　今日迄日々　御登　城尤廿八日、朔日、三日はなし
　此間日記中絶
四月廿五日　阿部伊勢守殿へ中山興津之內御呼出にて興津殿被罷出候間
八郎麿樣を川越にて頻りに相願候間可被遣哉尤　公邊ゟ御世話と申儀
は難整候へ共御支度金位は可被遣との內意（翌廿六日御請書御同人御持參之事）
四月晦　今日牧野備前守殿へ能登守殿御呼出尤備前殿芝靈屋へ被相談候
間右退去以前宅へ罷出居候樣との事四ッ時過罷越候由　備前守殿へ被
相渡候御書付左之通
前中納言殿御事海岸防禦筋之御用に付去秋以來暫之內御登　城被有
之候處最早
御代替御規式等萬端被相濟且尾張殿にも此程御參府被有之候折柄御

隱居之御身にて御登　城被罷在候而は御居り合如何可有之哉と深く御配慮被成候に付御登　城之儀は　御免被　仰出候樣御內願之趣達御聽候處一應御尤之御儀去年以來御打續御登　城彼是御煩勞之段は御滿足に被　思召候一體前中納言殿御登　城被　仰出候義は素々別段之御義に而尾張殿御參府等に相拘り候儀には無之候得共異船一條も先つ平穩に付前文被　仰立之趣も有之旁是迄の如く日々御登　城には不及候併尙御時節之儀御用有之砌は御登　城被成候樣にと被仰出候

右之趣水戶殿前中納言殿へ可被申上候

九日　河內守左衛門尉參上彪出て接伴す是日山田元吉を訪羽倉□鹽谷と同しく土佐侯に謁す

此一枚薩州の留記書拔也

寅正月四日參將はアータムス歟幷提督嫡子等八十五人大美□へ參候事

同六日提督始九十九人内九十一人劔付鐵炮を持樂役水主等都合百八
十五人上陸　三十二人入城　太子田へ年頭の祝詞申聞
一提督ゟ亞國金銀と夏健へ□島金銀くりかへの儀申聞
五月十五日　伊勢守殿も奥御右筆竹村を以て明後十七日　前様御登　城
之儀申上候旨久世十太夫申出　十六日夜尾張公へ御相談
十七日　御登　城　閣老等依然精神なしとの御嘆息　秋田安房守參上大
廊下にて出會
十八日　學校試合所之事等御國へ運候樣傳五郎へ達す
十九日　丹州父子戶田子淺利氏等示之事　兩公御決著今日運に成候よし
二十日　昨日ゟ晴、輕暑良風止　安井齋新大來
廿二日　訪齋藤劍客　川路ゟ一書來
廿三日晴　外孫女出生　澤村山寺齋新太山國寺來
松阿州ゟ一書來る
廿四日雨　出仕明後日　御登　營御延引之事

六月六日　戸田殿執政になる

七日　岡田殿と共に他出

九日　伊達殿參上

十四日　御登　營

廿三日　出仕　川路へ御内使　□□　望遠鏡之事　學校神社之事　大極陣之事　外に若林榮助之事　佐藤賴之大□之事　愼德公御木像之事

地震の御物入十萬金之積

廿四日陰蒸暑　神社孔廟祭式之事青山會澤へ文通

廿五日晴暑氣　越前殿へ御返書案以す、安島を以　明日鵜飼へ返書案五月廿七日之御書付當月十日方著致拜見候　知恩院宮樣御内池田《マヽ》大學ゟ拙者方へ一封御轉達憒に致落手候へ共秘啓とのみにて無名の書に有之殊に御別紙之趣にては全く拙者への文通とも不申存候間開封不致　前中納言樣へ差出候處全く池内名前にて同人呈書に候はゝ御開封可被遊候へ共御開封之上萬一雲上人の書面等御坐候而は甚御嫌疑被爲在右書面ハ相認候仁の御爲に不相成而已ならず謹而　皇國の御爲に不相成不容易事に思召候間何共乍氣之毒封のまゝ御下けに相成申候間右御趣意に御坐候上は勿論野生之取計方無之間卽別封貳通進候くれ〳〵もあしからす御推察池内へ宜致言可被下候

七月三日　松延一條呈書

四日大暑　軍艦蒸氣蘭人持渡候節の事長崎奉行伺書幷朝鮮信使大坂へ來を止候儀兩條御付札にて御返しになる　二日ゟ三日迄下痢出仕延引

五日大暑　御登　城　於　御座の間御對顏　御軍制御改正の命を蒙り玉ふ

七日　御本殿へ出仕　御玄關へ御見送御迎相勤御書院にて　兩公へ相謁す

九日　以書付致啓達候去る五日　前中納言様御登　城被遊候處於　御坐

の間　御對顔　公邊　御軍制御改正之儀に付　御懇之　御意を被爲蒙
御□□□□には　思召候へ共不容易御大任御心配被遊候右に付而は彰
考館御藏書之内　公邊御軍制に拘り候書籍有之候はゝ御見合にて御追
々爲差登候樣被　仰付候間御年寄衆御相談教授頭取中へ御達等宜御取
計之儀
一御弘道館繪圖爲差登候樣　御沙汰に付去月十八日爰元奥御右筆頭取
へ相達先便右繪圖爲差登候間入　高覽候處右圖ゟ餘程小き御本にて
先年頭座へ御下け之上御軍用方へ御預け被遊候樣慥に御覺被遊御軍
用方爲御聞に相成候へ共右樣之御□□□旨申出候由如何之間違ひに
候哉則御尋に相成候樣申聞候儀
一備前伊勢其外學校の繪圖等敎□□□□□に爲差登候樣□□□□
右件々何れも御書物爲登一ト通り之儀に候へ共御小姓頭取ゟ運候
而は埒明不申候□□ゟ直に各樣へ御運申候樣只今　御直に被　仰

付候間尚又□□□□□之上教授頭取中御達等宜御取計被致度如此
御坐候已上　七月九日
十三日　出仕　御醫師之事伺　當公も御出
十五日陰　出仕　三段御目見　夕南郭幷民部君へ罷出
十六日雨、蒸暑　朝阿閣へ御書案を上る　是夜大雨
十七日陰晴不定、冷氣　朝御馬　夕駒邸へ出公子に謁す　是夜大雨
十九日冷氣　愼德公御　御自拜に付御用捨
廿日　出仕　御豫參之節御拜所之事　兩公御相談　薩侯越侯伊豫侯因州
侯四家の御書の御案文上る　新宇小議　亞墨新話九册　八五郎を以
獻上　御染筆三夫御取計　夕刻戸田氏を訪
廿二日　愼德公　御法事に付松御殿御守殿　御機嫌伺候　朝宮崎來る、森文、小田
友來る、荻信來る
廿三日　安中侯ゟ北裔備攷五册　瓦刺弗吐雜記一册を呈す一昨夕横井保吉持參

右備攷第一巻六十二枚　第二、六十一枚　第三、四十六枚　第四、四十三枚　第五、三十八枚　但第一巻圖面明細十四五、第五巻にも圖あり惣て美濃紙表紙仕立念入書寫鮮明なり

瓦剌弗杜雜記は薄葉にて紙數貳十五枚、禽獸魚虫人物等圖畫あり但細密にあらず

右二部御報可取計分

廿五日朝陰　南部丹波殿ゟ書翰來る使石田隼人納戸勤之由　過日南部殿へ行候時出會の用人は木下俊藏と云　是日御暇相願與津岡田戸田三大夫等と石川島御船拜見御臺場をも拜見　主稅樣內々　御出

廿六日　出仕　御目鏡之事一奇

廿七日蒸暑　駒込へ出　櫻任を訪

廿八日蒸暑　御本殿へ出　松御殿へも內廻り

廿九日大暑　出仕　朝奥平彌輔來る

閏七月朔　御本殿へ出仕

二日　出仕　山野殿被召　御相伴被命　藤堂殿板倉殿へ御書運阿彌持參

藤堂殿へ松花酒二升白高入　板倉殿へ松花酒貳升なまり一籠鶴氈二枚

箱入被遣

閏月一度も　御登　城なし

八月六日　御登　城

十二日　新詰所へ引移　十一日中奥小僧一人過す

十三日　八郎君江戸見坂へ御移り御家老一段濟又々御側幷御用人御小姓頭迄一同梨花の間にて對劍平伏　是迄は世話に相成候旨　御意　松御殿御本殿御近習もののみ御玄關へ御送り今日に限り中雀際にて　御乘輿我々共は猿樂御門にて　御行列拜見の事

十六日　御登　城　竹内下野へ御逢閣老にも御同斷

十八日　竹内下野へ　御丸藥幷御歌三首被下候

乙卯日曆　安政二年（自正月六日至三月廿二日）

正月元日朝晴晝陰、夕晴、天氣靜也　布衣著用挑燈にて出仕　侍貳人麻上下草履取箱持（夜中ゆへ草り取にて挑灯持兼る實は長柄爲持可申之處天氣好候ゆへ前日近藤等申合省略す）　御本殿へ出仕　夜明後　御箱出候付近藤伊藤一同（御用人御小姓頭迄）年寄部屋へ謁候　上御坐の間北御入側へ列坐（朔望等には北向に列坐之處今日は御年男所作有之候、ゆへ先つ南向に列坐平日表出御の如く控候）其時　君公表御座の間へ　御出御年男御式相勤御庭には御鷹方御鷹据罷在　君公へ鷹御一覽畢而北御入側　通御其以前北向に列坐罷在　通御濟夫ゟ　君公には御書院御庭にて京師御遙拜（其内はやはり最初の通北向に列坐いたし居候）畢而御引返し龜の（間脱カ）御杉戸外ゟ梨花の間前にて　御連枝樣（當年は大炊頭樣）斗へ御逢例の通り大廊下通御（御家老並居）御玄關（御廣間向例ゟ之通列坐）出御御近習向は西側へ扣近藤始は東側御しき板へ扣御送申上候　出御濟年寄衆始一同中歸り

松御殿樣にも御遙拜被遊候　御遙拜は御直垂也

五半時出仕間もなく　松御殿樣御書院　出御之御左右有之一同梨花の間西御入側に彳居無程　松御殿樣御坐の間に　御出　御年男御加等御式相勤是時御小納戶藤運之左衞門樫村半兵衞　御鏡餅持出　御家老戶田忠太夫　御前へ罷出　中納言樣ゟ被進候旨演述右御式相濟近藤等一同御書院西御入側例の詰席へ列坐　松御殿樣へ　御簾中樣ゟ　御使前木團六奥番頭相勤　御返答被　仰含退去夫ゟ　松御殿樣には　御坐の間へ御引返し御近習之族御目見有之由我々共は其御席へ不拘候　中納言樣　御城御下りの御左右一橋の御左右追々申來り一同如例御玄關御緣取へ御待受　與一樣御始御近習一同罷出我々は龜の間御杉戶外にて例の通平伏夫ゟ御書院に於て　兩君　御盃事等其外　御式次第書之通相濟

御中入　是時一同午飯

御連枝樣大學頭樣御父子幷大炊樣播州樣御不參　御出に候へ共與津能登守　營中ゟ退散遲

く暫之内待合此間に前木圓六ゟ沙汰有之能登守退去候はゝ　御家老等一同　御簾中様へ　御目見可被　仰付申間もなく能州退散に付一同奥通にて　奥御殿へ罷出能州殿新太郎殿忠太夫殿三人一同に　御目見畢ゐ入かはり次郎左衛門、左一右衛門誠之進三人　御目見畢ゐ又左衛門新八御用人也一同　御目見退去誠之進は途中にて別れ　松御殿へ罷出老女部屋并若年部屋へ年頭申述候　梅御殿老女小川へも次郎左衛門等一同罷出年頭御祝儀申述候　御廣敷御守殿へも例之通り罷出候　兩君御書院出御　御次第書之通夫々相濟一同御後ろを廻り

但御見通し脇を通り不苦旨　御沙汰に付　御上段脇を通り候へ共圍碁の御杉戸ゟ一寸御座の間二の間を通り龜の御杉戸を出候へは御見通しを通り不申候ゐも差支無之事也以後の爲記置候

御書院落間御衝立際に例し通列坐扱能州始順々　御目見當年は　御略式ゆへ　御流頂戴無之名披露にて布衣以上は獨禮也御家老始夫々相濟

誠左衛門番頭御敷居内次郎左衛門佐一郎誠之進奥番頭迄は御敷居外際
御用人ゟ寄合差引迄は御敷居ゟ二疊目也　兩君御對面所　出御物頭ゟ
大番以上惣御禮御襖は御用人御小姓頭役々御披露は御禮は御家老也次
郎左衛門ゟ御小姓頭迄北御入側金屏風裏に列坐けさんを　御目付列坐
　但御目付も　御目見の席へ出候ゆへ今日は席計明け置
御家老は南御入側に列坐御番頭ゟ寄合差引迄は我々向ふ通りに中り南
側に列坐　是日七ッ半時退去

二日晴　五半時揃　布衣　辨當不用　裿君樣へ鹽鮭二尺　松御殿樣ゟ被
進候間取計候樣御用人又左衛門へ文通
兩君御書院　出御　御讀初國友與五郎吉書初久保田德左衛門　御射初山崎傳
四郎　御乘初加藤愼三郎
　但御射初濟候時我々は圍碁御杉戸の御坐敷へ入南御障子を明け御板
縁を通り　上ゟ東之方御板縁に列坐　但御縁側をは御小姓頭ゟ尻む

くりに相詰候事
兩君御對面所　出御諸事昨日之通　御次番ゟ御同朋迄　御目見被仰付候事○肥前松浦郡郷士山田直右衛門來る一大事申上度よし家來之申聞候には大船の事のよしゆへ鴨志田傳五郎へ相廻候
三日晴、四時地震頗强し　布衣以上は長袴　五半時揃但やはり四時に成
兩君御書院　出御但元日ゟ今日迄日々　御神主樣へ御拜被遊候　御家老初例之通三段　御目見　但御年男調にては中山備州殿今日　出勤に付先つ備州一人殘り外々の族三段　御目見相濟候上にて備州殿計別段に　御目見年頭御禮申上候筈之處　松御殿樣　中納言樣御一同御上段に　御著坐前にさし懸り御年男中澤丈衛門を被爲　召備後守一人別段に御禮申上候儀如何敷候間やはり三段へさし出し候のみにてよろしきとの　上意に付去年之例之旨申上候へ共　御聞濟不被爲在候付俄に丈衛門ゟ中山殿始へ演述御番頭へも打合三段のみにて相濟候事○被爲

召内通りにて　松御殿へ罷出　御小納戸兩人欠跡之事　御國下し人別之事等　御沙汰に付年寄共へ申合御請可仕旨申上退去　辨當不用　一同は九ッ時拙は　松御殿へ出候ゆへ八ッ時退去
七ッ時御供揃　出御に付七ッ半とおぼしき比出仕間もなく御箱例之通御玄關迄御送申上直に退去　但夜中　歸御之節は近藤出仕之筈ゆへ不罷出候御送には近藤之外御用部屋部類不殘出る
今朝御封書にて　松御殿樣ゟ左五郎云々之事　御沙汰に付出仕之上次郎左衛門へ申合候處去月廿日過迄に都合兩度吟味候而委細年寄衆へ申立候よしに付夕刻被爲　召候節其段申上候事○今夜御謡初殊之外遲く夜亥の刻過一橋にて四つ之よし　歸御

四日晝小雨、今日　老公表　出御無御坐候付　松御殿へ出仕今朝川路左衛門尉ゟ使者宮崎又太郎を以　御機嫌奉伺昨三日下田表ゟ無滯歸府仕候魯西亞人へ應接之儀行屆不申候へ共被　仰付候丈は　命を辱め不申候

本文□命を辱めずと申

上たれとも追て條約御覺の上には官吏を置の一事をゆるせり如何なる心にや

間御安心被遊候旨申上候に付其段申上候事○退散より臺へ廻り西通より御舟入御切手廻勤　是夜原任弁因州の臣 欠マ 、來　薩州の鮫島正介外一人來

五日晴、晝後大風、四方土烟を吹揚蛤山の燒るが如し　松御殿へ出仕早く退出午後安井仲平が鄉味會へ出席夜分歸宅　足食足兵、、、の親筆を仲平に賜ふ　小笠原侯唐津の臣某に逢北蝦夷の事を問此人去年堀織部に從て北蝦夷に行と云、是日鹽谷藤森田□吉野及ひ鹽谷の弟量平同席

六日晝後大風昨日よりは弱し　御本殿へ出仕年越の御祝如形相濟　兩君へ御目見　御用人人見又左衛門申聞に此度　兩公尊慮を以以來御膳一汁一菜に御減し被遊候旨　被仰　出異船渡來諸國地震等不容易變難に付右樣被　仰出候よし難有又恐入候御事也　是夕人見山方運元橋之禎等來る

七日晴、天氣清和　御本殿へ出仕　御登　城の送迎如例　歸御後於　御書

院　兩君へ　御目見其後讃侯御父子幷中務大輔樣御出に付於　御書院
御逢に付出坐　但讃侯御父子にて一ト切一寸　入御　中務樣同斷也
夕刻駒邸へゆき年頭廻勤　但忍ひ供馬上
八日是夜雨　出仕　川路より吉野行宮の竹を呈す
九日　是日大風　出仕　晡時訪藤森淳風　川路へ書を賜ふ御別紙に江川
の病を言ひ玉子
十日晴、少々風　御直書三度　土佐の家老福岡宮内來る宮内名は孝茂號南涯
土佐留守方用人坪内求馬此人へ賴候へは書狀往復便利と云
十一日　御本殿へ出仕
十二日　夕刻牧備州ゟ魯夷條納を呈す
十三日　忍幷川越邸へ罷出忍世子は御留守川越侯へ奉謁
十四日　老公石川島　出御　石川和介來り共に決不可許置蠻夷官吏の事
を議す　渡邊彌久馬來る

十五日　御本殿へ出仕　阿勢州ゟ不可置官吏の論を呈す　老公よりは今
朝既に牧備州へ右同樣の論御建議
十六日　老公當年始ゐ御登　營にて川路等再應接の事決す　是夜川越侯
へ罷出　伊達侯へ邂逅呑海亭にて飽醉
十七日　石川和介來り共に頃日の事を賀す
十八日　川路、水野筑州岩瀬修理下田行を命せらる　石和を訪ふ　兩君石
川島　出御
十九日　老公又同所へ　出御　右三人日數十日にて發足すべき事を命せ
らる（金十兩久木へ下す　火繩銃の料なり）
廿日　大雨　出仕　大場、武田、會澤再勤の事等伺濟
廿一日　出仕　石川土佐守明日上京に付　御直書御詠歌御品等の御使相
勤　土州へ始ゐ逢候處邊幅を脩候凡人なり
廿二日　是日石川島大船無滯津出に相成候旨鈴木藤兵衞等ゟ申上候面

御下けに成

廿三日朝冷晝晴　幕府監察にて予が外交廣きを甚惡候由可戒可懼　石川和介來る交を狹くいたし候樣諷諭　夜　御直書頂戴　上使を以　中納言樣へ御鷹之鶴被進候付　出御濟御用捨に候間馬上にて石川島へ相越大船の浮き候模樣一覽八ッ時歸宅吉見左膳來り來月二日伊達殿小梅へ被參候儀打合候

廿四日夕小雨　朝、荻信之助、楊進介、武田宗藏來る　御直書三度頂戴出仕八ッ時退去　出仕是夕　御直書持參川路左衛門尉へ罷越七ッ時ゟ夜五ッ時過迄談話五ッ半時歸宅例之通酒にて馳走に相成候　魯夷條約之内官吏を置候事　閣老勢州尤正論なり評議之上決而官吏は不可置といふ事に相成去る十八日川路水野筑州岩瀬修理御目付下田行被　命尤表向は外御用の名目にて內實は右官吏一條を應接仕直し也川路も甚當惑の樣子にて彼是今夕も議論有之候へ共つまり墨夷ゟおひやかされ候時に至り廟議變候樣にては此度何ほど骨折候而もむだに可成との見越のみにて貫き候論一切無之川路實弟井上新右衛門寺社吟味物調役ゟ今日勘定吟味役に轉し下田詰被　命　川越山田辰輔來る明日大船拜見一條也　是日會澤靑山へ大船祭神の事　御沙汰之趣申遣す

廿五日大雨　今日川越宇和島二侯石川島大船拜見被致候付御提重被進之儀昨日鳴志田へ申遣す二侯は御老中內意を伺候而相濟御目付へも懸合又松平河內守御勝手懸司寄大船懸りへも談候處付札にて相濟候由川越し方は御臺場をも御預けに付心得に大船拜見致度との申立のよし伊達の方は不聞定而大船製造被願置候付心得の爲云々なるべし　是日石川和介鈴木秉之丞石川同僚の　添川完平中西忠藏櫻任藏來る分韻詩を賦す　杏花春色雨　聲中の字を分つ　是日金子健四郎稽古開余は客來豚兒は當直ゆへ不得已大小兩兒を遣し松魚節十本贈る

廿六日雨晴　朝宮崎生川路の御請持參　鮫島正介來る　老公御登　城に

付早朝出仕川路の御請を呈す　當公小梅　出御　高松侯と御兼約の由以梵鐘造大炮之事　宣命の寫過日阿勢州ゟ呈候處右御末文に邊海無事の時又復銷兵器鑄鯨鐘之事　成事遂事ながら他日の患也との　御主意にて□議の事　今日御朱書にて勢州へ御廻しに相成

但今更　宣命を變候樣には相成兼候へ共此後邊海無事に成候共備不虞の三字は萬世不可動候ゆへ其段を一應京師へ被　仰上　幕府ゟ諸向への解に其譯を何と歟認方可有之との　御趣意備不虞の三字は勅命中に有之ゆへ也

品川新御臺場前通へ棚をふり候儀御建議右は夷船臺場に近つき候時右棚にて猶豫之處を打留候　御主意也右棚は水中へふり目印に所々水中へ出候杭をも打內地の船出入に便にするの御圖面御認被遊候

廿七日晴　伊達殿招きに付夕刻出馬久しく閑談同席にて酒等被振舞夜九ッ時歸宅

廿八日　出仕　のしめ麻上下（四月朔日と正月廿八日は布衣以上のしめなり）　今朝　上使を以前様へ御鷹の鶴被進候夕刻岡太夫を訪鴨志田石河同席

廿九日大風　當公　上野　御豫參　是夜本所出火回向院燒失

二月朔　陰晴不定　御本殿へ出仕　年寄衆部屋にて帆前雛形等一覽荻信之助の記憶等感ずるにあまりあり　余一樣御弘めに付　御次御廣式御守殿へ御祝儀申上候　松御殿ゟ被　召兩度罷出候　關白樣御書拜見御琵琶　天覽に入　御滿足之儀なり外に萬里小路家ゟおしうへの文通同斷近來　御所御ふしん果敢取候旨悅ひの書なり

二日晝過陰　老公小梅　出御伊達殿參上に付彪御先番に罷出終日御饗應の御席へ侍坐菊池爲三郎長々流浪中遠州殿ゟ内々合力を受候付此度右御報として水府製卯の花縅の御著長（老公御秘藏之分）　於小梅伊達殿へ御贈尙又當公ゟは南部馬一疋被進候兩樣之御禮遠州殿懇に被申上候付入　御聽

六日　老公御登　城川路水野岩瀨三人近々下田へ出張に付御逢畢而閣老

へ御逢梵鐘幷松前上ヶ地の書類御持參候相成候事

七日風雨　竹下清右衛門幷川井田市郎左衛門來る竹下明日發し水戸へ下よし　安井鹽谷吉野三子來終日談論

八日　岡田氏を訪

九日晴　添川廉齋を訪羽倉石和に邂逅　御厩にて甲冑あてもの

十二日　甲冑御目見之儀雨天に付御延引今夜四ッ時迄に晴候はゝ明日可被　仰付旨

十三日　今朝快晴候へ共昨夜四ッ時迄雨天に付又御延引來る廿一日と被仰出　但今日も八半過雷雨　父子一同王子へ乘廻し□屋へ立寄歸路酒井五左を訪

十五日晴　戸太夫等一同傳通院邊逍遙

十六日　太公御登城鎌倉遠馬之事閣老ゟ御慫慂申上候　十六日御城書

寺社奉行　大目付　町奉行　御勘定奉行
御目付　御勘定吟味役

覺

來月中旬比老中若年寄中鎌倉遠馬願濟之上相越候儀も可有之哉今般は格別遠路之儀名指し同伴致候ゟも迷惑之向も有之ゟは如何に付其節萬一同伴被致度左之面々は此節ゟ追々名前可被申聞候尤手重之儀無之質素手輕に相越候筈候事

十九日　今日御馬廻頭上坐御側御用人再勤御役料物成五十石御增豚兒建二郎中奥御小姓被　仰付御切符等並之通賜候　是日　御殿向御禮仕舞牛門始廻勤是夜坊主共來

廿一日晴　甲冑　御目見畢ゟ手馬有之族乘馬其後三役幷中奥部類御同朋迄乘馬被　仰付何も甲冑　朝五ッ揃四半位　御目見始り八ッ過濟御馬場相濟七半歸宅　今朝石川和介來り幕府監察にて川路幷余か事探索の沙汰を傳ふ世途艱險山海不啻噫　巳年二月廿一日風雨を冒し小梅の官舍へ移りし事を憶ひ感慨

廿二日晴　馬に跨豚兒建二家來源三東二東之進誠七誠三を携木母寺に至る櫻花燁□遊人絡驛滿目悉皆酒肉之池歌唄之海嗚呼　奥平謙輔來

廿三日晴　石河、櫻等來る　登　城

廿四日晴　御用捨　大和近臣　荒尾來る槍術の談あり此人寶藏院流を修業せしよし南部二代めゟ出たる流にて二間の十字槍を用ゆと云ふ日向邊に同流ありと云其説を聞に中段に構面をつき候を面は危きゆへ先つ肩の邊を突候よしかた槍術の體のよきもの歟　能登守殿日向延岡七萬石の改革を被頼たるが五左元來水府の人ゆへ水府の故事等を以重をなし度口氣なり内藤家借財殆百萬のよし愚亦甚　是夜深更京橋邊失火曉迄延燒　廿四日御城書

覺

鎌倉遠馬之節老中若年寄中伊達羽織伊賀袴著用之事　但乘供は常の割羽織伊賀袴著用之事

一　同道之面々も伊達羽織著用之事
一　諸役人之内鎌倉迄は遠馬被　致兼候面々とも有之候はゝ為迎神奈川程ヶ谷邊迄被相越候而も不苦候
右は去る廿日阿部伊勢守書付渡候由
遠馬之節笠之覺
表白、裏金　老中　若年寄　　表白、裏銀　御側衆　　表白、裏黑　諸御役人　　表赤　奥向
右之通相極候よし御坐候
廿六日晴大風　府中へ遠馬（小金井の花十の六七前花）
廿七日　老公御登　城に付　出仕
廿八日　松平由之助殿被　召候付相馬幷御相伴被　仰付
三月朔　佐藤民之助を訪朝川晋四郎へも見舞
二日　今曉八ッ時小網町ゟ出火淺草御門燒失天王櫻にて鎭火
三日晴　御本殿へ出仕　御見送御出迎三段謁見如例　御守殿御雛拜見

十一日陰　明六ッ時御供揃にて　老公神奈川御遠馬被　他出御箱廻候て馬上御供之面々御先へ切手御門を出御門外にて乗馬のまゝ　出御を奉待御門外ゟ御行列へ相立候馬上御供左之通

御打物之跡へ御馬乗南無阿み御同朋　御近習貳人　歩行御供の頭取等同御小姓等御　御近習六人　御醫師、（善衛門御目付

（銀次郎御使番　新太郎大御供

御行列跡山田嘉市郎、人見又左衛門、近藤次郎左衛門、藤田誠之進、鈴木式部下馬乗　大御供も供方差略ゆへ我々も差略片口兩侍鑓床几持物持のみ召連候事

一上御始め馬上御供は一同さいみ單羽織黒紋付差袴著用

一鈴木式部は私用逗留中　思召にて　召候事

一出御品川東海寺迄は平常御行列へ馬上御供御召連被遊候ゆへ御地道にて被爲入候事　但　歸御之節も東海寺ゟ御屋形迄御同斷

一朝五半時過東海寺へ御入込少々御休息被遊馬上御供宣旨御左右申上

但東海寺御小休へ兼而御城付ゟ寺社奉行へ爲御達に相成候

夫ゟ　御召切馬上の槍のみ御供仕候事

一六郷渡場　潜龍公　御召船へは御近習幷御醫師御使番御目付御同船仕候事

一新太郎始布衣以上御供之族御別之船にて　御召船跡ゟ相渡候處新太郎へ存外天氣も宜　御滿足之旨　御意尚又鈴木式部へ始而逢候乍旅支度も早く出來感心と　御意新太郎御取合申上候

一川崎本陣惣左衛門と申候方へ一寸御立寄無程又々　御召切にて

一正九ッ時神奈川本陣源右衛門と申者方へ御入込之處庭前より南へ當り高みの場所御覽被遊何山に候哉御尋之處右は神奈川の景色見晴し候場所の由申上候付直樣御歩行にて右場所へ被爲成候切石至て峻く芝愛宕同樣之場所に有之御上坂之上暫之内景色御詠め御茶道罷在候ゆへ御煎茶等被　召上又々源右衛門宅へ御引返し御腰付御辨當被召上御給仕等御先番に相詰候御小姓頭取大場大二郎御小姓淺沼四郎八

郎御小納戸清水久三郎役々　但川崎神奈川兩本陣御小休之儀は御城付ゟ勘定奉行へ相達御代官ゟ達に相成候

一六郷渡場幷神奈川宿へは御馬乘共兼ゐ相詰居御馬渡方幷飼葉等取扱候事

一御道筋驛々兼ゐ御代官ゟ達相廻居候哉御馬口水幷人足等手當有之候

一九ッ半時過神奈川御立八半時過東海寺へ御通り拔に相成候處直に御行列相殘七ッ半時小石川御屋形へ　歸御被遊候事

十二日　太公　御馬御引上け被爲召候鈴木石州來る

十五日　鈴木式部來　明日御登　城は御延引明後十七日御登城候樣奥右筆申出候由十太夫申出

十六日　岡田大夫太田誠一同王子行

十七日　訪鈴木石州　御疝癪に付御登　城御延引　御遠馬閣老衆無御構御出候樣十太夫を以爲御達候處追ゐ御手限にて御越候樣尙又被　仰出候事

十九日　登　殿今日天氣合に付閣老等遠馬延引

廿二日　登　殿御本殿へ一寸罷出質素達之事　御意を傳

礫邸蟄居中貰物之覺（自弘化元年五月 至同二年三月二日）

天保十五年甲辰五月

固窮迂人

一御藥　意味あり　一　鈴木精より
一あわび　村越芳
一ごもくすし　さば　野田又　一
一羹肴　玉子　すゞき精　二
一梅漬　同斷
一にしめ二重　干魚　富永六　イ
一麥めし　さば　すゞき精　㊁
一すし　あじひもの　杉山千
一竹の子羹しめ一重　玉子　淺利六

一酒　壹升　玉葛三つ遣す　岡本平
（小一重　なすのとう煮）
一直酒壹升　川邊平　一
一酒壹升五合計　一（大關元 柴田鈴
一肥前焼土ひん一つ　茶箱入　親康松
一麥めし丼羹染　玉子遣す　林　清　い
一羹豆　さば　江幡甚　乹
一あわびふくら羹　玉子二　大關元
一すし　一　干さば　小柳津太郎

礫邸蟄居中貰物之覺（弘化元年五月）

一すし　玉子 久世十
一羹肴　一さば 小松崎
一いり豆ふ　江幡甚 乹ノ二
一すし　楊　玄
一羹肴　岡じま藤
一たばこ二ッ　干さば 橋本甚
一酒一升　川邊平　二
一うなぎ貳百文計　増子丑
一羹豆一重　干魚 相田盛　一
一うなぎ貳朱文計　嘉兵衛
一羹肴　さば 西野新
一酒一升　淺利六
一やき豆ふ　玉子 江ばた甚　兌

一かしはもち一重　すゞき精　三
一いわし一皿三十計　野田又　二
一あわび貳ッ　村越良
一しゞみ汁一なべ　白ごま少々 すゞき精　四
一ごま汁なす一なべ　玉子 野田又　三
一香の物等二重　三 大關元
一同斷一重　かみさんさんごに付みそ漬遣す 二 小柳津
一らつきよすづけ　林　清　ろ
一ぼたもち　玉葛 野田又　四
一あさり一皿　すゝき歟 野田歟 隣と計にて取次のもの失念
一にしめ一重 香のもの　玉葛 小山田軍
一羹付肴　さば 中山先生
一つまみもの　玉子九つ入 人見又

一かつほさしみ一皿　江幡甚　離
一白砂糖　淺利六
一酒一樽 香のもの 小肴　是は石碑の禮心なるべし　増子丑
一香之もの　西野新
一羹肴こち　入谷新
一てんふら 香のもの　楊玄
一酒 五合斗 うなき　江幡甚　震
一すし箱入　帆原や吉右衛門
一酒一升 うに一箱　岡田先生
一くわし　豊田又之助　一
一小肴　同断　二
一すし　布施十
一かつほ煮付一重　ぜんまい 同断

一干さば 御國　茶少々遣す 桑原ゟ爲登
一玉子三十 同　山口ゟ爲登
一うなぎ　干魚遣す 鴨志田傳
一くわし一箱　久保田林　一
一あゆ羹付　鴨志田傳
一玉子一箱　大久保要
一桃 のげのり　矢野唯
一酒一升　五平次
六月廿七日
一うなぎ一箱　喜兵衛
同日
一さしみ一皿　西の新
同日
一ひやむぎ一丼　うなき入 野田又　五
同日
一羹肴一重　岡本平
同廿八日
一香のもの らつきよ　四　雲丹入 大關元

同廿九日
一里いも煮付　豊田又　三

同晦日
一なきりほしうりもみ　江幡甚　巽

七月二日
一武將なべ　鴨志田傳

六月晦日
一なまりふし二ッ　村越芳

七月四日
一らつきよすづけ　久米彦

同日
一さしみ皿　豊田金藏

同日
一直酒貳升　熱田裕

同日
一肴煮付一重　淺利德

同日
一ふたもの二ッ　ぼら三　林　清　は

同五日
一そうめん壹箱　齋藤彌九郎

同六日
一なまり一ッ　岡本平

同日
一なまり一封　御國ゟ

同日
一同斷　秋山茂ゟ

七日
一ぼうろ　新家半ゟ

七日
一ひやそうめん　すゞきせいゟ　五

十日
一醬油一升　直酒三合計入　同斷ゟ

十一日
一うなぎ一箱　保吉右衞門

十二日
一うなぎ一重　東國や喜

同日
一うなぎ一重　山方運

同日
一玉子三拾　鈴木内匠

一かみなりほし　富永六　○

十三日
一だん子一重　南　隣　六

同日
一同　斷　同　北　隣　六

十四日
一酒　一壺　山方運

十五日
一半切百枚　町田次介

十六日
一劍ひし一壺　大久保要

十八日
一香の物一重 らつきよ　川邊平　三
十七日
一しぎやき　なし添 北隣　七
十七日
一なし二拾　淺利六
同日
一たばこ　福田八郎
十九日
一らつきよ二器　はし本甚
十八日
一干もち　宿所ゟ
同日
一玉子一箱　山口ゟ
廿日
一劍菱五　豐田彥ゟ
廿一日
一すいかわ　林　清
同日
一てすぷら　久世三十郎
廿三日
一酒壹升　久保田林ゟ
同日
一干饂飩一箱　柴田銓之助
廿六日
一香の物　西野新治

同日
一なまりぶし四ッ　丹春風ゟ爲登
廿七日
一酒五合　大金平六
廿六日
一すし　鴨志田傳
同日
一玉子一箱　北條健ゟ爲登
八月朔日
一氷砂糖一器　小山田外記ゟ
八月二日
一たばこ半玉　ねづみ町ゟ
同日
一ゑびから煮　鱸　ゟ　八
三日
一酒貳升　郡司孝ゟ
四日
一肴物二重　但精進中に付半分餘平九へ ふるまひ殘家來へ遣候事　岡本平
五日
一酒貳升 干もの澤山　〆百十五度也
九日
一團子　東國やと申來候へ共保原やならむ　鈴木精ゟ　九
八日
一羹肴一重　豐田又ゟ　四

七日
一 干瓢　御國ゟ爲登
十一日
一 肴酢もの一器　五 大關元
同日
一 生姜幷もぐさ　相さし吉
十二日
一 酒壹升　いわ崎彌五
十三日
一 鹽さば　三 小柳津太郎
同日
一 生あゆ　野田又 七
同日
一 羮豆　入谷新
同日
一 かつほ羮付　淺利九
同日
一 とうなすさつまいも　林 ほ
十四日
一 酒切手十枚　石谷市正ゟ
十三日
一 つみ入汁　鱸精 十
十五日
一 だんご　同ゟ 十一
同日
一 葡萄幷梨　淺利六

同日
一 だんご　川邊平 四
同日
一 同幷はまぐり　林清ゟ へ
同日
一 御菓子 意味あり　鱸精ゟ 十二
同日
一 精進物一重幷だんご　江幡ゟ 吹
十六日
一 扇二　佐藤氏ゟ
十七日
一 かつほこうし付等一樽 外になまりふし二　御國より
同日
一 なまりふし三　長島ゟ
十八日
一 鮭少々　橋甚ゟ
廿日
一 同少々　濱野ゟ
十八日
一 鰹麹漬　岡本平九ゟ
廿一日
一 はらゝこ　布施十ゟ
廿二日
一 らつきよとうがらし是は此方ゟ遣候うつり也　林 清 と
同日
一 なすからし漬同斷　野 田 八

廿三日
一ぼら三本同斷　鈴木精ゟ　十三
廿六日
一鮭一箱　御國ゟ
一同一包　吉田又ゟ
廿四日
一劍ひし　東國やゟ
一口なめ二ツ　相良より
廿七日
一延紙百枚筆二本　佐久間貞ゟ
廿九日
一あわび　矢の只ゟ
晦日
一むきめしとろゝらつきよ羹付いも　西野新
同日
一かつほさしみ一皿　六　大關元
前日
一大ゑび　鈴木精ゟ　十四
九月朔日
一麥めしいも煮付さしみ一皿　五　川邊平ゟ
同日
一はらゝご　岡本平ゟ
二日
一松茸　丹春風ゟ

三日
一羹豆一器　江幡甚　艮
五日
一酒二升切手　淺利六ゟ
六日
一かつほさしみ　小山田軍
七日
一まぐろさしみ　西野新ゟ
八日
一みそ漬魚　意味あり　鈴木精ゟ　十五
九日
一羹しめ一重　同斷ゟ　十六
八日
一まぐろさしみ　江幡甚　坤
同日
一かつほこふじ漬　加治吉
十一日
一酒五升切手　熱田玄ゟ
同日
一酒壹升　松下壽ゟ
同日
一酒壹升肴もの一折　美也　（中村三五ゝ　山口ゟ　爲登
同日
一延紙百枚
同日
一玉くづ　飯村藤介ゟ

同日
一わたたゝき　楊　玄

同日
一酒壹升　武藤善ゟ

十二日
酒五　鎌券　保ゟ権五郎ゟ

同日
一肴味そづけ一重　送候由不詳

同日
一ごもくずし　さけみそ漬添返す　野田又ゟ　九

十三日
一だんご一重　みそ漬まくろ入　すゞき　十七

同日
一ねぎま一なべ　入谷新

同日
一だんご　川邊平　六

一酒肴　竹や元ゟ

十四日
一わたたゝき　大わし玄作ゟ

十三日
一だんごいもくり等　杉山千ゟ

十四日
一まぐろ　豊田又　五

同日
一みそ漬魚　石川勝

一酒丼魚　齋藤彌

十五日
一さしみ　岡本平ゟ

十六日
一太白砂糖　藤田村庄ゟ

同日
一しそのみ　御國ゟ爲登

十七日
一しやけ　西野新

十九日
一さんま　すゞき精　十八

廿日
一むぎめし　同ゟ　十九

廿三日
一酒一　楊　玄

廿二日
一すの物二重　岡本平

同日
一菊花　御國ゟ

同日
一いもから　北隣ゟ

廿四日
一わさび　齋藤彌九郎　(相)

同日
一錫盃　相良六ゟ

廿六日
一羹肴　五平次ゟ
廿七日
一ゑび　大久保要
廿八日
一あじ　鴨志田傳
廿九日
一酒五　東國や
廿九日
一菊花　楊玄
廿七日
一鱲　江幡甚　乹
廿八日
一兩品　佐藤氏
廿八日
一納豆汁　鱸精　二十
十月二日
一まぐろさしみ一皿　江幡甚ゟ　兌
三日
一にうめん幷香之もの　鱸精ゟ　二十一
同日
一鳥肉等一重　小松崎ゟ　○
同日
一肴物二重　岡本平ゟ
同日
一うなぎ一重　東國屋

四日
一菊のゆすみそ等　林清　ち
五日
一てんぷら一器　石勝
同日
一酒一斤　林清　り
六日
一牡丹餅一重　杉山千
同日
一酒一斤まぐろどぜう　江幡甚　□
七日
一ふた物一組　小山田軍
六日
一菊花　御國ゟ為登
八日
一酒一壺　林清　ぬ
十日
一菊み一器　川邊　七
十二日
一きから茶めし汁菊みのつへい　鱸　二十二
十三日
一あじ大こん煮〆　松本三平
十四日
一菓子一折　周藏
同日
一同一袋　正藏

十五日
一茶漬　西野

同日
一はらゝご　入谷

同日
一蓋物三組煑もの　齋藤

十六日
一さゝいはまぐり　村越

十七日
一栞漬　北隣　㉒

同日
一初雪　木股

同日
一ねきとり　江幡　震

同日
一たばこ　桑原

十四日分
一うなぎ料九日御頼にて登候よし　増子被頼

廿二日
一納豆汁　林清　ろ

廿三日
一栞漬　杉山

廿四日
一重之内　鳥肉　大久保

同日
一酒肴　豊田　六

同日
一栞漬　林　た

廿六日
一酒二斤　人見

廿五日
一麥飯汁　杉山

同日
一いか鹽から　楊

廿九日
一酒壹斤切手　魁

廿八日
一鹿島御祓　梅田栗齋

廿九日
一雁肉　楊玄友

一栞漬　川邊　八

十一月朔
一酒壹斤　梅田栗齋

三日
一茶半斤龍川　南隣　十

四日
一酒壹斤　□元

四日
一南一　文淵

四日
一ねぎま　北隣　㉓

同日
一酒一斤 香のもの さくらすみ　林清　わ
同日
一赤飯一重　江幡甚　巽
六日
一香のもの二重　七 大關元
同日
一すし　鴨志田
七日
一ふたもの 此方遣候うつり也　北隣　（廿三）
同日
一いもがら　御國ゟ
八日
一猪肉ねぎ　八 大關元
十日
一こぶまき　村こし
同日
一猪肉　岡本平
十一日
一納豆汁　北隣　（廿三）
同日
一酒一斤　淺利
十二日
一同斷　江幡　坎
同日
一なまこ　楊

十三日
一たゝき一曲 小　かしま又
十四日
一酒壹斤　同斷
十五日
一ろう石四　矢野只
同日
一菜漬一重　富水　八
同日
一ふし并麹漬　入谷
同日
一菜漬一桶　はし本
十七日
一劍三 鴨みそ　帆橋
同日
一小ぼら二十　山口ゟ爲登
同日
一肉醬一　大内藤同斷
十八日
一からゑび　北隣　廿三
同日
一月の雫　井上八郎
十九日
一鯛肉　千重
同日
一ふろふき大根　林　か

礫邸蟄居中貰物之覺（弘化元年十二月）

廿一日
一あさ漬一重　楊

同日
一白魚五度辭　芳卿

同日
一一斤一種　布施十

廿二日
一まぐろさしみ　江幡甚　艮

同日
一款冬花　御國ゟ爲登

廿四日
一酒一斤并肴　岡本平

同日
一茶一袋　千里

廿七日
一首の物并ねぎま　小山田軍

同日
一羹付肴一皿　野田又　十一

同日
一玉子二十　御國ゟ爲登

廿八日
一雞肉　村こし

廿九日
一猪肉　川邊　九

十二月朔日
一けんちん　楊

同日
一まぐろさしみ　豐田金　七

同夜
一酒一斤并肴一重　まし子丑

二日
一炭壹俵なづけ　武藤善

二日
一酒一斤　福田半十

二日
一鴨一羽　御國ゟ

四日
一からむくみ羹〆　江幡甚　坤

同日
一大根羹むきみ〆一重　富長六大　仁

五日
一まぐろさしみ一皿　北隣　㊣豐

五日
一猪肉　岡本平

六日
一小魚いも羹付　豐田又八

同日
一香のもの　武藤善（是迄にて三百度也）

七日
一酒一斤　岡本平

同日
一鯛　桑原ゟ爲登

同日
一とうがらししそ　楊　玄
同日
一菜漬　富永六　保
七日分
一たゝき　土　井
九日
一猪肉　鴨志田
十日
一鯉わた漬　武藤善
九日
一猪肉瓢酒瓢とも　村こし
十一日
一酒一斤幷まんり　鹿しま幷一客
同日
一なまこ　村　越
同十二日
一氷とうふ等　御國ゟ
同日
一まぐろさしみ　松本三平
同日
一貳品　小山田軍
同日
一鷄卵　菊池ゟ爲登
十三日
一むきみ二品　此方ゟ遣候うつり也　林　清　よ

十四日
一小魚幷さゞい　楫　吉
十五日
一いかたゝき　佐藤民之助
同日
一鹽引　ほ　口川千藏
十七日
一わたたゝき　納豆ゟ　大橋玄策
同日
一たまご一箱　御國原君ゟ
同日
一ひらめ　菊永みやげ
一鹽ひき糀づけ　大内清右衞門ゟ
十八日
一てんぷら　石川勝藏
十八日
一いはしめざし　岡平九
同日
一雞　菊　善
十九日
一劍ひしからすみ　千葉周
十八日
一もち　大金平
十九日
一いわしこふし漬　楊　玄

礫邸蟄居中貰物之覺（弘化元年十二月）

同日
一玉子　深澤甚
廿日
一酒二斤　東國や
廿一日
一もち　カラスミチ　野田又　十二
同日
一酒札并鳥肉　カスヅケチ　中山先生
同日
一もち一重　杉山千
同日
一もち并あさづけ　玉子七　林　清　た
同日
一小鴨并ねぎごぼう　玉七チ　富永六　水股ゟ鴨へ求候由
廿二日
一もち一重　カスツケチ　北　隣　廿四
同日
一同斷　三玉九　小松崎
同日
一同斷　玉七　川邊平　十
同日
一猪肉　魁　介
廿三日
一鴨一羽　金子健
廿四日
一酒二斤鹽引一尺　齋藤彌

同日
一もち并なまこ　玉子五遣す　西野新
廿三日
一みかん三十　豊田又　九
廿四日
一まぐろ　岡本平
廿六日
一すみ一俵　此方ゟ遣候移候よし　林　清　れ
廿七日
一鴨一羽　江幡へ遣す　御國ゟ人不知
同日
一鹽引　山口ゟ爲登
同日
一もち
同日
一黑かし二れん　内一れん江幡へ遣す　宿所より爲登
同日
一玉子一箱　春風ゟ爲登
同日
一もち一重　李七ヲ　橋本甚
廿七日
一酒一斤肴もの　鹽引少々　川邊平　十一
廿八日
一酒一斤　楫　吉
同日
一ひしほ一器　小山田外記

晦日 一酒一斤もち一重　久保田林
廿九日 一酒一斤　豊田又　十
廿七日分 一香のもの　四 小松崎　六八
晦日 一醤油一升　鹽引 北隣　廿五
晦日 一雑煮料三重并もち壹重　小山田軍

乙巳正月

元日 一鴨ごぼうしいたけ等煮〆一重北隣より
駒様ゟ拜領之由にて配分
二日 一煮豆并香之もの　三河屋五平次
三日 一鳥肉　江幡　乾
同日 一もち　楊
四日 一鴨一羽　菊池爲
同日 一煮豆　富永六　ト

五日 一一瓢酒鳥肉　川邊平　十二
同日 一鳥肉壹臺　林清　そ
同日 一牛切等　西の新
六日 一すし一折　菊池永
同日 一もち一重　久世金
同日 一酒肴　林清　つ
七日 一扇子料　熱田祐庵
同日 一新海苔并麴漬茄子　千葉周
同日 一酒一斤并肴もの　入谷新
八日 一すし　福半
同月 一たばこ　鹿又
九日 一からし漬并にしき繪六枚　小山田軍
十日 一ねり羊かんなら漬　村こし

礫邸蟄居中貰物之覺（弘化元年五月）

十二日
一むきめしとろゝふたもの等　茄子漬北　隣　廿六

十三日
一酒五　大内要介

十四日
一同斷　本所東國

同日
一もち　林　清　れ

同日
一たばこ　御國ら

十五日
一酒一斤　江幡甚　兌

同日
一同　佐藤民

十六日
一こはめし　五小松崎

十八日
一鹽かま三ッ　福　長

十五日分
一すがき　楊　玄

十九日
一まぐろさしみ幷ほうぼう　岡　平

廿日
一たらこんぶ　淺　六

同日
一麥めしとろゝ　林　清　な

同日
一淺草のり　東　國

廿一日
一ゑび鹽から　入谷新

廿二日
一かもみそ漬　永小二

同日
一あゆすし　袴塚三右衛門

廿三日
一酒一斤幷肴もの五重　齋藤彌九

同日
一錦繪　楊　玄

廿四日
一からすみ二ッ　久米彥

廿七日
一いわし漬一桶　御國ら

廿八日
一酒一斤　林清ら　ら

廿七日
一もち一重　同人　む

同日
一ふき一袋　御國ら

同日
一鹽引　同　斷

同廿九日
一酒一瓢　村こし
二月朔日
一香のもの一重　六 小松崎
二日
一引わり麥幷香のもの一重　新家
五日
一酒一斤　川上□藏
同日
一かるやき幷ごぼう一重　豊田又　十一
七日
一酒一斤肴一器　岡本平
八日
一かん徳利小皿　鴨志田
九日
一ふなこんぶ　岡本平
同日
一すし　鱸氏　廿七
十日
一雁肉　楊子長
十一日
一酒一斤　すし　郡司孝
十二日
一雞卵一箱　西恒彦ゟ
十三日
一猪口　岡本平

同日
一酒一斤　深澤甚
十五日
一だんご二器　大金平
十六日
一鳥一なべ　楊玄
十七日
一まぐろ香のもの　四 小柳津太郎
十六日
一まぐろみそづけとうがらし　九 大關元
十七日
一なまこ　西の新
十九日
一まぐろさしみ　岡本平
同日
一ひらめさば　東國や
同日
一酒一斤　久保林
廿一日
一すし一重　山田龍之助
同日
一菜ひたし　富田六　ち
廿一日
一夕飯四五人前　鱸　廿八

是ゟ小梅

廿二日
一朝飯　所

同日
一香之もの　忠介

同日
一あゐつ一斤　江幡

廿五日
一酒一斤坐禪豆たにし　同人　震

廿八日
一酒一斤まぐろさしみ　同人　巽

一香之もの　忠介

三月二日
一香之もの　忠介

水《み》戸《と》藤《ふじ》田《た》家《け》舊《きゅう》藏《ぞう》書《しょ》類《るい》 一

日本史籍協會叢書 **182**

昭和 五 年十一月二十五日發行
昭和四十九年 三 月 十 日覆刻

編 者 日本史籍協會
代表者 森谷秀亮
東京都三鷹市大澤二丁目十五番十六號

發行者 財團法人 東京大學出版會
代表者 福武 直
一一三 東京都文京區本郷七丁目三番一號
振替東京五九九六四電話(八一一)八八一四

印刷・株式會社 平文社
本文用紙・北越製紙株式會社
クロス・日本クロス工業株式會社
製函・株式會社 光陽紙器製作所
製本・有限會社 新榮社

日本史籍協会叢書 182
水戸藤田家旧蔵書類 一（オンデマンド版）

2015年1月15日　発行

編　者　　日本史籍協会
発行所　　一般財団法人　東京大学出版会
代表者　渡辺　浩
〒153-0041　東京都目黒区駒場4-5-29
TEL　03-6407-1069　FAX　03-6407-1991
URL　http://www.utp.or.jp

印刷・製本　　株式会社 デジタルパブリッシングサービス
TEL　03-5225-6061
URL　http://www.d-pub.co.jp/

AJ081

ISBN978-4-13-009482-5　　Printed in Japan